信用機構の政治経済学

商人的機構の歴史と論理

田中英明
Tanaka Hideaki

日本経済評論社

はしがき

　資本主義経済には商業機構や信用・金融の機構など様々な市場機構が発達しており、資本主義的な社会編成はそれらに補足あるいは媒介されることによって実現されている。しかし、こうした諸機構そのものは産業資本の発展や資本主義経済の成立に先行する古い歴史を有している。その生成や発展は、市場経済の一定の発展と結びついており、そこで活躍する商人達をその組織化の主な担い手としたものではあったが、他方で、それらのうちに市場における商品経済的な関係性には還元しえない様々な直接的・人格的、あるいは共同体的な関係性を見いだすことは容易である。そのことは、こうした諸機構に市場経済の発展度だけでは説明できない歴史的、また地域的な多様性をもたらしてきた。そしてそれは、市場機構が高度に発達した現在の資本主義経済においてもなお妥当しよう。例えば、銀行などの諸金融機関のあり方や企業との関係など、金融機構を形作る諸関係は先進資本主義諸国それぞれに異なっている。

　こうした現実に即し、企業内の労働編成や企業間の諸関係など、各国の諸市場機構の展開の内にそれぞれの国に共通する歴史的ないし文化的な特性を見いだし、さらにはそこから各国のパフォーマンスの相違をも説明しようとする試みもみられる。少なくとも、現実の資本主義経済を理解する上で、商品経済的な関係性が社会的生産を包摂している側面だけに着目して、そうした関係性が一元的に支配する場としてのみ資本主義的な市場を捉えるのでは不十分であろう。政治経済学は、市場における制度や組織という問題領域、すなわち、単に市場と組織とを対立的に捉えるのでもなく、資本主義的な市場そのものが、多少とも非資本主義的な領域や歴史的・社会的諸制度とのつながりを持った、多様な組織的関係性の介在する諸市場機構によって編み上

げられているという理解に立った資本主義論の再構成へと踏み込んでいく必要があるのではないか。

　ただこうした課題は、純粋かつ抽象的な市場理解に、複雑で具体的な歴史的・社会的な諸要因を単に接ぎ木することで達成されるものではなかろう。マルクス経済学では、こうした諸市場機構を組織する主体が「商人資本ないし商業資本」や「銀行資本」と規定され、方法的には未整理な点を残しつつも、抽象的な基礎理論の次元において、商業機構や信用・金融機構を資本主義に内在的な市場機構として解明しようとする努力が積み重ねられてきた。とりわけ、宇野弘蔵はいわゆる第三巻領域を競争論として再編する中で、商業資本や銀行資本を産業資本から分化独立したものとして明らかにする分化発生論の方法に基づき、これらによって組織される商業機構や信用・金融機構を、産業資本の発展の歴史的な前提となった商人資本や金貸資本の展開する諸機構と異なり、産業資本の要請に基づき、その蓄積を補足する内在的な機構として理論を展開している。

　こうした試みは、複雑な現実の市場機構に対し、安易に歴史的・制度的な説明に委ねることなく、まずは資本主義に内在的な機構の及びうるところ、その到達点や限界を確認しようとするものと解することができよう。だがその際に、資本の側の非市場的な領域への分解作用、あるいは非市場的な要因によって資本の側の運動や組織に変化や分岐が生じる場面等にまで理論的検討[1]を進めなければ、「接ぎ木」的な方法を脱することは困難であろう。

　とりわけ、信用や金融の領域は、産業資本の成立にはるかに先行して複雑・高度な機構が作り上げられ、産業的な蓄積との関係も資本主義経済の変容とともに、「産業への従属」がいわれ、「金融資本」という概念が語られ、今また「金融化資本主義」という言葉が人口に膾炙するといったように、大きく変貌を遂げてきている。それだけに、産業資本というよりも、資本そのものの有する機構の形成・組織化の力や特徴、またその限界について、歴史的にも理論的にも理解を深めていくことが必要であろう。

　本書は、資本間の信用関係の展開である信用機構に対し、歴史的な整理を

通じて商人的機構の論理−その基盤と限界−を明らかにし、さらに原理的な市場機構論の再構成に踏み込むことで、政治経済学的な接近を試みたものである。先に研究に取りかかったのは第 2 部「信用機構の理論的展開」の領域であった。市場機構論について学ぶ中で、資本主義的な組織化の論理として理解されてきたもののうちに、社会的生産を基盤とするものと、商人的な関係性に基づくものとの二層が含まれているのではないかという思いが生じ、次第に形となってきたのである。第 1 部「商人的機構の歴史的展開」は、そうした理解を確認し、明確にしていくために、12 世紀ジェノヴァを出発的にロンドンへと北上していく旅であった。19 世紀半ばのいわゆる自由主義段階以降の機構にはまだたどり着いていないが、そのためにはやはり第 2 部の理論的研究に立ち戻らなければならない。生来の怠惰ゆえに長年を要した本書であるが、信用機構の政治経済学の旅は、ようやくここから始まるのである。

注
1) 小幡道昭は、こうした理論的領域を「開口部」と名づけ、その理論化に取り組んでいる。小幡道昭［2009］など。

目　次

はしがき　i

第1部　商人的機構の歴史的展開

第1章　商人的機構の「原型」——中世ヨーロッパの為替契約……………3
1　商人的な組織性　3
2　出発点としてのジェノヴァ―シャンパーニュ　7
3　為替契約と商人間分業　9
4　為替取引と商人＝銀行家　15

第2章　両替商と商人＝銀行家
　　　　──都市内決済・信用機構と国際的決済・信用機構 ……………25
1　都市内決済・信用機構と預金・振替銀行　25
　(1)　両替商の預金・振替銀行化　25
　(2)　両替商の銀行機能の基盤　29
　(3)　両替商の銀行機能の限界　33
2　国際的決済・信用機構と商人＝銀行家　39
　(1)　典型的な為替手形　39
　(2)　国際的な信用と決済の機構と商人＝銀行家　41
　(3)　大市の決済機構―イタリア人商人＝銀行家によるクラブ組織　44

第3章　為替手形の変容と決済・信用機構の革新 …………………………51
1　「継承」か「革新」か―集大成としてのアムステルダム　51
2　為替手形の変容と決済・信用機構　53

 3 引受信用と「国際通貨」　58

第4章　ロンドンを中心とした決済・信用機構の「近代性」………67
 1 「内国銀行業」　67
 2 ロンドンの金匠銀行と「メトロポリタン・マーケット・システム」　71
 3 ロンドンを中心とした決済・信用機構の「近代性」　77
 4 市場機構論の課題　82

補章1　商品の「資本性」——空所の純粋性から ……………………87
 1 商品の外在性と外来性　88
 2 マルクスの商品・価値規定—社会的な物質代謝の全面的な媒介　89
 3 冒頭商品世界と交換過程論　91
 4 歴史認識と経済学の方法—商業民族の純粋性　95
 5 合理的な貨幣蓄蔵者
  　—商品流通の発展を前提とした「資本への転化」　97
 6 商品所有者としての関係性が支配的な社会
  　—「借地農業者」と「自作農」　99
 7 「資源」としての非使用価値—商品の「資本性」　101

第2部　信用機構の理論的展開

第5章　流通過程の不確定性——機構展開の動力 ……………………111
 1 はじめに　111
 2 産業資本の循環運動と流通期間　113
 3 流通過程の変動　121
 4 流通期間の設定　124
 5 産業資本の販売活動と流通費用　129
 6 市場機構論への新たな視角　134

第6章　商業資本の二類型 …………………………………………143
　1　はじめに　143
　2　「商人資本」と「商業資本」　144
　3　産業資本の要請と商業資本の二類型　147
　4　商業資本の成立と限界―「押し戻し」と「卸売価格」　151
　　(1)　「押し戻し」の可能性　151
　　(2)　「卸売価格」　153
　　(3)　「長期的かつ安定的な取引関係」　157

第7章　商業信用の二類型
　　　　――一時的な信用取引と恒常的な信用取引 ……………………163
　1　商業信用の舞台装置　163
　　(1)　舞台装置の相違と「流通期間」の把握　163
　　(2)　一時的な信用取引と恒常的な信用取引　170
　　(3)　二者間の信用関係と三者以上の信用関係　172
　2　商業信用の二類型　173
　　(1)　一時的な信用取引　173
　　(2)　恒常的な信用取引　177

第8章　市場機構としての銀行信用 ……………………………………187
　1　市場機構の社会性と不安定性
　　　―資本家的な組織化の部分性・可逆性　187
　2　商業信用の社会的基盤と限界　192
　　(1)　信用取引の社会的基盤　192
　　(2)　商業資本の信用取引　197
　　(3)　商業信用に伴う脆弱性・不安定性　200
　3　信用代位機関としての銀行資本の成立　205
　　(1)　媒介的な信用取引　205

(2) 信用代位機関・共同準備機関としての社会性　208
　　(3) 預金と発券——信用機構の重層的発展　213

第9章　銀行間組織の二類型と中央銀行……………………………225
　1　銀行間組織論の課題　225
　2　銀行間の組織化の基礎形態　230
　　(1) 保管・決済手段としての銀行券　230
　　(2) 信用代位業務における貨幣取扱サービス機能　233
　　(3) 銀行間の手形交換・準備預託関係の構築　236
　3　銀行間組織の二類型と中央銀行論の可能性　239
　　(1) 垂直的な組織化
　　　　——垂直的な準備の預託関係と「最後の貸し手」　239
　　(2) 水平的な組織化——手形交換所と商人的組織性　242
　　(3) 組織化の二類型の交錯と中央銀行論の可能性　244

補章2　システムとしての銀行と信用創造……………………………251
　1　山口重克の銀行信用論と流動性リスク　252
　　(1) 銀行信用——恒常的・全面的な信用創造の機構　252
　　(2) 銀行資本の成立——銀行信用論の端緒　253
　　(3) 銀行の信用創造と流動性リスク　254
　2　銀行の信用創造の根拠——システムとしての銀行　259
　　(1) 社会的再生産過程における遊休貨幣　259
　　(2) 預金の意義　265
　　(3) 銀行間組織——手形交換と銀行間信用の機構　268
　3　「信用創造論」再考　271

参考文献　277
あとがき　285

第 1 部　商人的機構の歴史的展開

第1章
商人的機構の「原型」
―― 中世ヨーロッパの為替契約 ――

1 商人的な組織性

　商品交換は「共同体の尽きるところで」現われる。ある使用対象が商品となるのは、互いに疎遠な「他人」として相対するという非共同体的な関係性においてであり、したがって本来の商業民族とは「古代世界のあいだの空所」に住む存在であった。こうした商品経済の外来性という歴史認識を経済学の体系的認識に活かすためには、補章1で論じるように、冒頭の商品規定を、社会的な物質代謝の媒介という視角からではなく、社会的生産を制御する共同体から排除された主体とその主体が織りなす関係性から出発させねばならない。そうした土地等の生産手段から排除された個別主体にとって、自らの私的な所有物はそれ自体の有用性というよりも、自らの必要な財に対する交換力という意味で富たらざるをえないばかりか、できうる限り消失することなくその力を維持し、永続的に必要な財を獲得し続けなければならない資源としての性格をも含んで商品となる。こうした商品所有者は、はじめから潜在的には資本家なのであって、貨幣が抽象的な富への無限の欲求を作り出したがゆえに資本家に転ずるのではない。共同体と共同体とのあいだの空所に住む商品所有者は、はじめから本来の商人なのである。

　他方、生産過程を制御する共同体のなかで生産物を得る主体にとっては、たとえ排他的に処分しうる財を有する場合でも、それを商品とみなす関心は使用対象としての有用性の多寡なのであって、そこに抽象的な価値を見いだ

す必然性はない。自己の所有物の価値増殖をはかる行為を、貪欲なる「守銭奴」とみせるのは、そうした共同体に内在する視点なのである。

とはいえ、生産過程から排除された主体のみで構成された「純粋な商品社会」なるものは抽象化できない。いずれかの生産過程と結びつくことなしに、いたずらにただ所有物の交換を繰り返しても、主体は生存を維持できないからである。商品交換のうちには生産を掌握している共同体の成員との間の財のやりとりが含まれざるをえない。原理的には、同じ共同体内での財の生産から消費への過程は、互酬ないし再分配といった共同体的な統合様式によって媒介されているので、ここでの財のやりとりは、異なった共同体間の移動を伴ったものということになろう。市場はまず、共同体と外部との境界に成立するのである。

こうした市場は共同体の側からみる限り、ポランニーが強調しているように共同体による規制や制御が働き商品的な原理の浸透を阻む場であろう[1]。しかし、もとより商品取引とは取引双方の主体が同質で対称的なものとは限らない。取引が成立する上で双方の意図や、取引の意味・解釈の一致までは不要であり、規制当局による公定価格での取引であろうと、あるいは貢納や贈与と返礼といった形態をとっていようとも、それによって財の転売による増殖を意図している共同体外部の主体側からすれば、純然たる商品経済的取引（＝商人資本の運動 $G-W-G'$ における $G-W$ ないし $W-G$ の過程）である。このように、商人の行動においてこそ交換は、自らの使用対象となる有用性の入手を超えた価値の姿態変換＝運動となる[2]。こうした商人の側の視角こそが、純粋な商品社会を抽象化する根拠なのである。

したがって原理的な商品世界はとうてい均質な世界ではありえず、また生産との関係も諸処の共同体との交換を通じた外面的なものであり、共同体の成員の側の取引動機・意識の多少とも非商品経済的な性格や「等価」意識の希薄さ等も含めて、諸商品の需給は絶えざる変動やばらつきにさらされている。生産過程から排除された主体にとって、点在する市場の間にひろがる「空所」こそが商品世界であり、それは生産物の交換の場ではなく、自らの

生存をかけて空間的・時間的な価格差を通じ所有物の価値増殖をはかる場なのである。

　かくして商人資本の運動は、生産物を商品化する市場と、商品が使用対象へと転じる市場とにおける売買取引と、これら時空を異にする二つの市場の間の移動という二種の過程によって成り立っている。その際、共同体的な契機を孕んだ貨幣の多様性と、移動にともなう多大なコスト・リスクを考えるならば、貨幣の移動・送金は極力避けなければならず、商人が移動させるものは、その移動そのものによって価値が増殖する商品でなければならない。貴金属等の貨幣商品が運ばれる場合でも、実際にはそれらが商人にとって価格差を期待しうる「商品」となっているのである。したがって、商人資本の運動は実際には$G-W-G'$で完結しうるものではなく、隔地に有する価値を何らかの形で送還させる必要があり、図1-1のように往復の行程や三角交易等によって「回路」[3]を形成していなければならない。商人の活動は、少なくとも4つの購買ないし販売の過程と、2つの輸送過程によって、閉じていなければならないのである。

　異なった共同体での異なった財の売買の過程には、それぞれに異なった知識・情報や経験を要する。しかし、情報や経験の共有や伝達を可能とする機構や組織が形成されない限り、そうした売買に関する知見は、実際にその場で相手と接することでしか蓄積も活用も困難である。したがって理論的にも端緒の商人は、商品の輸送を含めたすべての過程を自ら担う「遍歴商人」である。

図1-1

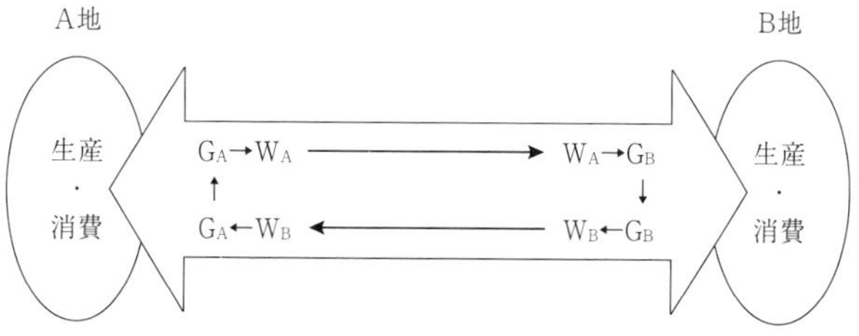

A地　　　　　　　　　　　　　　　　　　　　　　　　B地

生産・消費　　$G_A \to W_A$　　　　　　　$W_A \to G_B$　　生産・消費
　　　　　　　　　↑　　　　　　　　　　　　↓
　　　　　　　$G_A \leftarrow W_B$　　　　　　　$W_B \leftarrow G_B$

だがこうした諸過程の統合である商人資本の運動は、商人間の分業と協力・協調の機構や組織を生み出し、発展させていく。歴史的な市場の諸機構の発展には、共同体の接点においてその規制や介入を受け複雑化していく面のみならず、商人たち自身が自己の増殖活動の効率性や確実性等を高めていくために新たな関係性を構築していくという商人間の自生的な組織化や機構形成の論理が含まれていよう。それは、共同体から排除され個別的主体となった商人が、あらためて共同的な関係を構築していく困難な過程であった。そこでは、宗教的結合や血縁等の紐帯が絶えず意識的に利用されてきた反面、むしろ商人が非共同体的な個別的利害を追求せざるをえない主体であることこそが、より高度な組織化を支えてもきた。血縁等の結合原理も、ひとたび商品世界に投げ入れられた主体にとって、もはや自明な無条件の紐帯とは限らない。また、そうした属性を共有しない相手との関係では、共同体内の第三者への利他的な行為の可能性はかえって相互の行動の不透明性を高めてしまうものともなろう。貨幣的利害に基づく商人的な共同性では、その行動基準の明確さこそが、協力や協調の機構を支える相互信頼の基盤ともなりうるのである。

　無論、商人間の協調は、いずれかに他を出し抜くことで利益を増大させうる余地があることで容易に損なわれよう。そのため、商人間の信用販売等の信用関係にしても、また大商人や銀行家の名声や評判への依拠にしても、長期的な継続的取引関係が前提となる。また、排除・除名が決定的な不利益＝私的な制裁処分となりうる状況を作り、個々の機会主義的な行動を封じようとする会員制クラブ型組織など、寡占的な機構が形成されることになる。こうした商人的な組織化の閉鎖性を単なる「前期性」としてではなく、商品世界に内在する機構形成の論理にそくしたものとして理解しておくことが、産業資本にはるかに先立ち形成された高度な信用・金融の機構との連続性を色濃く残す、現代の金融機構の諸問題を考察するうえでも鍵となろう。

　商人的な市場機構は、社会的な再生産とは本来的に異質な世界である。そうしたブローデル的な「資本主義」[4]が社会的な再生産を包摂したマルクス

的な「資本主義社会」とは、例外的、あるいは一時的な局面にすぎないかもしれない。国際的な銀行救済と各国国民経済との関係など、今日の課題は、そうした視角を鍛え上げていくことを求めているように思われる。

2　出発点としてのジェノヴァ-シャンパーニュ

　荘園を中心とした中世封建社会において、そこに「居場所を持たなかった」[5]商人たちは、共同体の間を往来する「遍歴商人」という形で活動を展開していった。そしてこの「復活」した商業は、「海港」と「大市」という結節点を生み出していく。「海港」は、陸上交通と海上交通との接点であり、この二種の交通はその性格・リスクを大いに異にするがゆえに、両者はその担い手をも異にする。必然的に「海港」は陸上交易の商人と、海上交易の商人とが接する市場となった。この市場とは、商人間の卸売市場であって、「海港都市」はこうして共同体と商人との出会いの場である「市」としての性格を大きく超えて、商人たちが集住し、商人的な利害追求の下にさまざまな組織・機構を展開していく場となっていくのである。

　また、「大市」もその前身たる「市」とは異なり、商人間の大規模な卸売市場として、人為的に組織されたものである。そこでは、個々の共同体との接点をもつ商人と、大市・海港間のより大規模な交易にたずさわる商人との分業が可能となり、また、多様な地域の産物による恒常的な「回路」の形成を促し、商業活動の発展を準備していくこととなった。

　とりわけ、12世紀から13世紀のヨーロッパ商業の基軸となったのが海港都市ジェノヴァと、シャンパーニュの大市である。ジェノヴァの公証人記録からは、商人間の信用販売や海上貸付、様々な形態のパートナーシップや投資など、多様な商人的機構が、個人間の契約という形で展開された様子をうかがうことができる。なかでも、中世以降の国際的な金融機構の中核となる為替手形の原型となった為替契約が12世紀半ばの海上貸付[6]から、例えばジェノヴァでのジェノヴァ貨での資金提供に対して、航海の目的地であるシリ

アやコンスタンチノープル等で、担保となる積荷の無事な到着を条件に、現地の通貨で返済することを約束した契約といった形で現われている。

　もっとも、この時点では隔地間為替をともなう契約はまれであり、12世紀末から13世紀半ばにかけて、陸上交易においてシャンパーニュのいずれかの大市での支払を約束する形で増大し、「為替を原因とする契約証書（為替証書）instrumentum ex causa cambii」として定型化されるに至っている[7]。セユーやド・ローヴァのいうように、12世紀にはいまだ商人が自ら往復の荷を携え、「彼等が自国から持ち出す諸商品は、彼等が持ち帰る商品を買うのに役立っていた」とするならば、為替契約がほとんどみられないのも「何ら驚くべきことでもない」であろう[8]。パートナーシップにせよ、海上貸付にせよ、ジェノヴァで調達された資金は、ジェノヴァに持ち帰った商品の販売によってジェノヴァ貨で分配や返済をされることになるからである。とすれば、貸し手の資金の隔地への移転をともなうような契約が、なぜ13世紀には一般化していくのかは、この期に商人間関係にどのような変化がみられ、商業「回路」のあり方が変わっていったのかというところから説明されねばならない。為替契約の発展は、商人間関係や、商人的な市場機構の展開のなかに位置づけられねばならないのである。

　また、公証人記録からはジェノヴァ市中での両替商の活動もある程度明らかとなっている。当初は文字通り多様な鋳貨とジェノヴァ貨との両替に従事していた両替商が、要求払預金、口頭での指図による振替、当座貸越、貸付や投資へと次第にその活動領域を広げている[9]。13世紀にはシャンパーニュの各大市でも、イタリア人両替商・銀行家の活動が知られている[10]。公証人記録という性格から、現金での「両替」業務そのものの記録は残されておらず、その歴史的起源を明らかにすることは困難であるが、こうした「預金振替銀行」もまた、商人的な機構としての性格を検討しておく必要があろう。

　以下では、歴史的な展開の背後で働き続けている商人的な市場機構の論理を探るために、信用・金融機構を中心に12・13世紀の商業の世界の展開をたどっていくこととしよう。

3 為替契約と商人間分業

　徳永正二郎は、12世紀後半に出現した為替契約を、輸入商による輸出商への貸付と、購買代理商への資金移転の二重の機能を有する取引とみる。そして以下のように、その貿易金融と資金移転という二重性を説明している[11]。

　徳永はまず、12世紀後半から13世紀初めのジェノヴァ商人による国際貿易を、染料、明礬、皮革品、香料などをオリエントから輸入する大貿易商人である「オリエント産品商」と、アルプス以北のヨーロッパ産毛織物などをオリエントに輸出する「織物商」との分業として捉える。こうして、往復の荷を自ら商うのではなく、他国への輸出に専業する商人を想定するならば、他所・他通貨での支払を約束しての借入は、仕入れた商品の積み出し時点での換金、ないしは仕入れ資金そのものの調達と、他国での販売代金による返済を意味しており、輸出金融として機能することとなろう。しかしながら、貸し手が例えばジェノヴァ在住の両替商等であるならば、返済はジェノヴァでジェノヴァ貨によって求められるはずである。徳永は、貸し手をもっぱら輸入に従事する商人とし、さらに、実際に外国との間を往還する旅商が、ジェノヴァにとどまる商人の委託販売商ないしは委託購買商へ転化するという、もうひとつの商人間分業の深化を前提することによって、為替契約を軸とした国際貿易構造を描き出す。

　ジェノヴァで「織物商」に資金を提供するのは、大貿易商人である「オリエント産品商」であり、後者はシリア等で現地通貨での返済を当地で購買を委託している旅商に受け取らせ、オリエント産品の購入に充てさせる。そして、その産品はシャンパーニュに出向く旅商に大市での販売を委託するのであるが、その際に今度は「織物商」からシャンパーニュ払での貸付を受け資金の回収をはかる。その返済は、シャンパーニュの大市における販売代理商の手許の販売代金から、「織物商」の指定する代理商になされ、毛織物等の購入に充てられる。こうして、輸入商による輸出商への貸付は、同時に購買代理商への資金移転であり、ジェノヴァにおける二種の商人相互間の為替契

約が、シャンパーニュとオリエントを結ぶ南北貿易の軸として機能しているというのである。

 しかし、徳永の描くこうした商人間の二重の社会的分業の下での「回路」は、諸研究のかなり強引な解釈に依拠している。ジェノヴァーシャンパーニュ間交易ではアラス等の北方や、アスティ等の北イタリア諸都市の「隊商商人」が主体的に陸上交易を担っており、彼らがジェノヴァで海上貿易大商人や織物商らと交わす取引関係も、公証人の作成する債務証書での信用販売（商業信用）や、現金取引など多彩であった。コンメンダ契約に含まれる委託関係も、必ずしも受託側の旅商の従属性を意味するものではない[12]。この時期にはまだ商人間の二重の社会的分業は明確ではなく、為替契約の意味はすでに完成した分業構造を前提とするのではなく、分業構造そのものの形成・深化との相互関係において理解する必要があろう。実際、為替取引を活発に展開し、ド・ローヴァらの歴史家から商人＝銀行家（マーチャント・バンカー）とされたタイプの商人[13]が析出していく母体となったのは、織物商等のジェノヴァ商人というよりも、アスティらに続いてジェノヴァーシャンパーニュ間交易に参入していったピアツェンツァやシエナ、ルッカ、そしてフィレンツェといったイタリア北部・中部の「内陸諸都市」の商人たちであった。

 そこで、隊商商人を中心に、12世紀末から13世紀初めの時点のジェノヴァで展開された取引関係をみていこう。まず、多数の多額な信用での購入が記録されている。例えば、1191年の5月に隊商商人たちは、ジェノヴァの海上貿易商人から、明礬、コルドヴァ皮などの産品を購入し、その代金ジェノヴァ貨100〜500リブラを、3〜6ヶ月後の期日や、次回の大市からの帰還時までに支払うことを約束している[14]。ここでは海上貿易商と隊商商人とは販売委託ではなく売買関係にある。ジェノヴァで購入した産品をシャンパーニュの大市で販売し、大市で購入した毛織物等をジェノヴァで販売する隊商商人にとっては、シャンパーニュの大市との往復期間の支払猶予は、自己資本の節約を可能とする事実上の資金調達となっている。一方、ジェノヴァの海上

貿易商はシャンパーニュでの販売には関心を持たず、この北方との交易では信用の与え手となることで、販路を広げ売価を有利なものとすることをはかっていたのである。

他方で、隊商商人たちが北方から持ち込んだ毛織物等が、ジェノヴァの織物商へ10～90日という短期の信用で販売されている記録も多数残されている[15]。例えば、1192年1月10日に作成された債務証書では、アスティの隊商商人から、リール産白色毛織物10反を購入したジェノヴァ在住の織物商が、その代金ジェノヴァ貨70リブラを3月12日までに支払うことを約束している[16]。レイノルズによれば特にアラスの商人がこの商業信用の供与に積極的であり、毛織物販売での利益のジェノヴァでの運用をはかっていた[17]。

なお、海上貿易大商人の信用による購入の記録はまれであり、現金での取引[18]が主であったと考えられている。他の取引関係においても、やはり現金取引も多かったものと思われる。

それに対して、他所・他貨払という隔地間為替を含んだ契約としては、まずフーヴァが「担保型」海上貸付の「日常的な事例」と分類したタイプの取引が挙げられる。これは海上貿易商から資金を借り入れ、毛織物等の商品を担保として預託し、航海目的地での返済を約束するものであり、フーヴァによれば最初から借り手が実際に支払地に赴き返済するのではなく、貸し手の海上貿易商自身が担保商品を販売し資金を回収することが想定されていた。販売代金が約束された「ボーナス」を含めた返済金額を上回る場合には、残余は借り手に帰属し海上貿易商へのコンメンダ契約による出資と同じように扱われた。反対に不足が生じた場合には、ジェノヴァへの帰港後に借り手が返済することとされていた[19]。こうした契約を隊商商人が利用した事例をレイノルズは、織物等の販売が滞り、シャンパーニュへ運ぶ商品の購入代金が不足した場合と説明している。また、逆に窮迫した売り手に対しては、商品を購入するのではなく、その商品を「担保」として資金を貸し付け、シャンパーニュで自ら販売することで元利を回収したとしている[20]。

こうしたタイプの為替をともなう取引は、信用販売とは異なり現金の貸借

が先行する点では信用関係の側面をもつものの、信用販売同様に売買当事者間に限定されており、しかも資金提供の方向は信用販売と逆に商品の買い手から売り手である。すなわち、現金で売買した場合と同じであり、確かに返済時までの信用期間は存在するものの、これも現金売買であればもともと買い手の負担する海外での転売までの「販売期間」である。海外での転売時の販売リスクをジェノヴァでの売り手側が負担する点では現金売買と異なり、航海上のリスクも買い手の海上貿易商側が負担する点で海上貸付としての性格を残していた。状況に応じて選択された多様な売買関係の一形態としての側面も大きいように思われる。徳永のように恒常的に南北貿易を支えた基軸的な関係と解するよりも、やはりレイノルズのように特定の局面で選択された部分的な取引形態とみるべきであろう。

そして、公証人記録に多数残されているのは、以下のようなシャンパーニュ大市での支払を約束した為替契約である。例えば1191年12月17日に作成された契約証書では、ヴェルチェッリ(北イタリア)の隊商商人が、アラス(北フランス)の隊商商人に対し、翌年のラニーの大市において、シャンパーニュにおける支配的な通貨であったプロヴァン貨で24リブラを返済することを約束している[21]。また、1206年4月28日作成のものでは、先と同一人物と思われるヴェルチェッリの隊商商人(またはその正当な使者)に対し、今度はランス(北フランス)の隊商商人が、次回のプロヴァンの大市において、プロヴァン貨30リブラを返済することを約束している[22]。こうした事例では、売買関係にある商人との間ではなく、隊商商人相互で資金が融通されている。

多彩な取引関係のなかで、こうした為替契約は、隊商商人にとってどのような役割を果たしたのであろうか。隊商商人がジェノヴァを訪問した際に果たさなければならない売買と決済の過程のなかで考察していこう。

隊商商人はジェノヴァで、シャンパーニュの大市から運んできた商品を販売し、かつシャンパーニュで販売するための商品を購入しなければならない。商品の販売には現金での売買に加えて織物商への信用販売があり、さら

に「担保型」の為替契約による委託販売も利用された。他方、商品の購入も、現金売買のほかに海上貿易商からの債務証書による購入や、為替契約をともなう「担保」商品の受託という形態もあった。したがって隊商商人は、以前の取引によってすでに債務額が確定している債務証書の返済と、シャンパーニュで販売するための商品の購入とを、ジェノヴァに持ち込んだ商品の様々な販売形態と信用関係とを利用して実現することが求められる。現金販売か信用販売かの選択によって現在入手しうる貨幣額は異なり、また為替契約による委託販売でも現在の貨幣が入手できる。また、信用購入の増大は現在必要な貨幣額の節約となる。隊商商人は、信用関係にともなう中期・長期的な利害を考慮しつつ、現在の決済の必要を満たさなければならない。例えば、必要な貨幣の不足が見込まれる場合には、それまでの信用販売を現金販売や、事実上の借入である「担保型」委託販売に変更することや、信用購入額を増大させるといった対応が考えられる。ただし、商品売買と結びついた信用関係は、短期間に柔軟に調整するには一定の困難がともなう。織物商に与えられた短期信用が織物の最終加工期間を支える運転資金供給となっているといったように、商業信用は持続的なものとして織り込まれることで資本の節約を実現する。買い手は即座には現金売買に戻ることはできず、信用期間も必ずしも売り手の自由にはならない。「担保型」の為替資金借入の場合も、資金の貸し手が自ら転売する担保商品の販売能力や見込みに制約され、また売買関係にない相手の余剰資金を利用することもできない。

　そこで、最終的な貨幣の過不足の調整の役割を担ったのが、もう一つの信用関係である隊商商人相互間の為替契約であったと考えられよう。この場合、ジェノヴァで借りられた資金は、借り手の商人自身の販売活動によって返済されるのであり、貸し手自身の商業活動には依存していない。貸し手にとっても、当面過剰化した貨幣の柔軟な利用方法となりうるのである。

　また、信用関係が商品の売買に付随したものである限りでは、短期的にはジェノヴァでの商品販売額と商品購入額との乖離を可能にし、ある程度窮迫販売等の不利益を避けうる柔軟性を与えるものではあっても、やはり中長期

的には販売額と購入額とが対応していなくては活動を維持していくことはできない。ところが、隊商商人相互間の信用関係が、しかもジェノヴァで借り入れた資金をシャンパーニュの大市で返済する、あるいはその逆といった隔地間為替をともなって形成されることによって、個々の商人のジェノヴァでの販売額と購入額は長期的にも乖離しうることになる。例えば、毛織物のシャンパーニュの大市での購入やジェノヴァでの販売を得意としている商人でも、シャンパーニュ向けの産品の購入や販売を不得手としているということは、それぞれに求められる情報や技能が必ずしも同一でない以上十分ありえよう。この場合、毛織物のジェノヴァへの輸入に特化し、その販売代金は他のシャンパーニュ向けの輸出に従事する商人へ為替契約によって貸し付け、大市で現地貨での返済によって再び毛織物を購入するといった商人間の分業が可能となるのである。

　実際、ジェノヴァにおける公証人記録では、隊商商人間の為替契約がシャンパーニュの大市への出発の直前と考えられる時期に集中している。このことは、これらの為替契約が隊商商人のジェノヴァでの売買と決済の最終的な調整機能を担っていたという推論を裏付けるものといえよう。しかも、なかにはその時期が大市における「毛織物販売期間」の参加には「遅すぎる出発」であって、東方・地中海産品の販売に特化したものと考えられるものもあり、為替契約が「毛織物の購入に関心を持つ商人の一隊」と、ジェノヴァで購入した産品を大市で販売するための隊商との分化をもたらしつつあったことを示唆している[23]。

　また、13世紀初めの時点では、隊商商人間の為替契約において、支払先を「貴殿または貴殿の確かな代理人へ」とするものが一般的となっていた[24]。こうした一見「指図人払」を思わせる文句は、隊商商人のうちジェノヴァやシャンパーニュにとどまるものが隊商仲間の業務の代理を勤めたものであり、直ちに隊商商人の定住化と委託・コルレス関係の形成を意味するものではなかったが[25]、商人間関係に一定の構造化が進んでいたことを示している。

　こうして、ジェノヴァ－シャンパーニュ間の陸上交易を担った隊商商人の

相互関係のなかから発展してきた為替契約は、次第に代理人関係も含めた複雑な分化と協力の関係を深化させていった。それはやがて、商人の定住化＝恒常的な支店・代理店のネットワーク形成といういわゆる「13世紀末の商業革命」に結実し、為替契約のもつ意義も大きく変わっていくとともに、シャンパーニュの大市の衰退をも招くことになる[26]。この過程は、彼等イタリア北部・中部の商人のうちから、為替取引を積極的に担う商人＝銀行家を分化せしめ、その活動に大きく媒介されたものであった。そこで、次節では活発に陸上交易を担い、早くに商人＝銀行家を析出させた都市の一つであるルッカを中心に、13世紀半ば以降の為替取引の展開をみていこう。

4 為替取引と商人＝銀行家

13世紀にトスカーナ地方のルッカでは、絹織物工業が発展し、ジェノヴァの市場から生糸や染料等を輸入し、絹織物製品をシャンパーニュの大市に輸出するようになった。こうした三角取引を背景に、ルッカ商人のうちには、為替契約を利用した金融取引を、ルッカのみならずシャンパーニュやジェノヴァ等でも展開するものが現われてくる。

シャンパーニュへの絹織物輸出は次第に大市に代理人をおく委託販売方式に移行し[27]、それとともにルッカでも為替市場が発達した。そこでは北方との関係ではもっぱら大市払の為替証書による取引がなされ、主にルッカ商人によるルッカ商人社会のための市場であった[28]。

委託販売化は、商品を携えた移動という商人自身の時間と労苦を大いに節約する。しかし、自らの足以外の方法でどのように「回路」を閉じるのかという課題は残っている。具体的には、隔地の委託先商人のもとに形成される販売代金を還流させるための費用と、その過程も含めた商品の積み出し移行の長期の流通期間によって必要となる多大な流通資本が障害となろう。したがって、絹織物の輸出商への特化においては、そうした流通資本と流通費用の節約を可能とする為替契約による輸出金融が決定的な意義を有していたと

図1-2

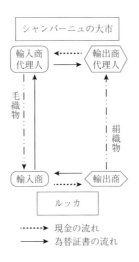

思われる。

　他方、この取引によってシャンパーニュに資金を移転させることになる貸し手側の商人が、そのシャンパーニュ資金をどう活用するのか、あるいはどのようにルッカへ送還させるのかによって、この取引全体の構図は大きく異なることになる。

　資金の貸し手がシャンパーニュ資金をルッカ向けの毛織物等の購入に用いる場合（図1-2）、為替契約は送金機能を通じて、輸出商と輸入商の専業化を効率的に媒介する。だが、一見対称的な構図でも、一定期間の資金貸付をともなった中世の為替契約は、決して対称的な取引ではない。商人資本の運動としては、輸出商側の自己資本が節約されているのに対し、現在の資金を提供する輸入商側はその回転に長期間を要しているのである。輸入商もシャンパーニュで同様に為替資金を需要する側に立つ選択肢もありうるとすれば[29]、そうした形での自らの商業活動で期待しうるものと同等以上の利益を見いだせなければ、ルッカでシャンパーニュ払の為替証書を購入する側＝貸し手側には立たないであろう。

それゆえ、教会による徴利禁止の下でも、為替証書の購入が貸付に対する「利子」に相当する利益を期待させるものでなければ、相場は成り立たないことになる。14世紀以降のいわゆるユーザンスに標準化された為替手形においては、都市間の為替相場の開きに「隠された利子」の存在が、ド・ローヴァらによって明らかにされてきた[30]。そして13世紀の大市払為替証書でも、以下のようにその相場のうちに「利子」要因をみることができるのである。
 図1-3は、ルッカの公証人記録によって、1284年のプロヴァンの5月大市での支払を約束した為替証書における為替レートの作成月別平均を、プロヴァン貨1ソリドゥスあたりのルッカ貨の比率として示したものである。みられるように、作成日が早い程、ルッカの対シャンパーニュ為替レートは高くなっている。つまり、決済日までの期間が長い程、現在受け取るルッカ貨の一定の金額に対し、返済を約束するプロヴァン貨の金額が高くなっていたのである。ブロムクイストによれば残存する他の大市の前の記録でも同様の傾向が確認されており[31]、短期的な相場の変動に「利子」要因が働いていることを示している。
 したがって図1-2の構図でも、「輸入商」の為替取引は、すでに潜在的に

図1-3

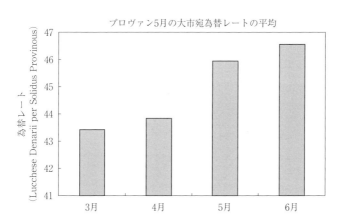

(出所) Blomquist [1990] p.372

はその商業活動とは区別された為替業者＝金融業者としての側面を含んでいる。そして図1-4のように、この為替＝金融業者としての機能を、自らの商業活動に制約されることなく展開するとき、この商人は、商業活動によって形成された代理人・コルレス関係を基盤に、かつ商業活動との選択の下に為替＝金融業務を行なうものとして「商人＝銀行家」と呼ぶべき主体へと転化している。ここでは商人＝銀行家は、ルッカで輸出商に貸し付けシャンパーニュで受け取った資金を、今度はルッカへの輸入をはかる他の商人ないしその購買代理人に対し、ルッカでの支払を約束した証書によって資金を提供するといういわゆる「戻し為替」[32]によって送還させている。

　こうした商人＝銀行家の介在によって為替取引は、短期的な輸出と輸入のバランスの制約からある程度自由に貿易金融の役割を果たしうる。資金需給の動向が為替相場の変動に反映され、裁定的・投機的な商人＝銀行家の為替売買が、いわば金利裁定による短期資金の輸出入を意味するのである。しかし、図1-4の構図は、ルッカへの資金の送還が、結局は借り手による商

図1-4

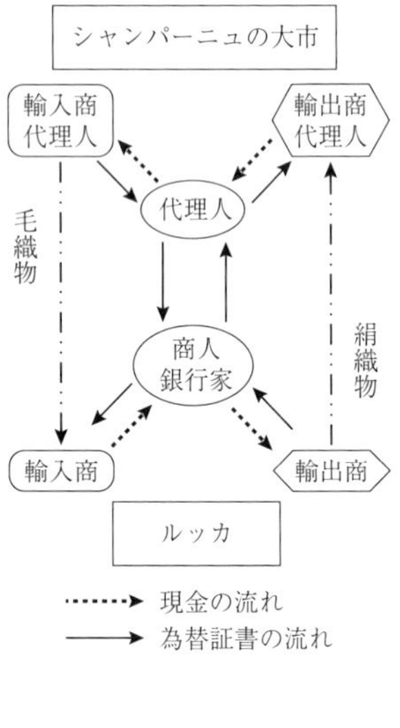

```
        シャンパーニュの大市
       ／              ＼
  輸入商              輸出商
  代理人              代理人
     ↘  ↗ 代理人 ↖ ↙
毛            ↑↓            絹
織            商人           織
物           銀行家          物
              ↑↓
  輸入商              輸出商
       ＼              ／
            ルッカ

    ·······▶ 現金の流れ
    ―――▶ 為替証書の流れ
```

業活動−シャンパーニュからルッカへの商品の輸送と販売−に依存していることを示している。両地点間の交易額に偏りがあれば、商人＝銀行家自身の「回路」は閉じない。交易額の不均衡は最終的には商人＝銀行家の国際的な資金の布置に反映するのであり、貿易金融の維持は商人＝銀行家の資金再調整能力に依存しているのである[33]。

実際、ジェノヴァから生糸や染料等を輸入し、絹織物製品をシャンパーニュに輸出するルッカは、ジェノヴァからの入超とシャンパーニュに対する出超という位置にあった。

そうした状況下で、ルッカの商人＝銀行家は、ジェノヴァで、主にシャンパーニュ払為替証書の売り手＝借り手として活発な為替取引を展開していた。この為替取引によってシャンパーニュから移転させられた資金は、ジェノヴァで生糸や染料等を購入してルッカに持ち帰るルッカ商人へ為替契約によって融資され、ルッカに還流したのである[34]（図1−5）。

ルッカの商人＝銀行家がジェノヴァで作成する為替証書は、彼等自身の

図1−5

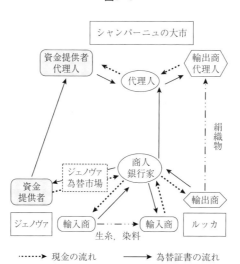

商取引に裏付けされたものではない。シャンパーニュ資金を販売することでジェノヴァ資金を得るという貨幣的・金融的取引であって、直接には商業活動を媒介する貿易金融ではない。しかしこの為替取引を含むことで、シャンパーニュに対する債権をジェノヴァに振り替え、対ジェノヴァ債務と相殺するという「回路」が形成され、シャンパーニュ→ルッカ→ジェノヴァという現金の移送が省かれることになる。そして、この為替取引を利用した資金の国際的な再配分によって、商人＝銀行家は生糸・染料等の輸入と絹織物製品の輸出の両面における貿易金融を持続し、ルッカの絹織物工業の発展を促進する役割を担いえたのである。

　もっとも、こうした資金再配置は、シャンパーニュでジェノヴァ払為替証書を購入するという貸付行為によっても実現できたはずである。そうした「戻し為替」と、シャンパーニュ払為替の資金移転・調達手段としての相違は、「利子」要因による為替レートの相違のみならず、前者が大市での決済日ないしそれ以後に作成され、ジェノヴァで資金を得るのは少なくとも移動に要する時間を経た後になるのに対し、後者は逆に大市の決済日の前に資金を調達しうるという点にもある。つまり、図1-5の構図では、為替手形の譲渡や割引のない中世でも、為替を通じた貸付によって大市払為替証書として決済日まで保有されるはずの商人＝銀行家の債権は、大市という集中化された決済の機構を利用することによって、自らの大市払為替証書の販売によって柔軟に流動化されているのである。その際、各都市の対シャンパーニュ為替相場が図1-3と同様の変動を示していたとすれば、例えば大市決済日の3ヶ月前に貸し付けた資金を、1ヶ月前の借り入れによって回収するのであれば、2ヶ月の与信期間に相応する「利子」収益も期待されるのである。

　こうした大市払為替の取引の意義を、今度は13世紀半ばのマルセーユに残された史料から確認しておこう。マルセーユの公証人記録には1248年5月29日に作成されたプロヴァンの5月大市払為替証書が3点残されている。それらはいずれも、同時に作成された対になっている契約によって、現在受領し

たとされる資金が相殺されており、事実上、ピサやシエナの商人＝銀行家が、プロヴァンの５月大市払のプロヴァン貨を、他のピサやシエナの商人や商人＝銀行家のピサ貨やシエナ貨と交換する取引となっていた[35]。こうした取引を徳永は「プロヴァン大市でシエナのマーチャント・バンカーが貸し付けた為替資金」をピサやシエナで返済する為替契約と解釈し、フランス王が「戻し為替によるシャンパーニュとイタリア諸都市間の為替資金の調整を認めていなかった」がゆえに、マルセーユという「第三の商業中心地を媒介して迂回的におこなわれた」としている[36]。

しかし、この年の５月大市は確かに５月26日に始まっているものの、注23の大市分割からすれば東方・地中海産品の販売期間や決済期間は６月中旬から７月にかけてであり、当時のマルセーユからプロヴァンへの所要日数（約22日）からみて、この契約後まもなくピサの商人らはシャンパーニュに向けて出発したものと思われる[37]。つまり、ここで取引の対象となっているのは、事後的な戻し為替ではなく、通常の大市払為替証書であり、ジェノヴァのルッカ商人＝銀行家と同様に、大市払債権の流動化－ただしマルセーユ貨の現金ではなく、ピサやシエナ払証書との交換－がはかられたのである。

したがって、なぜマルセーユという「第三の商業中心地」なのかという点は、この５月末にマルセーユに滞在しており、大市へ向かおうとしていた大市払為替証書の購入側にとっては問題とはならない。他方、ピサないしシエナへの資金の送還をマルセーユで行なった商人＝銀行家側については、それが資金の移動・調達方法として、他の都市での大市払為替証書の売りや、大市での戻し為替の買い等の他の代替手段よりも有利であったと判断されたからではなかろうか[38]。商人＝銀行家にとって、様々な地点の相場の相違や変動の予想による、裁定的ないしは投機的な為替取引であるものが、同時に貿易金融や資金の国際的な再配置でもあったのである。

中世の為替取引は、商人間の信用機構として発展し、13世紀にはすでに国際的な金融市場機構の「原型」ともいうべき機能と構造を有するに至ってい

た。もっとも、為替証書による取引は、それ自体が貨幣として機能しうる有価証券の創造ではなく、融通されたのはあくまでも貨幣であった[39]。したがって、その円滑な機能には、商人＝銀行家の資金調達と、国際的な資金の調整・再配置の能力への依存という限界が孕まれていた。

しかし、イタリア北・中部諸都市の商人＝銀行家は、大市払為替証書を中心とした為替市場＝貨幣市場を活用し、シャンパーニュの大市の集中的な決済の機構を、融資債権の流動化機構として利用していた。さらに、大市には明確に利子を付した大市間の繰延預金の仕組みが知られており[40]、商人＝銀行家間の相互融通という銀行間市場的機能をも内包していたと思われる。次章では、国際的な決済・信用の機構として展開された、こうした高次で閉鎖的・クラブ的な協調の機構の形成を、都市内の決済・信用の機構と対比しながら概観していくこととしよう。

注
1) ポランニー［1980］
2) Marx［1867］S.162-164、訳192-195頁
3) ブローデル［1986］162頁
4) 同298頁
5) de Roover［1965］p.46
6) 海上貸付は、通常の資金貸借とは異なり、海上交易において、船舶や船荷の無事な到着を条件として、元本に高率な「ボーナス」を加えて返済するというものあった。「ボーナス」分の取得は、貸し手が航海上のリスクを負担することへの報酬として教会法の禁ずる「徴利」ではないと正当化されていた。当時は非合法ではない利付貸付契約の「唯一のタイプ」だったのである（Hoover［1926］pp.498-499）。
7) ド・ローヴァ［1986］134-135頁、de Roover［1965］p.67
8) ド・ローヴァ［1986］130頁
9) 同125-127頁
10) de Roover［1948］p.263、Verlinden［1965］p.136、Usher［1934］p.407
11) 徳永正二郎［1999］161-165頁
12) Kohn［2003］p.17
13) deRoover［1948］p.91,［1954］pp.38-51, アールツ［2005］31頁
14) Reynolds［1931］pp.367-368
15) *Ibid*., pp.369-370
16) 大黒俊二［1980］25頁
17) 「織物商 draperius」は織物の裁断等の最終加工を担う職人であったが、自ら製品を販

売する卸売商でもあった。信用での購入は、海上貿易商への現金販売までの加工過程と在庫の期間を支える流動資本の供与であった。また時には債務証書の期間は柔軟に延ばされ、織物商のコンメンダ契約での商品預託による出資を支えたようである。この場合には隊商商人は「間接的に」ジェノヴァの東方貿易にも融資していたことになる。Reynolds［1930］pp.509-510、Van Dosselaere［2009］pp.155-158

18) ただし、「現金」取引は鋳貨によるとは限らず、両替商・預金銀行の帳簿上の振替によってもなされた。ド・ローヴァ［1986］125頁、de Roover［1948］p.263
19) Hoover［1926］pp.511-520
20) Reynolds［1931］p.376
21) 大黒俊二［1980］24頁
22) ド・ローヴァ［1986］135頁
23) 大黒俊二［1980］26-27頁、Face［1958］p.430。なお、大市の内部は図のように各種期間に分割されていた。

（出所）大黒俊二［1979］38頁
24) 大黒俊二［1980］31頁
25) 14世紀以降に確立される「為替手形」では、こうした「指図人払」に類似した文句は消え、振宛人や受取人の名が文面に明記されることになる。ド・ローヴァ［2009］32-33頁
26) de Roover［1948］pp.11-12、［1965］pp.42-43
27) 13世紀半ばにはジェノヴァでも、特定の代理人による支払を明記した為替契約が増大し、資金を借り入れた商人がもはや自らは大市には赴かず、商品販売を他の商人に委託しているという関係が推測される（大黒俊二［1980］36-37頁）。先述の「担保型」海上貸付等とは異なり、ここでの委託先は資金の貸し手ではなく、もはや売買関係の側面はなく純然たる委託関係である。13世紀には「輸送業者」や商業通信といった機構も徐々に整備されており（Face［1959］）、商人の定住化と委託販売への移行が次第に一般的となりつつあったものと考えられる。
28) Blomquist［1979］pp.70-71
29) シャンパーニュ側の史料は少ないが、1296年のトロワで、南欧都市側の取引を「そっくり裏返した形で取引を行なっていた」（大黒俊二［1980］41頁）ことが確認されている。
30) 本書第2章41頁
31) Blomquist［1990］pp.362-374
32) 「戻し為替 ricorsa」という用語は、「戻しつき為替」の操作の一環と受け取られ、乾燥手形や偽装手形の意味で用いられている場合もある。ここではド・ローヴァのいう「広義」の意味であり、以前の為替取引で移転した資金を送還させようとする、為替を購入する側の主観的な意図を表わしている。図1-4のように貿易取引を金融的に媒介し

ている場合には、「乾燥」してはいないのである。なお、「厳密な意味」では、不払いの際に受取人が償還請求のために振出すものである。ド・ローヴァ［1986］138頁
33) アスティやピアツェンツァなど早期から南北間交易に従事してきた都市の商人と同様に、ルッカ商人も、シャンパーニュやヨーロッパ北方の諸都市で投融資活動を活発に行なっていた（「ロンバルディア人」！）。この場合には、北方への輸出超過は、ある程度「資本輸出」によって相殺されていることになろう。Blomquist［1990］pp.365-366
34) Blomquist［1990］pp.366-367、［1979］pp.70-72
35) 徳永正二郎［2004］122-125頁
36) 同122-127頁
37) 大黒俊二［1980］32-33頁
38) 例えば現存する最古の商業書簡とされる1260年のシエナの商会の手紙でも、有利な資金調達のために、他の方法と比較検討の上、「プロヴァン貨を売る」ことを選択したことが書き記されている。大黒俊二［2006］196-210頁、Lopez & Raymond［1955］pp.388-392
39) 本書第2章以降でも詳説するように、中世の為替手形は為替契約の履行手段の域を出ておらず、為替手形が為替契約から分離するのは17世紀以降である。
40) 本書第2章45頁。

第2章
両替商と商人＝銀行家
——都市内決済・信用機構と国際的決済・信用機構——

　本章ではジェノヴァ－シャンパーニュから出発した商人的な機構をめぐる旅を、両替商や振替銀行が展開した都市内の決済・信用機構、そして、商人＝銀行家が主軸となった国際的な決済・信用機構へと進めていこう。ここでも、商人の商品経済的な行動に伴う機構的・組織的な関係性の構築として、それぞれの決済・信用機構を再構成することを試みる。商品世界に内在する機構形成の論理を見いだすとともに、それぞれの機構の合理性を探ることによって、それらの限界もまた見えてこよう。

1　都市内決済・信用機構と預金・振替銀行

（1）　両替商の預金・振替銀行化

　12世紀末のジェノヴァでは両替商が顧客の貨幣を預かり、その顧客勘定間の振替による支払を行い、さらに当座貸越による貸付をも展開したことが知られている[1]。13世紀には主にイタリア人両替商が、シャンパーニュの各大市を移動して、両替と帳簿振替を営んでいた。前半にフランドル産羊毛・毛織物等の北方産品の取引期間、後半に明礬・染料・香辛料等の南方・オリエント産品の取引期間という大市の構造は、イタリア諸都市の旅商にとっては先に北方産品を購入し、後に自らの運んできた商品を販売することを意味しており、おそらくは両替商の当座貸越によって支えられていたと考えられている[2]。

13世紀末ないし14世紀初までには、ヴェネツィアやバルセロナ、さらには北方のブリュージュなどの商業中心都市での両替商による預金・振替業務が確認されている。ことにブリュージュでは14世紀後半の２つの両替商の帳簿が現存しており、中世両替商の実態を伝えている[3]。両替商は口頭指図により自己の顧客間の帳簿上の振替を行うとともに、互いに他の両替商に勘定を持ち合い、異なる両替商の顧客間の振替による支払決済を実現し、他方で当座貸越や他の投融資を活発に展開していたのである。

ジェノヴァやヴェネツィア等の海港都市をはじめ、交易の中心地には膨大な種類の鋳貨が持ち込まれ、しかも頻繁な改鋳、摩耗や盗削、偽造・模造などそれらの品位も多様であった。こうした状況下では、市中で流通する鋳貨と、外部の多様な鋳貨、そして未鋳造の地金等の間の両替・交換が早くから求められたのみならず、そうした業務に携わりうる両替商の諸鋳貨や地金に対する知識は、さらなる活用を求められることになる。

すなわち、市中で流通する鋳貨類もまた雑多であり摩耗や盗削等の問題を抱えており、高額な取引ともなれば現金支払の際に絶えず鑑別や計量などが必要であるとすると、他国通貨や地金などを両替商に持ち込んだ商人は、その際に両替商に鑑定された価値額を特定の鋳貨という形に具現化してしまうと、その購買力を行使する時点で再度、鑑別・計量などの時間や費用を要することになる[4]。とすれば、両替時にはその鑑定された価値額に対する請求権を留保しておいて、支払や決済が必要になった時点で、その相手とともに市場・取引所に隣接する両替商の取引台（banco）に行き、その場で両替商から受け取った貨幣をそのまま手渡すことで、鑑別や計量の時間・費用を節約することが可能となろう。その際、受け取った相手もまた同様に現金取引に要する費用の考慮から、両替商の保証する価値額を、そのまま請求権として留保することも考えられる。その場合には、現物の鋳貨の手交は不要となり、ただ両替商の帳簿上で、両替商に対する貨幣請求権が移転することで支払が完了するとともに、その支払の記録が残されることになるのである。

こうしてみると、両替商への貨幣の預託とは、取引台で営業する彼らの保

管技術そのものというよりも、その諸鋳貨・地金に対する鑑別の技術をサービスとして利用していることになろう。実際、中世後期には両替商への預金は通常の預託とは法的にも区別されるようになる。安全な保管が目的であれば、通常の預託として、預けた貨幣に対する所有権は寄託者側に保持され、両替商の破綻処理に際しても完全に取り戻しうる。ところが、預金は「変則的な」預託であって、貨幣そのものの所有権は受託者である両替商に移転し、寄託者はその価値額に対する請求権のみを留保しているとされるのである[5]。現物の鋳貨・地金そのものの保管ではなく、特定の貨幣で計られたその価値額を預け、それを現実の貨幣を介することなく利用しようとする取引が、いわば価値額の鑑定・保証された支払手段である「両替商に対する請求権」と貨幣との交換と解され、預金者は両替商に対する債権者とされたのである。

両替商に対する請求権は、現実の貨幣よりも純粋で抽象的な価値物となり、購買・支払手段としての機能をも果たすことになった。こうした法的な取扱にも根拠づけられ、両替商は、請求権の履行に備えた準備金以外の預託貨幣の融資への転用や、預金残高を上回る振替を認める過振・当座貸越などの、いわゆる部分準備に基づく預金銀行業務を展開することが可能となる。両替商間の相互預金と双務的な決済の仕組みによって、両替商を越えた振替が実現すると、預金の利便性はさらに高まり、両替商の与信活動の基盤も強化されよう。

ただし、振替があくまでも当事者の同席の下に口頭での指図でなされたことには注意しなければならない。例えば、同じ両替商甲に勘定を有するAとBの間の支払を甲の帳簿上の振替で行うという場合に、ABの両者が甲の取引台に出向き口頭で指図するということは、対甲債権のBへの譲渡というよりは、A甲間の請求権の履行→AB間の支払→B甲間の新たな預託という3つの行為を、いずれも全当事者の同意と出席により、現実の貨幣を使用することなく遂行したことを意味する。

書面での振替指図の利便性にもかかわらず、多くの南欧諸都市で口頭指図

の原則への固執がみられたことは、債権の譲渡性を高め「信用の貨幣化」を図ることに慎重であったとみるべきであろう[6]。両替商による決済システムを利用する商人達の主眼は両替商の貨幣取扱技術の利用による費用の節約であって、とりわけ都市当局による規制政策に関与した大商人層は、対外的な貨幣価値の維持に関心があり、インフレ的な貨幣創造には警戒的であったのであろう。両替商を越えた振替の場合でも、市場に隣接するそれぞれの取引台も近隣関係にあることから、預金の移転先の両替商ないしその使用人が同席する形で行われたと考えられており、やはり同意と出席の原則が維持されていたのである。

ブリュージュの両替商の帳簿には、当座貸越が多数記録されているが、その大半は小額でごく短期のうちに返済されていた[7]。それらは支払・決済時の手許現金の不足によって求められ、現金準備の節約を可能とした。帳簿にはこれらに伴う利子や手数料の記載はなく、教会による徴利禁止への配慮から他の形に偽装されている可能性はあるものの、おそらくは商業信用や委託販売等によって相互に相手名の勘定を持ち合っていた商人間の慣行の延長上のものとして、また預金の獲得・維持のため、必ずしも追加的な支払を伴わなかったのであろう[8]。いずれにしても、両替商の収益に直接には大きな意義はなかったと思われる。

他方で、大口顧客に対する高額の当座貸越もあり、内外の有力者・大商人の事業に対する貸付とみられ、それら少数の貸越が、両替商の貸付の過半を占めていた。それらのうちには、事実上、両替商自身の商工業への共同出資として恒常的な運転資金の提供と考えられるものもあり、多くが短期的な信用というよりも、長期的・投資的な貸付であったと推測されている[9]。そうした投資的な貸付は、それ自体が健全なものであっても、割引市場などによる流動化の仕組みがなく、公衆の通貨需要が高まる逼迫期には、預金準備の劇的な収縮という流動性リスクに両替商をさらすものであったが、他に収益を生む流動的資産という選択肢は存在していなかった。そのため両替商はまた、銀行業務から得た資金を、それとは区別される自らの事業として、商工

業への投資・出資も行っていたのである。

（2） 両替商の銀行機能の基盤

　そうした両替商の銀行機能の基盤を明らかにするために、はじめに市中ないし市場全体の商人等の取引主体が相互の全取引をみな一つの同じ両替商の帳簿振替で行ない、そのため購買・支払手段としての貨幣をすべてその両替商に預託していると想定しよう。この場合、両替商の手許の鋳貨・地金に対する請求権は行使されることなく、ただ持ち手を換えていくこととなろう。そこで、両替商が預金設定による貸付や過振の許容などの与信を行えば、取引主体は保有＝預託している貨幣額を越えた購買や支払が可能となる。両替商による預金創造によって、貨幣保有状況の制約を越えた市場取引の柔軟な拡張をもたらされるのである。この与信は最終的には、過振等で仕入れた商品の転売等によって受信商人等が返済しうることに基づいており、創造された預金はこの返済還流によって収縮することになる。ただし、この両替商のもとへの決済の集中が不完全で、鋳貨を必要とする小額決済や、他の市場・地域への支払などのために、請求権が行使され預金が引き出されるのであれば、両替商の与信業務は、受信主体の活動に伴う預金引出の動向によって制約されることになる。このように預金創造による与信の基盤は、預金の貨幣機能による市場の取引関係の包摂である。当事者的には経験的に感知される預金滞留が直接的な基礎であるとしても、その動向を規定しているのは、取引関係の包摂の限界・部分性ということになろう。包摂が完全ですべての取引が両替商のもとで完結するのであれば、預金創造への制約はなく、与信の実質的な基礎である受信した商人による返済能力の形成までの時間的猶予も柔軟なものとなるのである。

　もちろん両替商が単一である必然性はなく、複数の両替商が競争している限り、個別両替商のレベルでは、預金が振替によって購買・支払手段として機能しうるのは、直接には同じ両替商に勘定を有する顧客間の取引に限定されてしまう。そのため、預金のうち引き出されずに滞留する部分の比率は－

したがって預金債務に対して必要となる貨幣準備の比率も－、個別的な経験に依拠せざるをえない不安定なものとなろう。だが、両替商は互いに市中の他の両替商と勘定を持ち合うことで、異なる両替商の顧客間の振替による支払を実現していた。例えば両替商甲にある預金によって、商人Ａが両替商乙の顧客である商人Ｂに対して支払を行なおうとする場合、まず両替商甲のもとでＡの勘定から、甲にある両替商乙の勘定に支払額を振り替える。続いて、甲（の代理人）とＢが両替商乙に行き、乙にある甲の勘定から同額をＢの勘定に振り替えることで、商人ＡＢ間の支払が完了する。こうした取引の結果、いずれかの両替商への貸越が生じた場合には、一定の間隔あるいは金額に達したところで貨幣によって決済された。つまり、その間の商人間の諸支払によって生じる両替商間の債権債務は相殺され、その差額のみが貨幣で決済されたのである。

　このような両替商間の相互預金のネットワークによって、両替商への預金の滞留は一定の社会的根拠－相互決済を要する個別の両替商にとっては、やはり経験的にしか感知しえないとしても－を得ることになる。図2-1のように、市場の全取引が両替商のネットワーク内で振替によって行なわれているとしよう。ここでは簡略化のために市場は5者の商人のみで構成され、矢印の方向にそれぞれ£10の支払がなされると想定されている（①）。甲と乙という二つの両替商がそれぞれ二者（Ａ、Ｅ）、三者（Ｂ、Ｃ、Ｄ）の商人を顧客とすると、全体で10回の支払のうち、ＡＥ間、およびＢＣ、ＤＣ、ＤＢ間の四つの支払のみが帳簿上の振替でなされ、他の貨幣による支払のために預金は引き出されることになる（②）。そこで、甲と乙が相互に勘定を持ち、例えばＡＢ間の£10の支払を、甲におけるＡから乙への振替と、乙における甲からＢへの振替によって、すなわち甲が乙に対し£10の債務を負うことによって実現するといった形で（③）、ＣＡ、ＤＡ、ＥＢ間などの互いの顧客間の支払もすべて振替でなされるならば、甲は乙に対し£20の債務を負うことになり（④）、この差額決済のみが甲から乙への£20の貨幣支払によってなされることで最終的に全取引が完了する（⑤）。そのため商人は支払

第2章 両替商と商人＝銀行家　31

図2–1

① 市場の全取引

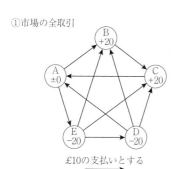

£10の支払いとする

④ 両替商間の相互預金
　による両替商間振替

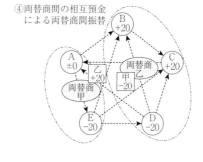

② 両替商による帳簿上の振替
　（AE間，BCD間）

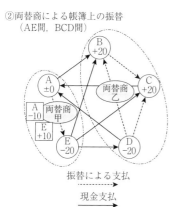

振替による支払
現金支払

⑤ 両替商間の相互預金
　と差額決済

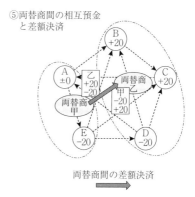

両替商間の差額決済

③ 両替商間の相互預金
　による両替商間振替
　（AB間）

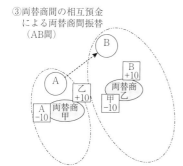

のために両替商から貨幣を引き出す必要はなくなり、預金は両替商の許に留まり続けるであろう。

　こうして両替商の相互預金による振替決済の機構によって、預金創造の基盤である取引関係の包摂は市場全体へと広がり、個々の両替商の預金が購買・支払手段として機能することで、先の単一の両替商の想定と同様な与信業務が可能となるのである。個々の商人の勘定は絶えず増減を繰り返し、とりわけ先述のように取引の積極的な拡張は一時的に収支を悪化させることなろう。例えば図2-1のような取引関係が継続するならば、預金が一方的に増大する商人（B、C）と減少する商人（D、E）が現れることになろう。その際、両替商が預金設定による貸付や過振の許容などの与信を行えば、市場取引は貨幣保有量の制約を越えて柔軟に拡張することができる。

　ただし、両替商相互間での差額の貨幣による決済が必要であることは、個々の両替商にとっては直接的な与信への制約となる。図2-1の例では両替商甲にとって乙に対する貨幣での決済の必要が、商人Eに対する与信の継続を制約することになろう。両替商の与信に基づき顧客商人が取引を拡張することは、仕入れ等が先行することで一時的には収支を悪化させ、他の両替商に対する債務の増加につながりやすい。そうした他の両替商の顧客への支払超過はいずれ、収支を好転させて返済能力を形成する商人の活動自体によって解消されていくとしても、それには一定の時間経過を要する。したがって、差額決済の必要から両替商間の収支の均衡化が絶えず求められるとすれば、与信の実質的根拠である商人の返済能力の形成、円滑な商取引の進行にも支障が生ずることになりかねない。

　しかし両替商の差額決済は一定の間隔で、ないしは一定の金額に達したところで行われ、その間の債権債務の相殺の効率が高められた。このことは、貨幣取扱費用の節約であるとともに、決済までの間、決済尻が黒字の両替商から赤字の両替商へ信用が供与されていたことを意味している。両替商乙における甲への貸越が許容されている間は、乙の与信が甲の与信活動を支えていることになろう。

さらに、差額決済が実行される場合でも、その際に黒字主体から赤字主体への信用供与がなされるならば、個々の両替商はさらに時間的猶予を得ることになる。両替商間の決済尻の総計はゼロ和であるため、両替商の決済機構への市場取引の包摂が進み、個々の顧客の預金引出が消極化するとともに、両替商自身も他の両替商への債権を早急に貨幣化する必要性が薄れることは、そうした両替商間の相互貸借の基盤となろう。こうして相互の貸越の許容から、さらに差額決済時の貸借へと両替商間の信用の機構が発展するならば、積極的な商取引の拡張を両替商全体で支えることになり、両替商による決済と信用の機構はそれだけ単一の両替商が市場取引全体を包摂した状態に近づき、効率性と柔軟性を高めることになる。

（3）　両替商の銀行機能の限界

　中世の諸都市の両替商の活動に対し、アッシャーらは「銀行信用による貸付」にバンキングの特質をみる立場から、「初期預金銀行 the primitive bank of deposit」という規定を与えている。口頭指図による預金振替が銀行間決済の機構により広汎に通貨として機能することを前提に、当座貸越等の預金による貸付をもって、「銀行」とみなすのである[10]。銀行券と預金通貨に本質的な違いはなく、両者はともに「公衆の銀行への信頼に基づく信用貨幣」であり[11]、さらに、部分準備原則の下で現金準備以外の銀行の資金が、出資によって直接的に商業に供給されようと、貸付によって間接的になされようと、「追加的な購買力の創造」という同じ効果を有するのである[12]。

　しかし他方で彼らは、「徴利行為の禁止」と「手形の流通性の未成立」という中世的要素が、流動性と支払能力の両面で銀行経営を脅かしていた点に、両替商の銀行業務の初期性・幼稚性をみる。手形割引慣行の不在が、短期でかつ流動化の容易な貸付を困難にした結果、遠隔地交易等の商業活動への出資や投資による収益への依存を強いられ、「中世の振替銀行の運命は、長期投資と短期債務という危うい基礎に依存していた」[13] というのである。

　したがって、16世紀の低地諸国－とりわけアントウェルペン－における債

権譲渡の原理の導入こそが、近代的な手形の裏書譲渡と割引を通じて、中世後期イタリアの金融革新と18世紀イングランドの金融革命とをつなぐ決定的なリンクということになる。手形割引と発券を基礎とした金匠銀行とイングランド銀行こそが、銀行信用の進化のいわば正嫡たる「近代的銀行業」というわけである。それに対し、中世的な制約こそが初期預金銀行の危機をまねき、15世紀以降の公営振替銀行設立を必然化したとするならば、アントウェルペンから革新的技術を吸収したアムステルダムが次章で検討するように、「なぜ最新の技術に背を向け」、公営振替銀行といった「伝統的なやり方を選んだのか」という難問が生じることになる[14]。

しかし、こうした「初期預金銀行の決定的な特質」とされる「流動性の欠如」は[15]、どこまで宗教的・法的な制約や金融技術上の問題に帰すことができるであろうか。ブリュージュの事例に即して考察していこう。14世紀後半のブリュージュでは、毛織物の織元（ドラピエ）は、毛織物取引所に取引台をもち、自らの織機で生産した織物を、他の織布工から購入した織物とともに販売した、親方織布工かつ織物商であったと考えられている。おそらくすべての織元がいずれかの両替商に口座を有し、主に他の織布工からの織物購入のための支払に利用していた。取引所で織元に織物を持ち込んだ織布工は、その代金を取引所に近接する両替商の取引台で受け取ったのである[16]。それによって、織元は頻繁な小口の購入のために常に現金を準備する費用を節約しえたであろう。他方、織布工の側は、振替による支払によって口座が作られる場合も、数日といったごく短期で消滅しており、現金による支払や生活費に充てられていたものと思われる。彼ら／彼女らは預金銀行業務の顧客としての預金者ではなく、決済システムの利用者＝受取人にすぎなかったのである[17]。

また一部の織元の場合には、当座貸越を利用しうる信用限度額が容認されており、それによって小口で頻繁かつ定期的な現金での購入と、比較的大口で間隔が長く不確定で、しばしば延べ払いでなされた販売とをつなぐための準備そのものの節約が可能であった。14世紀のブリュージュでは高級毛織物

生産への転換が進み、イングランド産高級羊毛の利用、最終加工過程の増大、販売先の拡大・広域化などによって、そうした準備を含めた流動資本額は増大傾向にあったと思われる[18]。そのため、当座貸越による信用供与は大きな意義を持ちえたであろう。しかし、この当座貸越の便宜の提供は、厳しく制限されていたようである。最大手の両替商の一つであったマルクの場合には、口座を有していた12の織元のうち、ただ一つのみがこの特権を享受しており、その口座は通常は黒字であり、貸越は最大で20から25の布地に匹敵する金額にまで達した7週間の赤字の他は、より少ない金額のものであった。

織元側にとっては、その利便性が明らかな当座貸越による信用供与に対し、両替商の側が慎重であったのは、織元の預金が振り替えられる相手が主に多数の零細な、預金者ならざる織布工であったことから説明されよう。貸越によって創造された預金は、すみやかに現金として引き出され、両替商の準備率を低下させることになる。しかも先述のようにこの与信は、直接には利子的な収入をもたらすものではなかった。

そこで両替商による資金供与はむしろ、自らの投資ないし出資として、あるいは自己の商業活動のための織物購入によって、自ら織元の口座に払い込む形で行われた[19]。こうした投資や商業活動そのものは、銀行業務とは区別される一般的な商人・企業家としての行動ではあっても、決済システムの提供によって諸商人等の貨幣準備を節約しつつ預金として集中し、部分準備原則の下で利用することによって「付加的な購買力の創造」の効果を有したということができよう。

ただその効果は、両替商の預金が現金として引き出されずに振り替えられ、通貨として決済システムの内部に留まり続ける程、大きなものとなりえる。預金設定によってなされる両替商の出資や購入は、それが現金準備率を引下げない限りさらに拡大を続けられよう。また部分準備原則というあり方そのものが、個別的には経験的な歩留まりに依拠していても、実体的には取引関係の大きな部分が決済システムに包摂されていることに基づいていた。

ところが、中世後期以降も商業都市における商取引関係の中心的な部分は、この決済機構にとうてい包摂されえないものであった。市場が社会の再生産にとって周辺的であった状況では、商業中心地といえども地域社会やいわゆる「国民経済」を媒介していたとはいえ、市中の決済が円環構造をなすような基盤は存在していなかった。商業都市で展開される卸売商業の中心は共同体間・隔地間の遠隔商業の中継点・結節点としてのものであった。そうした遠隔商業において求められる短期信用とは、例えば輸出商であれば、遠隔地へ商品を送ってから貨幣を受け取るまでの長期の回転期間により肥大化する流動資本と、遠隔地の委託販売先等に積み上がる対外債権を還流させるための莫大な費用との節約というように、都市間の決済と信用の機構を必須としたものである。したがって大商人間のネットワークと、その商人＝銀行家的業務とによって構成された、為替取引に基づく決済・信用機構が生み出されたのであり、都市内の振替機構のみに依拠した両替商の関与しうるところではなかった。

初期預金銀行の「商業金融への貢献がマイナーで、ユニークな機能も果たしていな」[20]いものにとどまったのは、徴利の禁止と手形流通の未成立といった宗教的・法制度的な、また技術的な中世的制約以上に、その依拠する決済・信用機構と、発展的な商業分野とのミスマッチによるものとみるべきであろう。14世紀末以降、「貨幣不足」「貴金属飢饉」が繰り返し生じる中で両替商・預金銀行の破綻が続くと、民間の預金銀行業務に対する規制強化に加えて、1401年のバルセロナを皮切りに南欧の諸都市で公営の振替銀行が相次いで設立され、その多くが当座貸越等の貸付を禁じられ純粋な決済機関とされたのも、都市政府を支える大商人らの、都市内決済・信用機構に対する期待のありかを示すものといえよう。現金に代わる決済手段は求めても、預金銀行の金融機能はその金融的需要に応えられるものではなく、重視されていなかったのである。

なお、長期投資への傾倒とともに、初期預金銀行の脆弱性として、「銀行業者は相互間に相殺によって預金の振替を行う機構をもっていたが、相互間

に貸借を行う制度はもっていなかった」という「全体としての初期預金銀行の組織上の問題」が指摘されている[21]。確かに、前述のように銀行間の相互貸借の機構は、全体としての銀行組織における効率性と柔軟性を高める[22]。そうした相互貸借は、手形の割引・再割引という形式に依らずとも可能であろう。その意味では、両替商の「流動性の欠如」には、割引慣行の不在には還元しえない「組織上の問題」も含まれよう。

だがこの点も、両替商の信用供与が基盤としていた決済機構の特質をみるならば、都市内の銀行間組織によっては解消しえない「脆弱性」に留意しておく必要があろう。ガレー船団の発着、戦争や気候不順等による輸入穀物価格の高騰等によって銀貨や貴金属の量が大きく変動した中世商業都市において、貨幣逼迫期には両替商から貨幣が引き出され、信用貨幣は収縮したと考えられる[23]。商取引関係の中心的な部分が、銀行間組織の形成する決済機構を大きく越えているために生じるこうした準備貨幣の「不足」は、組織内の他の部分に「過剰」を発生させることにはならず、たとえ銀行間の相互融通の組織があったとして、過不足は調整され難かったであろう。一都市内に集約される決済が、その都市の関わる取引総体に対して部分的であることは、銀行間組織が都市内の決済を包括する決済システムを形成しえたとしても、その内部での「不足」と「過剰」の対応関係を偶然的なものとしてしまう。銀行間の組織的な調整能力を支える基盤そのものが不十分であったのである[24]。

ブリュージュの両替商の預金者の多くは、宿屋経営者、織元など遠隔地商業にたずさわる大商人、そして外国商人であった[25]。対照的に、都市内の取引に終始する織布工をはじめとするブリュージュ市民の大部分は、預金振替が有利となるほどの大口の取引は行わず、両替商の形成する決済システムの利用者となることはあっても、預金者ではなかった[26]。その信用需要もまた、質屋・高利貸による担保貸付という異なった機構に向けられたのである。

対外的な支払や送金を要する商人らが、預金者として両替商の構成する決

済機構に留まり、そのサービスを享受しえたのは、為替市場によって、対外決済が都市内の支払に振り替えられ、外国通貨・地金の必要性を節約しえたからにほかならない。後述のように、イタリアを中心とする南欧諸都市の商人＝銀行家の構成する、為替取引に基づく国際的な決済・信用機構の働きと結びつくことによって、商業都市の日常的・季節的な貨幣逼迫は緩和され、預金・振替銀行としての機能も維持されえたのである。

最後に、ブリュージュの両替商の投融資が、毛織物業関連に集中していたことの意味を確認しておこう。マレーは、14世紀ブリュージュほど、金融と産業の結びつきが強固で有益であった所はなかったと評している[27]。両替商らの活動が、毛織物取引におけるブリュージュの中心的役割の維持と、高級品生産へのシフト等に貢献しえたとするならば、その基盤は、以下のようにブリュージュ両替商らが、周辺諸都市とのネットワークを構築していったことに見いだされよう。原料購入から製品販売までのより広汎な商取引が、その決済機構のうちに包摂されていったであろうことを意味するからである。

1362年にイングランド羊毛のステープルがカレーに移転すると、ブリュージュとカレーの両替商との協力により、両都市間の帳簿振替が実現された[28]。また、ブリュージュの造幣所の閉鎖後、ブリュージュの両替商はヘントの造幣所を利用していたが、そこに預けられた地金や鋳貨の勘定が、ヘントにおける顧客や代理人への支払に利用され、ブリュージュ両替商にとってのコルレス先「銀行」として機能していた[29]。さらに、両替商自身が時折ヘントを訪れ、当地の両替商や宿屋を利用していた。同様に、「定期市の都市」としての発展を始めていたアントウェルペンでも、当地の両替商との協力や、その定期市の期間中に子弟等を代理人として派遣することによって、ブリュージュ両替商はその信用機構の枠組の中にアントウェルペンを編み込んでいた[30]。こうして、羊毛ステープル地カレーや、フランドル随一の毛織物工業都市ヘント、そしてブラバントの定期市における取引において、ブリュージュの両替商や宿屋に置かれた預金勘定が、そのまま振替によって通貨として機能しうる状況が形作られていったのである。

ここでもやはり、両替商の自らの投資や出資活動も含めた購買力の創造機能の影響力を枠づけたのは、中世的諸要素というよりも、その決済機構の範囲であり、そこに包摂された取引関係のあり方ということができよう。

2 　国際的決済・信用機構と商人 = 銀行家

そこで、次に中世後期以降の国際的な為替取引の展開について、その商人的な決済と信用の機構としての側面を明らかにしておこう。

（1） 典型的な為替手形

前章でみたように、ジェノヴァ-シャンパーニュの大市間などで12世紀末頃から展開された為替取引は、公正証書（「為替を原因とする契約証書」）による為替契約（前貸金の他地・他貨での返済を約束する契約）を行うものであって、主に旅商間の相互貸借から発展したものと考えられる。イタリア等の南欧の商人が、パリ、ブリュージュ、ロンドンなどに恒常的な支店や代理店を設置し、旅商から定住商人へと転換する「13世紀末の商業革命」の進展とともに、為替証書は商人の私的な書簡である為替手形に取って代わられていった。しかし、形式は変わっても、中世の為替手形は、依然として為替契約の証明・遂行手段であり[31]、16世紀になっても「為替手形の法的性格には何らの修正も加えられなかった」のである[32]。商人の定住化＝恒常的な支店・代理店のネットワーク形成の結果、遠隔地交易は委託販売＝相手勘定の保有という信用関係によって展開される。そのために長期化する流通期間を支えたのが、委託販売先を支払人として振出した為替手形によって前貸金を受領する為替契約であった。

為替手形には、資金を前貸する「資金提供者」と、それを受け取り、手形を振出す「資金受領者＝手形振出人」、および他地で手形金額を支払う「支払人＝手形名宛人」と、その資金の「受取人」の四者の名が明記され、13世紀の為替証書にはたびたびみられた「代理人」への支払を求める文言は

消失していった。為替手形は、基本的に裏書譲渡も割引もなされなかったのであり、それ自体は有価証券とはいい難い。

しかし、遠隔地の委託先に蓄積される債権＝販売代金を即座に回収しうる為替取引は、貨幣送金にかかる費用の節約のみならず、手形振出人にとっては、回転期間の大幅な短縮による流通資本の節約を可能とする輸出金融としての意義を有している。他方、資金を提供し手形を「買い取る」側にとっては、都市間の為替相場の開きが「隠された利子」となっていたことが知られているが[33]、資金の受取人となる支店・代理店などのコルレス先を有することが前提であり、やはり国際的な貿易にたずさわる商人の金融的業務として展開されていった。こうした商人を、ド・ローヴァらは「商人＝銀行家」と呼んでいる[34]。

14世紀末の典型的な為替手形の内容は以下のようなものであった[35]。

> 神の御名において。1399年12月18日。ブルナチオ・ヒド商会に本第一手形と引き換えに、ユーザンス払にて、バルセロナ貨 lb.472 10s. をお支払いください。同金額は、1エキュにつき10s. 6d. の相場で、リッカルド・アルベルティ商会から受領した900エキュに相当します。支払のほどよろしくお願いします。而して、当方勘定にご記入ください。神のご加護がありますように。
>
> 　　　　　　　　　　　　　　　　　　　グリエルモ・バルベル
> 　　　　　　　　　　　　　　　　ご自愛を、ブリュージュより。

この手形の振出人のバルベルはフランドルの織物輸出商であり、名宛人であるバルセロナのF. マルコ・ダティーニ商会に対して毛織物の販売を委託していたと考えられている。ブリュージュにて当地の貨幣で直ちに900エキュ受領し、その返済としてバルセロナのダティーニにバルセロナ貨で lb.472 10s. の支払を指図する。こうしてバルベルは、委託商品の販売によってバルセロナに積み上がった（ないしは積み上がる予定の）代金の回収を図ったのであろう。ここでは為替は送金手段としての機能を果たしている。しかし同時に、貨幣の受領と返済の間には一定の時間（当時のブリュージュ・バルセロナ間のユーザンスは「一覧後30日」で、この手形が支払われたのは約2ヵ

月後[36]）が存在しており、事実上の貨幣融通としての側面をも有している。そもそも、その時点で実際にバルセロナに勘定を有していたとしても、それをブリュージュにおける貨幣とするためには、送金指図のための通信を含め一定の時間と多額の輸送費用が必要であった。つまり遠隔地の貨幣は、いわば将来の貨幣なのであって、為替契約は遠隔地交易に伴う長期の回転期間を短縮する貿易金融でもあったのである。

そこでこの手形と引換えに資金を提供した側に目を向けると、アルベルティは、フィレンツェを本拠に各地に支店・代理人を置いた当時の代表的な商人＝銀行家であった。商人＝銀行家も商業機能を保持していたのであって、この契約そのものは例えば輸入代金の支払のために、送金手段として組まれた可能性も否めない。だがその場合も、資金提供側が貨幣を受け取るのはユーザンス後なのであって、直ちに貨幣を入手する振出人側とは異なり、回転期間を短縮する効果はない。他方、アルベルティがバルセロナの代理人であるヒド商会に自己宛の為替手形を振り出させるという手法を選んでいたならば、即座に送金が可能であった。こうした為替の売り手・買い手間の非対称性を反映して、2通貨間の為替レートは、一般的にはそれぞれの自国通貨が高く評価される形で成立していたことが知られている。為替購入に、時間的な格差を埋め合わす、この為替レートの差という「隠された利子」による金融的動機が含まれることで、為替レートの成立そのものが可能となったのであろう。当時のバルセロナにおける両貨のレートは、1エキュ＝10s 程度で推移しており、例えばバルセロナのヒド商会に返済代金で直ちにブリュージュ宛の為替を購入させた場合、およそ945エキュの受取となる。つまり2ユーザンスで5％程度の収益が期待できたのである[37]）。

（2） 国際的な信用と決済の機構と商人＝銀行家

こうした金融的動機で為替を売買する商人達は、現金ないしは両替商の帳簿振替により資金を提供しており、「銀行信用の貸付」や「信用貨幣の創造」といった基準では彼らを「銀行家」とは呼び難いことになろう。だが、中世

後期以降の商業の発展を支える金融的機能を主に担ったのがそうした「商人＝銀行家」であったとすれば、彼らがどのように決済の機構と信用供与とを結びつけ、どのような意味で銀行機能を果たしたといいうるのか、明らかにしておく必要がある。

そこで、前章でみた13世紀ルッカを多角的な決済を必要とする典型的事例として、為替契約を軸に商人＝銀行家が作り上げる決済と信用の機構を再構成しておこう[38]。絹織物工業の発展したルッカでは、貿易港ジェノヴァからの生糸・染料の輸入と、シャンパーニュの大市への絹織物製品の輸出が活発に展開された。その結果、輸入先のジェノヴァには債務が、輸出先のシャンパーニュには債権が累積することになる。一般的にも各都市間の取引関係は双務的なものとは限らず、各都市間の交易額に大きな偏りが生じるならば、債権債務が累積することになろう。こうした場合、「隠された利子」による調整機能が働いたとしても、前章の図1–2のような輸入商や輸出商相互の為替取引のみでは送金や受信の需要は満たしえないことになろう。

商人＝銀行家の活動は、そうした債権債務の解消を現金の移動に依らない形で図り、同時に貿易金融として回転期間の短縮＝流動資本の節約をもたらすものであった。ルッカの場合には、ジェノヴァやシャンパーニュを訪れ、あるいは代理人を置いて、ジェノヴァでは生糸・染料輸入商に、ルッカでは絹織物輸出商に為替契約によって資金を融通したのである。だが、為替の買い手＝資金提供者となることは、その返済を一定の期間後に他地で受け取ることであって、資金の送金＝コルレス先の勘定への移転を意味する。移転先での輸入用商品やいわゆる戻り為替の購入と移送によって、資金を還流させることは可能であろうが、両地間の取引額が均衡していなければ、その差額分は為替の買い手の国際的な資金の布置に反映していくことになろう。したがってそうした為替取引を継続的に行うためには、移転した資金を柔軟に再配置する能力が求められる。そのことが、為替の買い手を次第に特定の商人に限定し、商人＝銀行家が為替取引を支配するといった事態の主因となっているのではなかろうか。

ルッカの場合では、その貿易金融を維持していくためには、シャンパーニュに累積する資金をジェノヴァへ送還する手段が問題となる。送金そのものは、シャンパーニュの大市でジェノヴァ宛為替を購入することでも、あるいはジェノヴァで大市宛為替を販売することでも実現できよう。ただし、前者の為替購入は、為替相場の差額によるさらなる「利子」的な収入の取得も期待しうる反面、資金の入手は大市の決済日からさらに少なくとも移動に要する時間を経た後となる。他方、後者の大市払為替の販売では、その時間分だけ決済日より前に資金を得ることができる。両者の選択は、両地の為替相場の差異とその変化を考慮・予想した裁定的・投機的な側面を有していた。そして実際には、図1-5のように、ジェノヴァの為替市場でルッカの商人＝銀行家は、大市宛為替の売り手として活発な取引を展開したのである。

こうして、商人＝銀行家の裁定的・投機的な為替取引は、ルッカの例であればシャンパーニュ債権でジェノヴァ債務を支払うという多角的決済を実現している。また、この例解からは、さらに為替取引による決済・信用機構において大市のもつ特別な意味をも汲み取ることができよう。

第1に、いわゆるユーザンスや一覧後定期払が一般的な商業都市間の為替に対し、年に4回～6回の決済日に集約される大市では、債権と債務の相殺がはるかに容易となる。そのために輸出商に融通して得た大市払債権を、大市との間で為替取引のある任意の都市でその決済日前に流動化することが可能となり、また、大市払為替の振出で調達した資金を、決済日までにいずれかの都市で購入する大市払為替で返済することも可能なのである。

しかし第2に、相手の異なる債権と債務は、自動的に相殺されるものではなく、何らかの形で債権債務を振り替え、相互的なものへと転換する仕組みが必要である。商人＝銀行家は大市に自ら出向き、あるいは支店・代理店を通じて、多角的な決済の過程を協同して遂行することによって、相殺の可能性を現実化するのである。そうしたクラブ的な多角的決済の組織に参加することで、はじめて大市を資金の柔軟な再配置の機構として利用できるのである。

そして第3に、商業中心地としての貿易金融に伴う為替売買に加え、資金の移転や裁定・投機による為替取引によって、各都市と大市間の為替市場はいっそう厚みを増し、大市の決済機能は商業からいわば自立化し、商業大市の衰退後にも決済大市として機能することになる。各都市間の取引の偏りのより大きな部分が、商人＝銀行家の為替取引を経て決済大市で多角的に決済されるということは、その決済機構に包摂される取引関係がより包括的なものとなることを意味しよう。そのことが、各地宛の為替（戻し為替）の振出や、次の大市までの利付預託など、相殺後の差額を相互に融通する銀行間市場としての仕組みの基盤ともなるのである。

もしも国際的な取引の全体が、一つの大市で決済されるならば、多角的な決済の仕組みにおいて相殺後に残る債権と、債務は必ず対応することになる。「不足」資金を大市宛為替で入手し、さらに大市間預金等で融通を受ける商人＝銀行家と、「過剰」資金を大市宛為替によって大市に移し、そこで運用する商人＝銀行家とが相互融通の機構をも運営していくことで－いわば貨幣の流通速度を飛躍的に高め－国際的商業の一定の拡大を支えることが可能となったのであろう[39]。

（3） 大市の決済機構－イタリア人商人＝銀行家によるクラブ組織

ド・ローヴァは、為替相場が立てられた都市では、「為替手形はブローカーを介して取引されていた。すなわち、為替の価格、相場は需給の自由な働きによって、当事者の意思とは関係なく、決められていた。規則的に組織された為替市場が存在したことは疑問のないところである」[40]としながら、その「為替取引はイタリアの銀行商会によって独占されていた」[41]としている。商業的動機による為替売買には、先の事例でもフランドルの商人が振出人であったように様々な都市・出身地の商人がブローカーを介して参加していた。したがって、ここで「独占されていた」のは、上述のルッカの商人＝銀行家のように、金融的動機から為替売買に加わり、さらに「隠された利子」が為替レートを規定する過程で裁定的な取引を展開することで金融的・

投機的な利益を得ることで、限界的な需給の担い手として為替相場を成立させる役割のことであろう。この役割が、主にイタリアを本拠とする商人＝銀行家であったというのである。

その「独占」の基本的な要因は、いちはやくヨーロッパ各地に支店・代理人網を展開したのがフィレンツェやルッカなどのイタリア諸都市の商人であったことによるものであろう。為替契約は、他地・他貨での返済によって相手都市へと資金を移転させてしまうのであり、裁定的な取引を通じて、最も有利な運用先へと資金を移転させていく能力が為替による利益を生むとすれば、商人としての活動を通じて形成されたネットワークと、それによる迅速な情報の入手と伝達が不可欠なのである。

そして、大市の決済機構は、フィレンツェやルッカといったイタリア諸都市に本拠を置く商人＝銀行家によるクラブ的な組織によって独占的に運営されていた。このクラブに参加しているイタリア人商人＝銀行家であれば、例えばA地で振り出した大市宛手形と、B地で購入した大市宛手形を容易に相殺させることができた。この例は、B→Aという資金の移転を、ＡＢ間で直接の為替相場が成立していない場合も含めて実現していることになるが、商人＝銀行家にとっては、A地で調達した資金を、大市宛手形の購入しうるいずれの都市の資金でも返済しうるということであり、あるいは、B地で購入した大市宛手形という債権を、その決済日以前に、いずれの都市でも直ちに流動化しうるということでもある。しかも大市のクラブ組織では、為替レートと次の大市までの預託金利とを協議で決定することで、それぞれの債務債権を大市の計算貨幣による評価額として確定させ、新たな為替の振出と大市間預託という相互融通の仕組みも展開されていたのである[42]。こうした大市の決済機構の独占的な運営が、彼らによる為替取引の「独占」を決定づけたのであろう。

シャンパーニュの大市衰退後も、15・16世紀のジュネーヴ、リヨン、16世紀末・17世紀初のブザンソン・ピアツェンツァと、イタリア人商人＝銀行家を中心とした多角的決済と相互融通の仕組みは、その洗練度と閉鎖性を強

めながら維持されていった。例えばリヨンでは年4回の大市における決済期間に、フィレンツェ、ルッカ、そしてジェノヴァの商人＝銀行家の構成する各〈同胞団〉が、手形の引受・拒絶を確認し、協議により為替レートと次の大市までの預託の金利を決定し、支払日には帳簿を手に集まり、相殺と差額の決済を行った[43]。

　このような決済・金融大市のクラブ的な組織を頂点とした、中世の遠隔地商業の決済・信用機構を、先の都市内の両替商による決済・信用機構と対比させてみよう。

　両替商の預金が帳簿振替を通じて支払手段として機能したのとは異なり、中世の為替手形は為替契約による一定の資金の融通を証明し、その履行を実行するための手段であって、支払手段ではなかった。そのため、基本的には裏書譲渡や割引もなされなかった。中世商業の主軸である遠隔の都市間交易では、買い手と直接に取引をするのは困難であり、現地の卸売商を介する場合でも委託販売の方法が典型的であった。委託商に商品を預け、それが売却されるにしたがい資金が委託商の下での自己の勘定として積み上がるという形で債権債務関係が形成された。商人間のコルレス関係が遠隔地交易を支えたのである。為替取引は、こうした遠隔地の資金の利用方法として必要とされたのであるが、都市内のように、同一の相手に勘定を有する者の間で振り替えることで直接に支払や購買の手段として利用しうる状況はごく例外的であった。そこで、旅商間の相互融通として生じた為替契約の利用によって、貨幣輸送等の費用とともに、一方での回転期間の短縮と、他方での利子的な収益とが図られたのである。

　したがって、為替の機構は直接に商業的な取引関係を包摂している訳ではなく、信用貨幣の創造基盤を有していなかったが、コルレス関係を基盤とした大商人の金融業務（商人＝銀行家）による柔軟な資金配置の転換によって、二者間では釣合いのとれない都市間での多角的な決済の成立を促すとともに、貨幣の流通速度の増大による資金「創出」を通じ、国際的な商業関係の維持・発展を支える役割を担ったのである。

その際、商人＝銀行家のクラブ組織によって運営された決済・金融大市の決済機構が、都市内には不在であった「銀行業者」の「相互間に貸借を行う制度」として、多角的な相殺とともに、黒字主体から赤字主体への信用供与を実現していた。年4回ほどの決済期という大市宛手形の振出超過分（購入・保有している大市宛手形を上回った振出分）が、決済期日までの事実上の信用供与となっていることに加え、大市での新たな手形の振出や大市間預託によって、決済資金の超過する主体から不足する主体への資金融通がなされることによって、商人＝銀行家の銀行業務は効率性と柔軟性を高めることができたのである。

　こうして中世後期以降拡大発展していく為替取引を、国際的商業の観点からみるならば、取引関係と資金需給の偏りは、貿易金融を担った商人＝銀行家の国際的な資金布置に反映され、その柔軟な再調整の能力こそが、商人＝銀行家の銀行機能の基盤となっていたとみることができよう。そしてその機能は、大市における相殺・決済の仕組みを共同で維持・運営するクラブ的組織のメンバーの大商人＝銀行家が、大市を利用した国際的な資金の柔軟な再配置と相互融通を基盤に対国家・諸侯金融も含めた大口の信用供与や、為替の裁定・投機的取引を独占的に支配し、各地の商人＝銀行家は、それらメンバーとのコルレス関係において、為替取引に参加するという重層的な機構によって媒介されたのである。

　こうした少数の商人間のネットワークとクラブ組織に依拠した決済・信用機構は、したがって商業の地理的・規模的な急速な拡大に対応するのは困難である。大市に集中する資金の多くが、既存の商人のネットワークに依拠した遠隔地貿易の拡大よりも、対国家・諸侯への金融に振り向けられ、そのためデフォルトによる金融的混乱を繰り返し招いたのも、そうした限界に起因するものであろう

注
1）ド・ローヴァ［1986］p.125

2) de Roover［1948］p.263, de Roover［1954］p.42
3) Murray［2005］, de Roover［1948］
4) しかも、両替商の手渡す貨幣が、例えば額面での通用限度ぎりぎりの軽量通貨である場合など、その価値額の保全が困難となる疑いも払拭しえない。
5) de Roover［1948］p.311, Mueller［1997］pp.10-11
6) 楊枝嗣朗は、1452年の判例を根拠に預金貨幣の「絶対的貨幣機能」という「イタリア商人社会の慣行」がブリュージュでも確立していたとしている（楊枝嗣朗［1988］257頁）。しかしその判例は、債権者の同意なしに両替商における口座振替でなされた支払の有効性が、その両替商の破綻後に争われたもので、「債権者の同意と出席」なしには債務者は免責されないという慣行を再確認することが主眼であった（de Roover［1948］pp.334-335）。同席の下での口頭指図であれば、債権者本人が同意して預託するという手続が含まれている以上、両替商の支払停止時に債務者が免責されるのは当然であり、それだけで預金に「絶対的貨幣機能」を与えるという社会規範を意味することにはならない。
7) Murray［2005］p.161、de Roover［1948］pp.294-295
8) de Roover［1948］p.305
9) *Ibid.*, pp.295-305。
10) Usher［1934］pp.399-400
11) de Roover［1948］p.352
12) *Ibid.*, pp.311-312
13) *Ibid.*, p.310
14) VanderWee［2012］p.87、田中生夫［1966］10頁
15) deRoover［1948］p.305
16) Murray［2005］p.286
17) *Ibid.*, p.170
18) *Ibid.*, p.287
19) 例えば、両替商マルクから貸越の便宜を得ていた織元が、その最大額を記録した貸越の解消後の一年間に形成した預金のうち、43％がブリュージュの両替商から振り替えられたものであり、その合計は先の貸越額の数倍にものぼった（Ibid., p.287）。
20) Kohn［1999］p.13
21) 田中生夫［1966］9頁
22) 現金取引が多く残存していても、取引主体における準備・保管が、銀行組織内のいずれかの銀行でなされる限りは、引出により「不足」する準備に対応する「過剰」が、他の銀行に形成されることになる。そこでは、現金貨幣は預金を移転するための手段・メディアともなっているのである（本書補章2）。
23) Kohn［1999］p.18
24) Kohn［1999］は、両替商間の緊急貸越枠の存在を指摘している（p.16）。相互融通手段の有無ではなく、逼迫期に資金を供給しうる主体が存在しえたかどうかが問題なのである。
25) Murray［2005］によれば、遍歴商業を続けたハンザ商人等は、特定の宿屋に当座勘定を持ち、商品の保管、受取等の出納、さらには不在時の代理人等の業務をも委託して

いた。各宿屋は複数の両替商に口座を有しており、ハンザ商人らは宿屋を通じてブリュージュの決済システムを利用することができたのであり、宿屋に置かれた勘定もまた預金通貨として機能していた。

26) Murray [2005] p.166
27) *Ibid.*, p.288
28) *Ibid.*, p.237
29) *Ibid.*, pp.250-251
30) *Ibid.*, pp.253-254
31) ド・ローヴァ [2009a] pp.32-33頁
32) ド・ローヴァ [2009b] p.131頁
33) de Roover [1948] pp.61-65、大黒俊二 [2006] 204-209頁
34) de Roover [1948] p.91, [1954] pp.38-51, アールツ [2005] 31頁
35) ド・ローヴァ [2009] 35-36頁
36) 同38頁。なお、14・15世紀の商業の手引によれば、「振出後3ヵ月」というユーザンスも用いられていたようである。これは、両都市間の商業郵便の標準的所要日数（23日）のほぼ二倍の日数に30日を加えたものに相当し、事故・悪天候等による最大所要日数を考慮して、予期せぬ遅れによる不渡りを避けつつ取引の計画性を高める工夫であったと考えられる。大黒俊二 [2006] 200-204頁。
37) もっとも、ブリュージュ宛為替の購入がユーザンス後という将来の時点である以上、為替レートの変動の可能性があり確定した利子という訳ではなく、そのことが教会による徴利禁止の対象とならないという根拠の一つともなっていた。
38) 以下、ルッカの事例については、本書第1章とその参考文献を参照されたい。
39) 無論、現実には中世後期以降も、外部の銀貨圏に対する出超を抱えるなど、ヨーロッパ商業の為替による決済機構への包摂はなお部分的であった。したがって国際的な為替取引機構の機能をより具体的に解明するためには、決済大市における貴金属取引等の役割もみていく必要があろう。
40) ド・ローヴァ [2009] 42頁
41) 同43頁
42) Verlinden [1965] pp.132-133, Usher [1934] pp.406-408
43) 宮下志朗 [1989] 35-37頁、Boyer, et al. [1994] pp.91-93、Vander Wee [1977] pp.318-319

第3章
為替手形の変容と決済・信用機構の革新

1 「継承」か「革新」か－集大成としてのアムステルダム

　ここまでジェノヴァ－シャンパーニュを出発点に、信用機構の歴史をたどりながら商人的な組織性の論理を探る旅を続けてきたが、中世以降の決済・信用機構の展開の集大成と位置づけられてきたのが、アムステルダム振替銀行を核とした17・18世紀の国際的決済・信用の機構である。

　アムステルダム振替銀行は、ヴェネツィアのリアルト銀行（1587年設立）を模して、1609年にアムステルダム市の行政府によって設立された公営の預金・振替銀行である[1]。預金の受入れと、口座間の振替の便宜を無償で提供する一方で、民間への当座貸越等の貸付は禁止され、手形割引も行わなかった[2]。17世紀のオランダの低利子率を、利子生み資本が「産業資本や商業資本に従属させられていた」と評価したマルクスは、そうした「純粋な預金銀行」という形態から、アムステルダム振替銀行に対しては「近代の信用制度の発展のなかで一時期を画するものではない」と評している[3]。ファン・デァ・ウェーも、アムステルダム振替銀行をイタリア起源の金融革新の「集大成」と位置づけ、「貨幣の流通速度のいちじるしい加速と、全ヨーロッパの国際収支のより合理的な、より柔軟な均衡」をもたらしたと評価しつつも、16世紀にアントウェルペンで生じたより革新的な金融技術である手形の流通性原理の生成に背を向けイタリアの伝統に回帰した「保守的な銀行制度」としている[4]。また、田中生夫は「初期預金銀行」という性格の「継承」と、

「銀行」の「畸型化」という視角から、オランダにおける低利の実現の再解釈を試みている5)。

　こうした評価は、後のロンドン金匠銀行による発券と手形割引の「内国銀行業」を近代的銀行制度とみなし、イングランド銀行を中央銀行の典型とする捉え方と強く結びついたものであろう。だが、近代イギリスを基準に、そことの差異を専ら伝統的・前期性といった枠組で捉える方法で、中世後期・近世の決済・信用機構の展開を理解しうるであろうか。個別経営体としての形態においてはイタリアの公営振替銀行を受け継いだものであったとしても、決済機構における位置によって、振替銀行の意義や役割は大きく異なりうる。

　ファン・デァ・ウェーは、アムステルダム振替銀行が、イタリアの公営振替銀行の模写であるということに加えて、1609年に築かれたアムステルダムの銀行システム全体についても、①安定した計算貨幣（と固定的な為替相場）、②多角的決済システムの2面において、イタリア－スペインの伝統に従ったものという評価を下している6)。そのうち①は、ジュネーヴ、リヨン、ピアツェンツァといった決済大市におけるイタリア諸都市の商人＝銀行家のクラブ的な組織の働きによって実現されていた原理である。②については、ファン・デァ・ウェーはスペインのリーダーシップの下に16世紀に発達したカスティリアの大市の機構の継承としているが、カスティリアの機構は、スペイン各地の預金・振替銀行と大市諸銀行との協力によって、スペイン各地と大市との間の取引を促進するという、国内的な決済・信用機構として形成されたものであった7)。当初は両替商・出納業者の預金・振替業務の禁止とともに設立され、アムステルダム内外の大商人によって、国際的な決済の場として利用されたアムステルダム振替銀行は、スペイン的伝統の継承というよりも、むしろ①と同様に、前章で考察した商人＝銀行家による国際的な決済の機能を、決済大市から受け継いだというべきであろう。

　決済大市による機構が、イタリアを中心とする南欧の商人＝銀行家のクラブ組織が運営した独占的な機構であったことからすると、内外の多数の商

人が預金者として構成する、単一の振替銀行による常時ベースの決済機構への変転を、単に伝統の「継承」と位置づけることには無理があろう。

アムステルダム振替銀行を核とした17・18世紀の国際的決済・信用の機構は、中世的な機構の集大成にとどまらず、むしろこれまでの決済・信用機構の限界を打開した新たな商人的な機構として、根本的な「革新」を意味してはいないであろうか[8]。ロンドンの「金融革命」は、アムステルダムへの強い対抗意識の下に、しかしその「汎ヨーロッパ多角的支払決済システム」への参画によって始動しえたのである[9]。ロンドンとアムステルダムの関係を問い直すことは、近代的な信用機構を理解するための方法そのものを問い直すことへと繋がっていくこととなろう。リヨンやピアツェンツァを舞台とした決済が担ったものよりも、地理的にも数量的にもはるかに大規模化した国際的商業を媒介したアムステルダムの機構の歴史的な意義を理解するために、商人的な組織性とその限界という視角からの考察をさらに続けていこう。

2 為替手形の変容と決済・信用機構

アッシャーに依拠して、両替商や振替銀行の「初期性」を、手形の流通性の未成立と徴利禁止に制約された個別経営体としての特質にみる田中生夫からすれば、そうした「中世的要素」がすでに排除された17世紀初期のオランダでは「預金銀行のための条件は整っていた」ことになり、「オランダの低利」の一端を説明する「かなり進んだ『銀行』の形成」が導かれることになる[10]。ただアムステルダムの「出納業者」が単純な出納代理人にとどまらないのは確かだとしても、過振の慣行が推定されているだけで、それが量的・機構的にどのように利子率の低下に作用したのかは明らかではない[11]。他方、そうした民間の銀行業者や公営のアムステルダム振替銀行が制限され「畸型的」なものとなり、「近代的銀行」の成立に至らなかった理由も、アムステルダムを専制支配した商人の社会的性格の「反射」と指摘されるにとど

まっている[12]。

　しかし、預金銀行による信用創造の基盤が、決済機構による取引関係の包摂にあり、また、商人＝銀行家という預金銀行とは異なる形態の経営体が、貨幣貸付を通じて決済・信用機構を形成していたことからすれば、やはり歴史的な低金利を実現したオランダにおける信用機構の意義や限界についても、全体としての組織や機構という観点からの考察が必要であろう。

　ファン・デァ・ウェーによれば、手形の流通性は、16世紀の低地諸国、とくにアントウェルペンにおいて、債権譲渡の原理による「債務証書」の流通という形で確立した。そして16世紀末に北ヨーロッパでも為替手形の使用が広がり、17世紀の最初の20年間のうちには、アントウェルペンでは為替手形の近代的裏書による譲渡が一般化した。また、16世紀後半には一般化していた債務証書の近代的割引も、17世紀はじめごろにかけて、為替手形にも適用されはじめた[13]。ファン・デァ・ウェーはこうしたアントウェルペンの金融技術の革新が「近代割引銀行制度の直接的な先駆的核として知られるロンドン金匠銀行の内国銀行業のすべての芽をすでに内包していた」[14]と評価する。そして他方で、イタリアの商人＝銀行家によって発展させられた伝統的な金融技術の「数世紀にわたる集大成」である振替銀行に、全ヨーロッパ規模で「より完璧なまでに国際的決済を集中」させ、「貨幣の流通速度のいちじるしい加速と、全ヨーロッパの国際収支のより合理的な、より柔軟な均衡」をもたらしたアムステルダムに対しては、なぜ「一段と進んだ技術をもつアントワープに追随しなかったのであろうか」という疑問を投げかける[15]。手形の流通性を基礎に手形の割引・再割引と銀行券の発行を展開するロンドン金匠銀行やイングランド銀行の個別経営体としての特質に、金融技術の革新の到達点が見いだされ、それとの対比からアムステルダムの「伝統への回帰」が語られるのである。

　しかし、アントウェルペン等での「債務証書」の流通そのものは、低地諸国での預金銀行の未発達のために、帳簿振替に代替するものとして、伝統的な金融技術の未熟を補う役割を果たしていたのであった。とはいえ、そこに

は新生の商業中心地として多数の新参者を含んで急速に拡大するアントウェルペンの都市内取引に適応する、新たな革新としての側面もあった[16]。だが、いずれにしてもまずは都市内の決済・信用機構に生じた変化であり、単にその債権譲渡の原理の「適用」というだけでは、17世紀に生じた為替手形の変容が都市間の国際的な決済機構にもたらした意義は、明らかとならない。為替取引は、委託販売を通じた商人間のコルレス関係と、商人＝銀行家のネットワークという二つのコルレス関係の間の機構的な連関を通じた、遠隔地における資金勘定の利用として展開されたものであった。為替手形の裏書譲渡や割引の普及の意味も、そうした商人間の組織や債権債務関係と資金勘定のあり方の変化と結び付けて捉える必要があろう。

　ロジャーズはイングランドの訴訟記録の分析から、17世紀前半のうちに外国為替手形の支払根拠をめぐる争点が、振出人の金銭受領から、支払人による手形引受＝振出人勘定の資金保有の確認・承認の有無へ、すなわち為替契約（資金提供者と振出人との信用関係）から引受信用（引受人と振出人との信用関係）へと変化したことを明らかにしている[17]。外国為替手形をめぐる法的・慣習的な変化であり、しかもこの時期に形成されたアムステルダムを決済地とした「汎ヨーロッパ多角的決済システム」に包摂されることで、ロンドンを中心とする貿易取引も広域化しつつあったことからすれば、これはイングランド単独の変化ではなく、アムステルダムを中心とした決済・信用機構における変化へのイングランド側の対応とみるべきであろう[18]。

　そこでまず、16世紀の低地諸国に端を発する為替手形の変容が、発券銀行への進化といった個別的な技術的・形態的な側面ではなく、決済・信用機構のあり方にとってどのような意味を持ちうるのかを検討しておこう。17世紀に入り急速に普及し始めた為替手形の裏書譲渡や割引は、為替契約の証明・遂行手段であった為替手形が、その性格を大きく変容させたことを意味する[19]。それはまた、為替取引による国際的な決済と信用の機構の変容を伴うことになろう。

　図3-1の①は、前章で考察した多角的決済機構における商人＝銀行家と

56 第1部 商人的機構の歴史的展開

図3-1

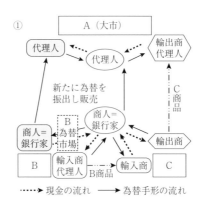

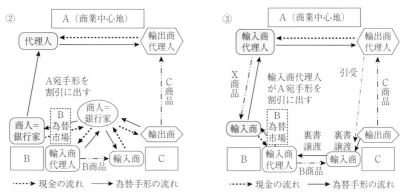

大市の機能を表わしたものである。図の商人＝銀行家はA大市において相殺と差額決済・相互融通の仕組みを協同して運営していることを基礎に、B地とC地において為替購入による貿易金融を行い、B地でA大市宛為替の振出によって資金を循環させている。この働きによって、C地はその対A債権と対B債務の「相殺」が実現し、またBC間の商品取引に対応する貨幣の移動が、C地での大市宛為替の購入とB地での振出、および大市での両者の「相殺」によってなされているなどの意味で、多角的な決済が実現されているのである。

それに対して、図3‐1の②はＢ地において新たな為替を振り出すのではなく、Ｃ地で購入したＡ宛手形を直接に割引に出すことで、資金の循環を達成している。Ａ宛手形の振出そのものは、従来のように為替契約に伴うものであることは排除されていない。しかし、図から明らかなように、ここではもはや商人＝銀行家は大市での多角的な相殺・決済の組織を構成している必要はない。商業中心地Ａ地にコルレス先をもたない商人であっても、裏書譲渡や割引を見込んで為替手形の買い手となりうるのである。

　こうして手形割引の普及は、為替取引に参入する商人の範囲を拡大することで、貿易の急速な拡大・広域化の過程で求められる各地のより広汎な資金の動員を促したことが推測されよう[20]。

　さらに図3‐1の③では、販売を委託されたＡ地の商人の引受によって振り出されたＡ宛手形が、そのままＣ地内およびＢＣ間の支払において裏書譲渡によって利用され、その後にＢ地で割り引かれている。委託荷を担保とした引受信用の供与によって、追加的な購買力が直接に創出されているのであり、この支払保証という信用代位によって、与信供給は飛躍的に増大しうることになろう。

　アムステルダムを中心とした機構が、この②や③を国際的に実現したものであるとすれば、為替手形の変容は、少数の商人＝銀行家のクラブ組織による独占的運営という地理的・規模的な制約を打開する新たな決済・信用の機構をもたらしたということになろう。アムステルダム振替銀行や市中の金融機関が、手形割引を基礎とした発券銀行といった形態をとらなかったことのみで、「伝統への回帰」云々を議論することは早計であろう。

　もっとも、②・③の機構はいずれも、Ｂ地の為替・貨幣市場においてＡ宛手形が容易に割り引かれうる、あるいは裏書譲渡されうるという、Ａ宛手形に対する厚い需要の存在が条件となっている。ここに17世紀のアムステルダムの国際的決済と信用の中心地としての機能が、その中継貿易の中心地としての機能とともに発展したという歴史的な経緯の意味を見いだすことができよう。委託荷を担保に引受信用を供与したアムステルダムの商人は、今度は

各地の商人に対して再輸出した[21]。この「世界の中央貨物集散地」[22]としての機能によって、引受信用によるアムステルダム宛手形の振出は、その商品の再輸出に伴う支払や決済のためのアムステルダムへの送金需要を生み出すのである。

　世界貿易の急速な発展が、アムステルダムをいわゆる「ゲートウェイ」とする形で進む中、銀行機能もまた、決済大市とは担い手も構造も大きく異にしながら、アムステルダムを新たな決済の中心地とする形で進展したのである。

3　引受信用と「国際通貨」

　アムステルダムにおける多角的決済の集中は、リヨンのような決済・金融大市の運営によるものではなく、東方貿易（バルト海）と西方貿易（イベリア半島）を一つの貿易ネットワークに統合した「世界の中央貨物集散地」としての地位に基づいたものであった。アムステルダムの商人は、オランダの卓越した海運業を背景に、委託荷を担保とした引受信用の供与によって各地の商品を集積する中継貿易の拠点として、「世界の倉庫」となったのである。

　ただし、委託荷を担保とした引受信用そのものは、委託販売の展開にともない中世から一般的にみられる。前章での為替手形の実例の場合でも、バルセロナの委託代理商であるダティーニ商会が、実際の販売前にバルベリが振り出した手形の引受をすることも多く、支払期限にバルベルの勘定が不足する場合には、ブリュージュのバルベル宛に為替手形を振り出し、売却していた[23]。ここでは、委託商の引受信用は為替契約による資金供給と結びつくことで貿易金融を支えていたのであった。引受信用が為替契約から離れて、それ自身が手形支払の根拠となる背景を理解するためには、中継貿易の拠点における資金のあり方を考察する必要があろう。

　そこで図3-2のように、A～Eの5つの地のみで構成された世界において、その相互のすべての交易が甲での委託販売を経るものと想定してみよ

第3章　為替手形の変容と決済・信用機構の革新　59

図3-2

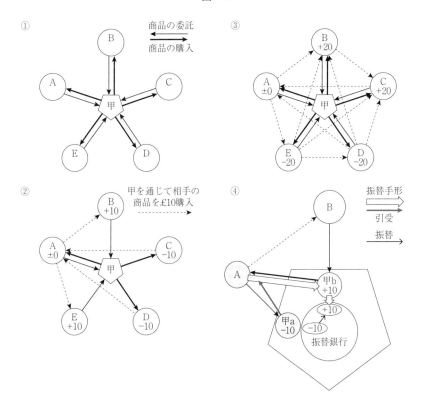

う。すると例えばA地の商品の対外販売代金は、甲地の委託商における勘定となる一方で、他地の商品を輸入する過程において、それぞれの甲地委託商への支払が生ずることになろう。仮に、A～E、甲がそれぞれ一つの主体に代表されているならば、甲商人を通じてBとEの商品を購入するA商人の支払は、自己の商品のC、Dへの販売によって甲商人のもとに形成された勘定を、B、Eのそれぞれの勘定へ振り替えることで可能となろう（②）。同様にすべての貿易取引の決済は、甲におけるそれぞれの勘定の振替でなされ、各地の商人の収支はさしあたりそれぞれの甲における勘定の増減となって現われる（③）。その際、収支全体としてはゼロ和となることから、勘定全体

の増減の生じない甲が貸越等によって赤字主体に信用供与することによって、黒字主体が貨幣による送還を直ちに求めない限りにおいては、貨幣による決済に時間的猶予が与えられることになる。都市内における両替商の機構と同様に、中心地甲における商人の勘定に国際的な取引の全体が包摂されることによって、その資金勘定は送還・回収の対象ではなく、そのままいわば「国際通貨」としていずれの地の商品の購入・支払に利用されうるものとなる。そのことを基盤に、甲商人は勘定の創出による与信業務が可能となり、また与信の実質的根拠である貿易取引の円滑な拡張と、直接的な基盤を維持するための収支の均衡化とを確保するための時間的猶予をも獲得するのである。

　もちろん、実際には多数の主体、しかも例えば輸入商・輸出商への特化など、専門分化した多様な商人や製造者が国際的な取引に携わっており、引受信用により委託販売を展開する甲の商人も単一ではない。そこで、まず中心地側の決済の機構から考察していこう。委託販売を展開し勘定を有する商人が多数あれば、そうした商人間の決済の機構なしには、多くの支払を単なる振替で実現することはできない。アムステルダムの場合には、ヴェネツィア等に倣い、公立のアムステルダム振替銀行に集中した決済の機構が形成された。A商人は甲商人ａ、B商人は甲商人ｂをそれぞれ委託代理商としていると想定し、AがBの商品をその代理商甲ｂから購入する際に、甲ａにおける勘定宛に手形を振り出すとすると、その決済は振替銀行における甲ａ口座から甲ｂ口座への振替によってなされ、それに応じて甲商人はそれぞれのコルレス先商人の勘定を増減させるのである（④）。ここでは、振替銀行における預金の振替が最終的な支払手段となっており、甲の商人の手形引受は事実上、その預金勘定の存在を確認・承認したものであり、甲宛手形はその預金の振替を実現するためのメディアとして働くことによって、購買・支払の手段として機能している。したがって、委託された商品の実際の販売に先立って引受信用を与える場合には、甲商人はこの決済機構の内部で支払手段として機能する振替銀行の預金をいわば「創造」しているともいえよう。

このような引受業務の展開によってアムステルダムの商人も「商人＝銀行家」さらには「引受商会」と呼ばれることになるが、引受信用の供与によって手数料（保証料）を取得するのであって、中世の商人＝銀行家のような貨幣融通を行うわけではない。決済機構における支払手段の「創造」を基盤とした与信業務なのであった[24]。ただし、この決済機構における国際貿易取引の包摂が完全なものであったとしても、預金そのものを実際に創出しうるのは振替銀行自身のみであり、また手形割引や当座貸越等を通じた振替銀行と商人＝銀行家との信用関係も存在しなかった。この信用機構の柔軟性は、個々の商人＝銀行家の収支を反映するそれぞれが保有する振替銀行の預金に依存していたのである。

続いて、各地の商人の専門分化と多様性・多数性に考察を広げよう。多くの個別の商人等にとっては、その活動は中心地甲での売買で完結することはなく、循環運動のうちに送金や資金回収の必要性をともなう。そのため、各地と甲との間での為替取引は依然として必須であり、甲の商人の与信が為替手形の引受という形態をとるのもそのためである。ただ、「世界の中央貨物集散地」としての地位に裏付けされ、「国際通貨」として機能する振替銀行の預金の振替手段である引受手形の売買は、その「国際通貨」としての機能への安定した需要から、商人＝銀行家の金融的・投機的あるいは裁定的な手形業務に依存することなく遂行されよう。中世の為替契約による資金融通への依存は、国際的なコルレス・ネットワークと決済・金融大市のクラブ的運営に依拠した商人＝銀行家による為替業務の「独占」と結びついていた。したがって、為替手形への裏書譲渡の普及は、広範な担い手の為替取引への参入を可能とするものであるとともに、そうした参入需要の十分な存在を前提としてもいるのである。

アムステルダムの商人が引き受けた手形は、直接にアムステルダムへの送金を意図した買い手のみならず、裏書譲渡による購入・支払の手段として商品と引き換えに受け取られ、また短期的な利子獲得手段として容易に割り引かれ、図3-1の②や③のように転々と持ち手を変えながらアムステルダムに

到達し、最終的にその振替銀行での預金振替によって決済される。こうしてアムステルダム宛手形の裏書譲渡は、各地の多種多様な－国際的なネットワークをもたないものも含めた－商人等の商品や貨幣を動員することによって、中心地の振替の機構に直接は包摂しえなかった国際的な支払や送金を、アムステルダム振替銀行の預金振替による決済機構に組み込むものであった。

　アムステルダムの商人は、委託商による委託荷を担保とした、外国の供給者への信用供与によって各地の商品を惹きつけ、再輸出に際しても信用を供与することで、アムステルダムの「中央貨物集散地」としての地位を確立した。18世紀に入ると、こうしたアムステルダム宛手形の機能を利して、引受信用と商船手配や・海上保険による収入へのシフトを強め、貿易そのものへの関与を後退させていくことになる。中継貿易が停滞に転じても、第三国間取引への金融によって決済地としてのアムステルダムの役割はむしろ高まっていった[25]。

　ウィルソンは、商人というよりもすでに銀行家へと転じたアムステルダムの引受商会による引受信用と商船や保険の手配によって、ボルドーの商人がケーニヒスベルクから麻の委託荷を入手し、他方でダンチヒの商人がボルドーからブドウ酒等を仕入れるという貿易が実現し、アムステルダムで決済されるという例解によって、アムステルダムが世界の貿易の大きな部分をファイナンスする構図を示している[26]。ボルドーの商人は、委託荷を確保するためにケーニヒスベルクの供給者に信用を供与するのであるが、それはアムステルダムの商会宛の手形の振出とその引受による彼の支払保証によって可能となっており、ケーニヒスベルクの供給者は必要であればそれを割引に出すことで即座に資金を得ることができる。ここでは、貨幣貸付ではなくアムステルダム宛手形の創造によって、ケーニヒスベルク→ボルドーの貿易金融が遂行され、同様にボルドー→ダンチヒの貿易金融のためにボルドーで振り出されるアムステルダム宛手形の利用によって、貨幣の送金を要することなく多角的決済が実現している。

バンキングとは、預金貨幣や発券の場合のみならず、為替契約による資金融通や、また引受信用においても、決済機構への取引関係の包摂によって、その特殊な購買力創出効果を有しうるものであった。両替商にしても、イタリアの商人＝銀行家にしても、またアムステルダムの引受商会にしても、それぞれに決済のための協同的な組織を運営することで、信用供与も可能となったのであり、銀行業とはシステムとしてはじめて機能しうるものなのである。

　次章では、さらに17世紀以降のロンドンを中心とした機構の展開にまで足を伸ばし、決済・信用機構のこうした性格が、近代以降も継続していくことを確認していこう。イギリスの近代化の過程は、包摂される取引関係にいわゆる「国民経済」として議論されてきたような一定の構造を生み出すプロセスでもあった。そのことは、アムステルダムに集大成される商人的な組織性に対する断絶ではなく、むしろその徹底化を促すものと位置づけられよう。ただし、産業資本による社会的生産の包摂という事態は、市場機構の形成に新たな動力を生み出すとともに、市場機構に新たな「公共性」や「社会性」を付与していくことになろう。

注
1）アムステルダム振替銀行については、Nieuwkerk ed.［2009］、フリース＆ワウデ［2009］、石坂昭雄［1971］のほか、クインらによる精力的な研究 Quinn［2007］、Quinn and Roberds［2005］［2009］などを参照されたい。
2）フリース＆ワウデ［2009］119頁、石坂昭雄［1971］99-101頁
3）Marx［1894］S.616　訳777頁
4）ファン・デァ・ウェー［1991］78頁、Van der Wee［1977］p.347
5）田中生夫［1966］1 -15頁
6）Van der Wee［1997］p.179
7）Van der Wee［1977］pp.316-317、名城邦夫［2011］5 - 6 頁
8）Van der Wee［2012］では、振替銀行の保守性という従来の主張を維持しつつも、民間の諸機関を主軸としたアムステルダムの機能的な革新性に重点が移っているように思われる。
9）楊枝嗣朗［2004］8 - 9 頁
10）田中生夫［1966］14-15頁
11）宮田美智也［1995］14-16頁

12) 田中生夫［1966］13-15頁
13) ファン・デァ・ウェー［1991］
14) 同103頁
15) 同78-79頁
16) 同81-82頁、Van der Wee［1977］pp.324-325, アールツ［2005］41-42頁
17) Rogers［1995］pp.125-137．訳129-141頁
18) 楊枝嗣朗［2004］第2章・第3章。なお、本書第4章で検討するように、内国為替手形の展開とイギリスの金融機構の形成においても、「国民経済」の形成・発展におけるロンドンの圧倒的な中心性が、ロンドンを通じた国際的な取引の展開とあわせて決定的な役割を果たしているものと思われる。
19) Rogers［1995］、楊枝嗣朗［2004］
20) マルセイユのルー商会文書に残された18世紀の為替取引の豊富な記録は、こうした新たな機構の一端を示すものであろう（深沢克己［1994］［1995,1996］）。
21) 石坂昭雄［1971］136-137頁
22) フリース＆ワウデ［2009］123頁
23) ド・ローヴァ［2009］36頁
24) 橋本理博［2015］は、アムステルダム振替銀行の決済業務において「マーチャント・バンカー」が大きな比重を占めていることを明らかにし、彼らの引受金融と結びつくことによって、その預金通貨「バンコ・グルデン」が「国際通貨」としての役割を果たしていたとしている。
25) Van der Wee［1977］pp.344-345, フリース＆ワウデ［2009］123-126頁
26) Wilson［1941］p.26, 宮田美智也［1995］20-21頁。なお、宮田美智也はアムステルダムの引受信用制度が「外国の輸入商にたいする金融の制度」であるために、「自己流動性」という点で「脆弱性」を抱えていたと指摘し、ウィルソンの例解を用いて説明している。すなわち、「外国の輸出商にたいする金融制度」である委託荷に対する委託荷見返り前貸制度の場合には、自らの委託荷販売によって回収できるのに対し、引受信用制度の場合には、「ボルドーからダンチヒ向けに輸出がなされ、ボルドーにおいてアムステルダム宛債権が発生することが見込まれて」おり、しかも信用供与者はこのボルドー・ダンチヒ間取引に「直接かかわりようがない」という点で、「きわどい自己流動機構である」とするのである（宮田美智也［1995］22頁）。委託荷とその「担保掛け目」についての指摘は妥当であるが、ボルドーの商人宛手形の決済の確実性については、ボルドーの商人自身による委託荷である麻の販売に依存しているのであって、ブドウ酒等のボルドー・ダンチヒ間取引によるアムステルダム宛債権は、手形の返済そのものではなく、貨幣の送金を不要とする多角的決済の実現に関わることである。そして、18世紀の引受信用制度を、従来の委託商が麻などの委託荷の供給者への信用供与のみならず、その販売に際しても信用を供与（例えば、ボルドーの商人への信用販売）することによって「中央貨物集散地」としての地位を確立していた機能が置き換えられたものとして捉えるならば、ボルドー商人による麻の販売が返済の根拠である点は同じである。引受信用制度そのものが脆弱であると断じるには無理があろう。

　従来の研究では、その後の近代化の過程における違いから、アムステルダムとロンドンとの相違点に関心が向けられてきた。また商業から金融へのシフトは、各地の大市を

はじめ、何度も繰り替えされてきた構図であり、それ自体を衰退の要因とする理解も生じてきた。オランダでも引受信用の成長は「リスク回避的・受動的傾向を強める実業家がオランダの中央貨物集散地から活力を奪い、外国人のオランダ依存を解消させたとして非難されてきた」（フリース＆ワウデ［2009］124-125頁）。だがフリースらは「これらのイノベーションは、競合が熾烈化する国際経済に適応するには不可避であったし、オランダ貿易のシェアを保持し、商業資本の膨大な蓄積を使って利益を得ることに成功した」という理解の方が「真実に近いのではないか」（同125頁）としている。また、玉木俊明が強調しているように「輸送費」や「保険料」「手数料」などの相対的な大きさや役割の見直しも必要であろう（玉木俊明［2008］［2009］［2012］）。ただ、18世紀に繰り返された金融危機は、引受信用の成長によって「オランダの商業活動が大きな不安定にさらされた」（フリース＆ワウデ［2009］125頁）のもまた事実であることを物語っている。

第4章
ロンドンを中心とした決済・信用機構の「近代性」

1 「内国銀行業」

　17世紀以降ロンドンは、アムステルダムを中心とした近世的な国際的決済・信用機構の下で、その一衛星都市＝結節点として発展しつつ、次第に国際的・国内的な決済・信用機構の中心としての性格を強めていく。ロンドンを中心とした決済・信用機構は、「産業革命」期および自由主義段階のイギリス資本主義を支えつつ、イングランド銀行を頂点とする重層的な機構として整備されていった。そのため、このロンドンを中心とした機構は、単に時期区分としてではなく、産業資本による資本主義社会の確立と結びついた意味で「近代的」と意義づけられ、従来の機構との質的な断絶性が強調されてきた。

　例えば、ファン・デァ・ウェーが、アムステルダムの公立預金振替銀行という「伝統への回帰」に対して、アントウェルペンの金融技術の革新性を評価するのは、「近代割引銀行制度の直接的な先駆的核として知られるロンドン金匠銀行の内国銀行業のすべての芽をすでに内包していた」[1]との認識からであった。すなわち、手形割引と銀行券の発行という個別経営体としての特質に近代的銀行制度の核心をみることで、その基礎としての手形の流通性を革新的と評価したのであった。この「内国銀行業」とは、1751年の『商業辞典』におけるポスルスワイトによる「銀行」の項目の記述からド・ローヴァが類型化したもので、公立の預金振替銀行が割引業務や為替手形取引に関

与せず、銀行が隔地間の為替手形の投機的取引による商人＝銀行家の金融業務（「外国銀行業」）と同義とされていた大陸ヨーロッパに対し、内国為替手形の割引と銀行券の発行に立脚するロンドンの金匠銀行とイングランド銀行を性格づけたものであった[2]。

　マルクスは、近代の信用制度の意義を利子生み資本の産業資本への従属にみており、「近代的銀行制度」を「一方ではすべての死蔵されている貨幣準備を集めてそれを貨幣市場に投ずることによって高利資本からその独占を奪い取り、他方では信用貨幣の創造によって貴金属そのものの独占を制限する」[3] としていた。そこからマルクス派の信用理論では、銀行資本の成立における「預金先行説」と「発券先行説」との対立はあるものの、「信用貨幣の創造」が商業手形の流通を前提に銀行券の発行によって可能となったとする歴史認識が広く共有され、そうした点からイングランド銀行が世界最初の「近代的銀行」と考えられてきた[4]。

　アッシャーらの研究に拠り、中世以降の商業中心都市における両替商に過振や当座貸越による信用創造を認める田中生夫の場合は、「信用貨幣の創造」という形態的特質に加えて「利子率の低下という社会的機能」に注目し、その機能の実現をもって「近代的銀行」と呼ぶとしている[5]。この視角からは、17世紀末のイングランド銀行設立に先立ち、すでに歴史的な低利を実現していた17世紀のオランダの信用機構－アムステルダム振替銀行と「出納業者」－の位置づけが問題となるが、田中はこれを「かなり進んだ「銀行」」、「「初期」という形容詞のつかない預金銀行」としつつも、「歪められた」、あるいは「制限されて畸型化した」として、やや曖昧ではあるものの「近代的」という規定には至っていない。そうした「畸型化」の原因としてアムステルダムを専制支配した商人の独占的性格の「反射」が指摘され、他方、後進国イギリスがオランダへの対抗のため「自由な商工業を推進する体制」に切りかえたことが、金匠の預金銀行化が「徴利の禁止と手形流通の未成立という二つの中世的要素」の消滅後に開始ししたため「初期預金銀行」の段階を経ずにすんだこととあいまって、「金匠は両替業から預金銀行業を発展さ

せると、それに引続いて銀行券の発行、内国為替手形の割引といった新しい内国銀行業を開始することができた」とする[6]。ここでも、銀行の制約のない発展は「内国銀行業」に至るという理解が「近代的銀行」の基準を形成しており、そこからの乖離が歪みや畸型と判断されているのである。

　しかし、楊枝嗣朗が精力的に批判しているように、「割引かれる内国手形（inland bills）と割引かれない外国手形（outland bills）との相違」[7]というド・ローヴァの対比は歴史認識としては誤っている。1630年代までにはロンドン宛を中心とする内国為替手形の広がりがみられるようになったものの、それらは中世以来の為替契約による資金調達であった[8]。17世紀前半のうちにまず外国為替手形において為替契約から引受信用への変容が進み[9]、裏書譲渡や手形割引も外国為替手形から広がったのである[10]。前章で示したように、為替手形による引受信用はアムステルダムを中心とする国際的決済・信用機構を形作っていたのであり、この「汎ヨーロッパ多角的決済システム」への包摂の過程でイギリスにも伝播されたと考えるべきであろう。ド・ローヴァがリチャーズに拠り例示しているロンドンの金匠銀行バックウェルの活発な内国手形割引[11]も、そうした大手金匠銀行が多数のロンドン貿易商人や外国商人の口座を保有し、アントワープ・リスボン・アムステルダム等に代理人をもち、アムステルダム宛等の外国為替手形の割引も活発に行われていたことから、国内の広汎な地域をアムステルダムを中心とする国際的なネットワークに繋ぐ役割という面からもみる必要があろう[12]。

　楊枝はド・ローヴァの「内国銀行業」の類型化を、「中世貨幣市場での信用供与が徴利禁止のため貨幣貸し付けの形をとれず、外国為替取引に偽装されて行われていたことを強調するあまり、中世銀行業をマーチャント・バンカーの外為業務においてとらえ、その依ってたつローカル・バンキング＝預金振替銀行業を軽視したため、中世と近代銀行業の区別を外為の取引か内国為替の割引かといった点に求め、商人の金融業と銀行業の区別を見失うこととなる。しかも、ポスルスウェイトの言うドメスティック・バンキングに含められていた貨幣・外国鋳貨・外国為替取引や地金両替業務、現金出納業務

等は看過されることになり、国内商業取引から発生する信用関係だけに着目した銀行発生史となる。貨幣貸付にではなく、為替取引に銀行業の起源を求める見解も彼の体系構築に深く関わっている。」[13]と批判している。

　確かにド・ローヴァは両替商による都市内決済・信用機構と、商人＝銀行家による隔地間決済と貿易金融の機構とを異なった類型として描きながらも、他方で外国為替取引が都市内での利子つき貸付を偽装する手段として大規模に利用されたことを強調している。彼はまずトーニーやセユーらの論者が「中世において、為替手形がまず、ほとんど常に商業取引と結び付いた支払手段であったと断じている」ことを「勝手な思い込みにすぎず、余りにも単純すぎる」と批判する[14]。すなわち、為替契約の履行手段として為替手形は資金の貸付と引き換えに振り出され、他地他貨での返済を媒介したのである。しかも、手許に自己の資金のない遠隔地の相手に宛て手形を振り出し、その振宛人に自己を支払人とした戻し為替を振り出させるならば、実際は当地での貨幣貸付が、「場所の相違」という為替契約の条件を遵守し両地間の貨幣相場の差に利子を隠すことによって合法化され[15]、そうして為替相場の開きと変動が各都市の資金需給によって決定されることになる[16]。

　だが、そうした偽装取引の比重がどれほどであったとしても、遠隔地交易を主軸としていた中世商業にとって、商人間のネットワークを通じて為替取引が決済・信用機構として機能したこと自体を否定することにはならない。しかも、イギリスの国民的商業の発展の初期において、ロンドンを通じた外国市場および国内の他の地域への販売による地域間分業の深化を媒介したのも、前述のように為替契約に基づくロンドン宛為替の取引であった。「外為の取引」をもっぱら偽装貸付＝独占的な前近代的金融という中世の制約による歪みとみて、「内国為替の割引」によって「近代的銀行業」が出現したとする二分法は、近代の経済発展を「国民経済」の観点からみる場合においても、商人が生み出す信用機構の意義や役割を見誤らせることになろう。

　ただし、このド・ローヴァの二分法が「ローカル・バンキング＝預金振替銀行業を軽視」しているのは確かだとしても、単に「預金振替銀行業」に着

目するということだけでは、近代的な決済・信用機構への理解を深めることにはならないであろう。発券銀行にせよ、預金銀行にせよ、個別経営体としての特質をもって「近代的銀行」を定義し、そこへの接近をもって歴史的な意義を評価するといった方法では、両替商、商人＝銀行家等の多様な主体が介在する、商人間の組織的な関係性に基づく信用機構の積極的な役割は明らかとならない。アムステルダムを中心とした近世の決済・信用機構が、アムステルダム振替銀行のみならず、「引受商会」と呼ばれたアムステルダム商人らを核とし、ヨーロッパ各地の商人らも含んで構成されていたように、「商人の金融業と銀行業の区別」を踏まえた上で、その両者がどのような形で結びついていったのかという観点が、ロンドンを中心とした近代イギリスの決済・信用機構の理解には不可欠であろう。

2　ロンドンの金匠銀行と「メトロポリタン・マーケット・システム」

　そこで、まずはロンドンの金匠銀行から確認していこう。金匠が預金に対して一覧払約束手形であるランニング・キャッシュ・ノートを発行し、商業手形の流通を基礎にそれが「現金」としての流通性を獲得すると、預金と関係なく手形割引等の貸付でも発行されるようになる。17世紀中葉とみられる金匠の銀行化が「近代的銀行業」の原型とされてきたのは、こうして信用貨幣の創造の段階に至ったとする認識によってであった[17]。

　しかしながら、金匠銀行であるホーア銀行やチャイルド銀行の元帳によれば、17世紀末においても、自行や他行発行のノートによる払込みが「現金」とみなされている一方で、その発行は「現金の払込み、預金に対してのみ」で、「その名宛人はそのランニング・キャッシュの預金者」であり、金匠銀行のノートは「いわば裏書により譲渡流通する預金証書といったもので、リシートとしての性格を決して越えることはなかった」[18]のである。さらに楊枝によれば、額面・名宛人以外があらかじめ印刷されたノートであっても、

1730年代にチャイルド銀行に還流したものの大半は名宛人からの還流であり、流通したノートもその譲渡回数は1回限りであった[19]。これらは、金匠銀行のノートの発行は貨幣の創造を意味するのではなく、その流通は金匠銀行への預金勘定の振替を媒介し、預金の通貨としての機能を拡充するものであったことを示している。

中世以来、すでに南欧を中心に商業都市の両替商が貨幣取扱業務を基礎に預金銀行として機能していたのであるが、ロンドンでは17世紀になってようやく金匠の貨幣取扱業が－おそらくは重量のある鋳貨を選別し融解することによる利益に促され[20]－急速に発達し広がった。1690年代以前の元帳が残存している唯一のシティ系金匠銀行家である最大手のバックウェルに、他の多くの金匠銀行が預金勘定を保有していたことから、バックウェルは「王政復古以降の時期における中央ないし準備銀行であり、手形交換所」として、「イングランド銀行の欠くことの出来ない先駆者」であって、イギリスの経済発展に最も重要であったと解されてきた[21]。しかし、1663年から1672年の間に少なくとも19の金匠銀行がバックウェルに預金勘定を有していたが、バックウェルを通じた相互の清算を行わず、それぞれにバックウェルと双務的に交換清算を行っていたことから、バックウェルは手形交換所の機能を果たしていたのではなく、「相互受取と双務的清算のシステム」の一メンバーであったと考えられる[22]。集中的な手形交換所を形成しなくても、金匠銀行が他の金匠銀行の手形やノートを受け取り、双務的に差額決済をすることで、金匠銀行の預金勘定は他行にしか勘定をもたない相手に対しても支払手段として機能することとなった[23]。

こうした仕組みそのものは、中世の両替商間の口頭での振替の機構と機能的には類似しており、両替商同様に金匠銀行家もまた、預金の通貨としての機能を利して預かった貨幣の貸付への転用が可能となった。ブラックウェルやバイナーらの大手金匠銀行家はチャールズ2世政府への貸付に傾倒し、1672年の国庫の「支払停止」によって大きな打撃を受けている[24]。しかし多くの金匠銀行は活動を継続しており、国庫の支払指図書にはそれほど関与し

てこなかった金匠銀行家のグループが台頭し、当座預金をもつ金匠銀行家は1670年の30から1677年には44へと増加している[25]。

このようなロンドン金匠銀行の実態は、ノートの発行それ自体によって「近代性」を画すことには無理があることを示している。銀行間の振替が口頭による振替ではなく、ドラフトやノートといった譲渡可能な証書によったという形態的な差異は、市場に隣接する両替商の取引台で完結しえた中世都市に対して、ロンドンの都市内の取引の量的・空間的な広がりを反映していよう。しかしそれが預金と結びついていたことは、いずれかの金匠銀行に預金勘定をもつ階層に利用は限られ、その決済機構に直接包摂されたのは、商業取引においては海外貿易と卸売商業ということになろう。前章までに確認したように、中世両替商の信用業務を制約したのが、「近代的」な経営形態を妨げた「中世的要素」というよりも、両替商による都市内の決済機構に包摂された取引関係と、遠隔地交易を主軸とした中世商業とのミスマッチであったとすれば、ロンドン金匠銀行が形成した決済・信用機構の「近代性」は、それが包摂したロンドン市場の性格－国王政府への貸付に傾倒することなく、手形割引等の信用業務を発展することができたロンドンにおける商業取引のあり方－にみなければならない。

16世紀初頭には人口4万人程度だったロンドンは、1700年までには50万人以上を持つ西欧最大の都市に成長し、アムステルダムやアントウェルペンとは異なり、大きな国民国家の首都であり、しかもパリ等の他の西欧の首都とは異なり、第2、第3の都市ノリッジ（人口3万人）やブリストル（2万人）を圧倒しイングランドとウェールズの全人口の11％強が集中する国内唯一の大都市となった[26]。宮廷や議会、国王裁判所等の集中は、官職や政治的影響力を求める地方の土地貴族をひきつけ、法曹・教育等のサービス産業を成長させ、国内各地からの租税や地代収入がロンドンに送られた。また圧倒的なシェアをもつ最大の貿易港として、17世紀には海外貿易のほぼ8割を占め、第2港ブリストルの10倍もの貿易量を保った[27]。さらに、その人口と衒示的消費が生み出す膨大な消費需要は、ロンドンと各地を結ぶ形での陸路・

河川輸送の発達を基盤に、地方の農工業の特化を促しつつ国内取引を発展させ、ロンドンは貿易も含めた商業網の中心地となった[28]。原材料・燃料への便や消費市場への存在、および当時の工業の労働集約的性格はまた、ロンドンを突出した国内最大の製造業の中心地ともしていた。このように他の西欧諸国では複数の都市に分担されていた政治的・社会的諸機能が、首都ロンドンに集約されていたことが、その継続的な成長をもたらしたのである[29]。

ケリッジは、イギリスのあらゆる取引がロンドンに集中し、そこで価格が決められ、地方市場は個別にロンドンに結びつき、各地の産物がロンドンを通じて国中に配分されるという「メトロポリタン・マーケット・システム」が、16世紀末までには構築されたとする[30]。その組織的な核心は、全国の供給者のロンドンの商人やファクター（委託代理商）に対する商品の委託販売であった。そのため、地方の商人や産業者の売上債権がそれらロンドン委託代理商のもとに勘定として積み上がることとなった[31]。

こうした委託販売にともなう商人間のコルレス関係は、「13世紀末の商業革命」として考察したように、すでに中世には南欧の商人を中心に外国貿易において広汎に形成され、貨幣融通と送金手段としての機能が結合した為替契約を生み出したのであったが、イギリス内でも、16、17世紀の国内経済の発達は毛織物交易における「ブラックウェル・ホール・ファクター」に代表される仲介人の成長を促し、「国内取引において為替手形の利用を不可欠にするような諸条件を生み出した」[32]のである。イギリスでは、債務を確認し支払期日等を約束した「債務証書」を譲渡することで、債権を振り替えて支払や決済とする慣習が、アントウェルペン等の大陸との交易を通じて国内にも広がっていたが、ケリッジは以下のような支払約束と支払指図とが結合したハイブリッド型証書の事例を紹介している。

「1641年3月4日。私は本証書によって、ラシェル・ブラウンまたはその譲受人に、ロンドンでブラックウェルのファクターであるイサーク・ニップ氏の手によって、総額100ポンドを4月20日に支払うことを約束す

る。上記日付に、自署をもって証明する。エドワード・ファース」[33]

　このファースによって振り出された1641年の証書は、3月16日にブラウンのロンドン代理人によってニップに呈示されて引き受けられており、「先日付小切手か一覧後30日払い為替手形に酷似」したものであった[34]。
　また別の事例では、ファースは同年2月24日にケイから100ポンドを受領し、そしてそれを3月20日にロンドンでニップを通じて、ローレンス通りの"Three Anchors"でジョン・オーエンに支払うことを約束している。ニップは3月14日にこの証書を引き受け、通常3日間の猶予期間の最終日である3月23日にオーエンの代理人に支払われている[35]。さらに、ニップの帳簿には次のようなファースからの文書の写しもみられる。

　「エドモンド・ケイ氏から1641年3月4日に総額100ポンドを受領した。この100ポンドをジョン・オーエン氏に対し、4月1日にローレンス通りの"3 Anchors"にて、ブラックウェル・ホールのファクターであるイサーク・ニップ氏によって支払うことを本証書によって約束する。」[36]

　帳簿では、この文書は「本日1641年3月14日に私、イサーク・ニップによって引き受けられた」と記載されており、支払受領書であると同時に、支払指図として扱われていた。これらの取引は、ファースにとっては遠方の売上代金の回収をはかる為替取引であったと推測される。最後の事例では、振出人を含めた四者（資金受領者‐資金提供者、支払人‐受取人）が明記されており、宗教的表現が省かれるようになった点を除けば、本書第2章で紹介した14世紀末の典型的な為替手形と同一の情報を伝えるものとなっている。実際、1642年にファースが振り出し、ニップが引き受けた同様の証書の支払を受けたオーエンの代理人は、「本為替手形」の全額を受け取ったと記しており、こうした証書をケリッジは「ハイブリッドな証書、受領書兼支払指図、すなわち、一般的な用語では、為替手形である」としている[37]。

こうして、「国民経済」の発達は17世紀前半のうちには国内取引にも為替手形を生み出したのであるが、「メトロポリタン・マーケット・システム」におけるロンドンの中心性は、外国為替手形に引き続いて内国為替手形においても、為替契約から引受信用への為替手形の変容が進むことを促し[38]、ロンドン宛手形の広汎な流通と割引を基盤とした決済・信用の機構を形成していくことになる。

ケリッジは、17世紀にはロンドンの商人・ファクターが、地方の供給者との委託販売のみならず、彼らへの原材料等の供給にも関与するようになり、地方供給者はファクターのもとに勘定を保有し、年に一度両者が帳簿上で清算されるのが通例となったとしている[39]。原材料や他の財の購入先が異なる商人の場合には、自己の勘定を売り手（ないしはその譲受人や、指図人）の勘定に振り替えることをファクターに指図することによって、売り手との勘定を清算した。時には、勘定が不足に陥ると、法定限度内の利子率での当座貸越が認められ、信用拡大の手段として意図的に創造されることさえした。こうしてケリッジは「名前以外は銀行家である実業家」が登場したとするのである[40]。前章の図3-2での想定のように、国中の取引がロンドンに包摂され、各地の産物がロンドンを通じて配分される取引関係のあり方は、ロンドンに保有する資金勘定をイギリスにおける卸売取引の「通貨」とするのであり、「もし商人や製造業者がロンドンで原材料や必要物資を購入したなら、彼はこのロンドン資金を使ってその供給者に対し支払いをすることができる。その上、彼が必要物資を地方で買ったとしても、その供給者はロンドン資金で支払いを受けることを望むかもしれない」[41] こととなる。ロンドン商人・ファクターによる引受は、彼らのもとに振出人のロンドン勘定が存在することを確認・承認するものであることから、ロンドン勘定の譲渡を意図したロンドン宛手形の取引では、振出時の資金の貸借という為替契約よりも、この引受自体が支払請求の根拠となることが求められよう。そうして引受信用を根拠とする慣習が成立すると、隔地での貸借について確認しえない主体であっても手形を受け取りうるようになり、為替手形の流通や割引が容

易となったのである。1650年代には、為替による調達ではなく、ロンドン宛為替手形そのもので商品代金が支払われるにいたっている[42]。

こうしてケリッジは、商人、供給者、製造業者たちの相互支払が、ロンドン宛手形による彼らのロンドン勘定の振替でなされ、また「隔地の商業・製造業中心地の商人が提供するバンキング・ファシリティを通じて」資金がロンドンから隔地に振り出されるという決済機構と、「名前ではなく、性質において銀行家であった」ファクターや商人による、当座貸越、手形の売買や割引などの信用機構をもって、「銀行システム」の生成を語るのである[43]。

3　ロンドンを中心とした決済・信用機構の「近代性」

こうしたケリッジの議論に対し、楊枝は「商人の金融業務と銀行業務に質的差異を見ない」ことから、「ケリッジは、ファクター自らが債務証書を発行し、銀行への変容を遂げたと考える」とし、「ファクターの代理業務や金融業務から支払指図書（→為替手形）の振出しは言いえても、ファクター自らの債務証書（＝銀行券）の発行を実証するのは不可能である」と批判している[44]。だが、ケリッジがファクターや商人による「銀行家なき」銀行機能として語るのは、上記のように地方商人とロンドン商人・ファクターのコルレス関係が生んだロンドン勘定の通貨としての機能が、ロンドンでの引受金融や当座貸越業務と、地方でのロンドン宛為替手形の売買や振出し等の業務をもたらした[45]、ロンドンを中心とした決済・信用機構のことであった。銀行券の発行や当座預金業務などの特定の経営形態をもって「銀行業」とみなし、その発生を説明したものではなかったのである[46]。

その上で、「17世紀半ばに、こうした信用ネットワークは、金匠銀行と築いたつながりによって、いっそう強化され」[47]、さらに地方においても銀行家が参入し、ロンドンの銀行家とのコルレス関係が築かれ、18世紀末以降はビル・ブローカーが台頭するなど、近世から近代へとイギリス決済・信用機構は展開していくものの、「ロンドン宛手形は最大の金融証券であり続け」、

「内国為替を中心とした為替手形の割引と、小切手と呼ばれる内国手形の特殊形態の取り扱いとに、銀行業は依然として基づいていた」[48]とする。商人の金融業務から系譜的に銀行業を説くのではなく、銀行が中心となったシステムにおいても、依然としてその基盤には商人間の組織的な信用関係があることを示すことにケリッジの関心はあったのであろう。

　確かに、17世紀初めに出現したいわゆる新式金匠（exchanging goldsmiths）が、内国為替の発展とともに、外国為替や債務証書に加えて内国為替の割引や販売に進出した後、1640年のチャールズ1世によるロンドン塔「保管」資金の「差し押さえ」や、大内乱期の混乱を通じて金匠の銀行業務が一般化したといった説明だけでは[49]、商人の金融業務とは質的に異なる銀行業務がなぜこの時期に必要とされたのかが明確ではない。だが、メトロポリタン・マーケットと、それに伴うロンドン勘定の拡大は、ロンドンにおける為替手形の支払・受取などの決済に関する業務を急速に増大させたのに対し、商人・ファクターが一般的には、そうした業務に関して本業に基づく優位性を持つ訳ではないことは明らかであろう。すなわち、地方の商人が自らの委託商とは異なる相手から原材料等を購入するため、あるいは他の委託先への債務をもつ商人への譲渡を意図して手形を振り出す結果、ロンドンの商人は互いを支払人あるいは受取人とする手形を持ち合うこととなる。こうした債権債務関係は、本業を通じて形成されるコルレス関係とは異なるものであるため、帳簿上での処理は容易ではなく、決済のための手間や費用が大きく膨らむことになろう。そこで、重い鋳貨の選別による利益に促されて預金業務を展開していた金匠が、双務的な手形交換によって預金の支払手段としての機能を広げていくことで、そうした決済を金匠銀行システムに取り込んでいったのであろう。

　こうして、預金銀行による都市内決済が包摂したロンドンの商業取引が、イギリス国内経済における卸売取引の決済を集約していくことによって、ロンドンの銀行による信用機構は－中世の両替商とは異なり－、「国民経済」の発展に大きく関与していった。ロンドンの商人・ファクターによる引受信

用に加えて、預金の支払手段としての機能を基盤とした銀行の手形割引もまた、ロンドンと他の地域との間の、さらにはロンドン以外の地域間の商業取引への信用供与をも担い、その発展を媒介していったのである。

　他方、18世紀後半にはロンドン以外の地のいわゆる地方銀行も興隆することとなった。こちらは、ロンドンに保有する資金勘定から新たに派生した、ロンドン宛手形の売買等の地方商人の金融業務から、系譜的にもつながりが認められよう[50]。プレスコットも、初期の地方銀行業につながった活動を①製造業、②金融代書人（マネー・スクリヴナー）による金融仲介、③商人と徴税吏による、ロンドンと地方間の送金の三類型に分け、その第3の類型を「銀行家の最も実り多い源」とし、なかでも織物や鉄のように生産が高度に地域特化された産品や、茶やワインなどの輸入品の卸売取引が、商人＝銀行家を生み出したとしている[51]。第1の類型の製造業者の場合には、地方の鋳貨不足に対し、銀行券等の地域的な通貨・流通手段を創出し、本業を中心に賃金支払等の資金を供給することが主たる関心であったが、兌換請求に対しロンドン宛手形を渡したり、ロンドン払いの銀行券を発行したりというように、イギリスの卸売取引における「通貨」となったロンドン勘定を事実上の準備とすることもみられた。

　したがっていずれの類型においても地方銀行は、ロンドンの銀行とコルレス関係を形成し、ロンドンの銀行は地方銀行の預金に利子を付与する一方、為替手形の再割引などの信用供与に応じるといった、新たな銀行間の関係が展開することとなった。さらにロンドンの銀行が相互の決済にイングランド銀行券を利用するようになると、その保有は決済準備という性格を持つことになり、金融政策としての意図や自覚はなくとも、対政府貸付によるイングランド銀行の債務の増大は、イングランド銀行－ロンドン諸銀行－地方銀行という重層的な関係を通じて、経済発展を媒介する資金を供給した。そうした歴史的な経過において、イングランド銀行の圧倒的な規模と「政府の銀行」としての性格が大きな役割を果たしていたことは否めない。ただ、イングランド銀行の中央銀行化の歩みに、銀行間の組織化の進展そのものがもつ

内生的な重層化の論理がどのように、どれほど働いていたのかをみるためには、さらなる理論的な検討も必要であろう。

その検討へと向かう前に、ケリッジが「ロンドンと地方との債権・債務関係の一切を、ドメスティック・トレードから生じたと見ている」[52]という、いま一つの「粗雑な点」について考察しておこう。イギリス決済・信用機構の「近代性」を、ロンドンの都市内決済機構が包摂したメトロポリタン・マーケットの性格にみるとすれば、「委託販売やその商業金融を担うファクターは、むしろ外国貿易においてはるかに早く生成していた」[53]のであり、「メトロポリタン・マーケットの構築に中心的役割を担ったのは、国内外のトレードに深く関わり、統括していた商人たちであった」[54]との楊枝の指摘は無視しえない。

メトロポリタン・マーケット・システムの構築には、アントウェルペン、次いでアムステルダムとの為替取引を通じた海外との交易のロンドンへの収斂が牽引力として働いており、17世紀のイギリス経済の発展は、アムステルダムを中心とした貿易と金融のシステムの発展の中で、ロンドンがその一衛星都市として位置づけられたことをみることなしには理解しえないであろう。したがって「金融後進地イングランドの債務証書、為替手形、金匠銀行業務等々は、ヨーロッパ規模での支払決済システムの転換・新構築への対応であった」[55]という面は否めない。すでに検討してきたように、近世から近代初期のロンドンを中心とした決済・信用機構は、その仕組みや個別の経営形態等の面では必ずしも新奇なものではなく、商人的な信用関係によって形成され、取引・決済の中心地への集中を基盤としている点ではアムステルダムと共通していた。それは単に同時代性や連続性というよりも、アムステルダムの機構からの直接的な影響であり、むしろその一翼でもあったということであろう。

ただ、ロンドンとアムステルダムの類似性は、前者が後者の単なる一衛星都市として、その機構の一翼に組み込まれていたというにとどまらず、ロンドンをもう一つの中心とした異なる機構の生成ということをも意味してい

る。イギリス経済におけるロンドンの中心性が、決済・信用機構への「国民経済」の包摂をもたらしたという側面を強調することも、イギリスがオランダに対抗し、やがて凌駕していく過程で金融の果たした役割を理解するためには必要であろう。アムステルダムとは異なり、ロンドンの商人は国内の諸地方の商人・製造業者ともコルレス関係を広汎に展開し、イギリスの卸売取引の決済をロンドンに集中させたのであり、その構造は18世紀以降、ロンドンの諸銀行と地方銀行とのコルレス関係によって強められた。そうした機構に基づいて、ロンドンの預金銀行システムは、都市内を超えて機能する「通貨」を創出し、イギリス経済の発展に関与することが可能となった[56]。

　アムステルダムを中心とする国際的な金融機構に対しては、主にオランダの「国民経済」の形成・発展という観点から、共和国時代のアムステルダムにおける「金融活動の成長を擁護する者は、同時代人にも歴史家の間でも、ほとんどいない」[57]との評価がなされてきた。ド・フリースとファン・デァ・ワウデは、共和国の金融部門に対する非難の大半については「無罪」であるとしつつも、「同部門の不安定さと脆さ」についての批判は正当であるとし、「問題は、共和国が大きな金融部門を発展させたことではなく、同部門に力と安定をもたらす制度を構築できなかった点にある」と結論づけている[58]。国際的な決済を集中することで、支払手段として機能する預金を柔軟に創出しえたはずのアムステルダム振替銀行は、商人＝銀行家や他の金融機関との信用関係を構築しなかった。そのため、18世紀後半の二つの金融危機〔1763年、1772～73年〕の際には、商人間から非常用の準備銀行の設立が提案され、短期間ながら「信用維持基金」が商品や公債を担保とした短期信用貸しを行った[59]。

　こうしたオランダの経緯との対比からも、ロンドンを中心とする決済・信用機構が、地方銀行－ロンドン諸銀行－イングランド銀行という銀行間の重層的な組織化へと再編・強化されていったことの、近代イギリス経済における意義を推し量ることができよう。

4　市場機構論の課題

　こうして、12世紀のジェノヴァ─シャンパーニュを出発点に、商人的な機構としての決済・信用機構の展開を追いかけてきた。その結果、産業革命を促進し、イギリスから世界へと近代化の波を及ぼした、ロンドンを国内的・国際的な二重の中心とする決済・信用機構もまた、商人的な組織原理を主軸として構築された商人的機構としての性格を色濃く有していることが確認された。

　これまで、近代以降の信用制度については、それ以前の高利貸し的・収奪的な性格に対して、産業資本に従属して産業発展を促進する補足的な機構としての性格が強調されてきた。市場機構論として整備されてきた宇野派の信用論でも、産業資本による社会的生産の包摂を前提に、産業資本からの分化・発生によって銀行資本の成立を説くことで、産業資本の蓄積に対する補足的な機構としての意義が示されてきている。

　しかるに、そもそも金融のシステムは、産業革命期にはるかに先立って高度に発達していたのであり、その組織化の論理は社会的生産を担うということに直接由来するものではありえない。また、商人とは純粋・極限的な商品経済的関係性から生ずるのであって[60]、商人的な組織とは、多様な歴史的形態の背後に、共同体的・文化的な紐帯というよりも、むしろ相互の合理的な利害の実現という商品経済的な原理の働く機構であった。したがって、商業資本のみならず産業資本の展開する資本間関係や組織を原理的に理解するうえでも、商人資本の構成する市場に対する再編・高度化という視角が不可欠なのである。

　他方で、銀行間の重層的な関係性や、イングランド銀行の中央銀行化といった「近代的」な機構は、産業革命期や19世紀以降にさらなる進展をみせている。そこでは、決済機構が包摂した取引関係の「国民経済」としての全体性というような意味での「近代性」とは異なった、産業資本の包摂した生産過程に伴う特殊な行動原理や、生産のもつ社会的性格が、新たな機構の展開

や高度化を牽引していることが予想される。

したがって、近代以降の信用や金融の機構への理解を深めるためには、これまでの歴史的なアプローチに加えて、商人的な組織性と、産業資本に特有な社会性との二面性を明確にしながら、市場機構の重層化や高度化といった展開を原理的に解明する理論的アプローチへと進んでいかなければならない。

注
1) ファン・デァ・ウェー［1991］103頁
2) ド・ローヴァ［2011］166-172頁
3) Marx［1894］S.617 訳778頁
4) 楊枝嗣朗［1991］116-121頁、田中生夫［1966］1 - 2頁
5) 田中生夫［1966］1頁
6) 同12-18頁
7) ド・ローヴァ［2011］171頁
8) 楊枝嗣朗［2004］135-137頁
9) Rogers［1995］pp.125-137. 訳129-141頁
10) 楊枝嗣朗［2004］143頁
11) ド・ローヴァ［2011］170頁
12) 楊枝嗣朗［2004］104-106、234-237頁
13) 楊枝嗣朗［1999］68-69頁
14) ド・ローヴァ［2009a］61頁
15) 同62頁
16) 同60頁。ド・ローヴァはこうした説明を「為替利子説」と呼んでいる。
17) 徳永正二郎［1976］167-173頁。Richards［1929］p.225など。
18) 楊枝嗣朗［1982］197-203頁
19) 同205-206頁
20) フェヴァー［1984］118-119頁
21) Richards［1929］p.30
22) Quinn［1997］p.413
23) ミッチェルは、ウェストエンドの金匠銀行家であったブランチャード（チャイルド銀行）とファウルとの間で、顧客から受け取った互いの手形やノートの貨幣決済額が1670年代に急増していることを示し、金匠銀行間の双務的決済の仕組みによって利便性が高められ、金匠銀行の預金勘定が多様な商人間の手形決済や料金・税金支払、さらには株式・富くじ・割符等の購入に利用されたとしている（Mitchell［1994］pp.32-35）。
24) フェヴァー［1984］129-132頁
25) Richards［1929］p.64、フェヴァー［1984］131-132頁、グラハム［1970］15-16頁。なお、バックウェルやバイナーも「国庫停止」後10年余りは活動を継続していた。

26) Earle [2001] p.82、コーフィールド [1989] 99頁、クラーク・スラック [1989] 97頁
27) 川分圭子 [2002] 106頁
28) クラークとスラックは、ロンドンの経済的成功を主に17世紀の「商業革命」における首都の役割に帰すことを誤りだとし、「スチュアート朝前期ロンドンにおける百四十人の市参事会員をサンプルとしてみると、この約半数は、地方の毛織物、輸入織物および全般的な卸売商品を商う国内取引に携わっており、十七世紀後半においてすら、ロンドンの孤児後見裁判所にその資産を登記した大商人の大多数は、主として輸出入商人ではなかった」(クラーク・スラック [1989] 101頁)としている。
29) Earle [2001] p.83。クラークとスラックも、こうした機能の著しい多様性が「十六、七世紀における首都ロンドンの急成長(テイク・オフ)の最も重要なスプリングボードとなったのである」(クラーク・スラック [1989] 96-97頁)としている。
30) Kerridge [1988] pp.5-6,15-16
31) *Ibid.*, p.33
32) Rogers [1995] p.105 訳108頁。ロジャーズは、為替手形は「生産者や商人が他地域の代理人に商品を送り、それによって遠隔地にそれに宛てて手形を振り出しうる債権を獲得することが普通となっている経済」を前提としているとし、17世紀にイギリスの国内交易において為替手形が出現した経済的要因を、「都市経済から国民経済への移行」だとしている(*Ibid.*, pp.102-103、訳106-107頁)。
33) Kerridge [1988] p.42
34) *Ibid.*, p.43
35) *Ibid.*
36) *Ibid.*, p.45
37) Kerridge [1988] p.45
38) 楊枝嗣朗は、イングランド北部カンバーランドの商人 C. ローザーの商業文書の分析から、すでに17世紀30年代には、内外との幅広い取引を展開していた地方商人が、ロンドン宛為替手形をさかんに振り出していたことを示している。これらは振出地での資金調達手段として利用されていたが、ロンドン商人の信用状が必要とされていたことから、「為替手形金額支払いの根拠が、この時代には為替契約から引受信用に移行していたと考えられる」としている(楊枝嗣朗 [2004] 156-159頁)。
39) Kerridge [1988] p.16
40) *Ibid.*, p.46
41) Rogers [1995] pp.107-108 訳110-111頁
42) 楊枝嗣朗 [2004] 153-154頁
43) Kerridge [1988] pp.46-47
44) 楊枝嗣朗 [2004] 20-21頁。
45) ロジャーズは、「事実上すべての地方人が取引の決済手段としてロンドン宛手形を使用」するという想定のもとに「ロンドン資金への需要はロンドン宛手形を供給できる者にとって非常に儲かる機会を提供」することを示し(Rogers [1995] p.108 訳111頁)、「掛け信用で為替手形を売り、手形購入者が手形金を完済するまで手形金総額に利子を課した」(*Ibid.*, pp.114-115 訳117-118頁)といった地方の商人・製造業者における事業内容の変化を説明している。

46) 楊枝嗣朗は、先述の受領書兼支払指図の事例紹介に続く部分を「かくて、われわれは第三者への貨幣の支払を意図して、支払に receipt を与えるファクターを見出す。自分の名前を記したその書き付け（self-same little writs）は、受領書、約束手形、為替手形の役割を果たした」（Kerridge ［1988］ pp.45-46）と訳出し、「この受領書兼支払指図の書き付けを銀行券とみなすケリッジは、振替業務や金融業務からファクター自らの債務証書の発行と、その証書の転々流通を論じ、ファクターの銀行への転化を浮き彫りにしたいのであろう」と推測する（楊枝嗣朗 ［2004］ 21頁）。しかし、先に紹介したように、三つの役割を果たす「全く同一の（self-same）」書き付けとは、地方商人が振り出した「受領書」にファクターが「自分が引き受けた」旨を書き加えたものであった。ファクターの役割はいわば為替手形における引受であって、ここからファクターによる銀行券発行を説明する意図は、ケリッジにはみられない。なお銀行券について、ケリッジは「登場した際には、単に金匠銀行家による持参人への約束手形であった」（Kerridge ［1988］ p.42）としている。
47) Ibid., p.66
48) Ibid., p.83
49) Ibid., p.67-69。なお、チャールズ１世の「差し押さえ」という伝説は、実際には保管のためではなく造幣のためにロンドン塔の造幣局に預けられた地金の借用であって、「金匠業務の発達といったことには無関係」（Rogers ［1995］ pp.118　訳121頁）であった。フェヴァー ［1984］ 108-108頁も参照されたい。
50) Kerridge ［1988］ p.46
51) Pressnell ［1956］ p.12-13,45-48
52) 楊枝嗣朗 ［2004］ 21頁
53) 同上
54) 同22頁
55) 同106頁
56) なお、ロンドンに集約される取引をドメスティックなものに限定して理解せず、植民地を含めた海外との交易におけるロンドン商人の活動にも目を向けることは、むしろ決済・信用機構におけるロンドンの機能への理解を深めることになろう（川分 ［2002］）。
57) フリース＆ワウデ ［2009］ 143頁
58) 同143-145頁
59) 同141-142頁
60) 本書補章１

補章 1
商品の「資本性」
――空所の純粋性から――

　商品交換は、人間社会に必然的・自然的なものではなく、それはむしろ「共同体の果てるところで、共同体が他の共同体またはその成員と接触する点で、始まる」[1]。こうしたマルクスの認識は、例えば「ある物を他の物と取引し、交易し、交換するという性向」を「人間の本性のなかにある一定の性向」とみなすスミスとは好対照をなしている[2]。

　こうした商品の外来性の認識は、交換を互酬や再分配と並ぶ経済の統合パターンとみなすポランニー[3]にも通じており、商品を、特定の社会関係の中で、「私的所有者」が所有物に与える「形態」として把握することを可能にした。資本主義社会の総体的な認識をめざすマルクスの試みは、スミスのように分業労働ではなく、商品から貨幣・資本へと発展する流通形態の展開を出発点としている。だが、その理論展開において、商品の外来性はどのような意味をもっているのか、あるいはもつべきであったのか。マルクスが再三言及する共同体の間隙・空所における「本来の商業民族」のあり方を、単なる歴史的な事例とするのではなく、商品の一面を純粋に現わしているものと捉え直す必要はないであろうか。そのとき、商品世界の抽象方法はどのように再考を迫られることになるのか。本補章はこうした観点から、経済学体系の端緒における商品の規定を検討するものである。

　商品を「発生」させる社会関係の特質を掘り下げていくと、商品には、「資源」としての非使用価値として、増殖が求められる「資本性」が内包されているという側面が現れてくる。それはまた、貨幣や資本の展開や、市場

における「商人資本」の位置づけなどについても、根本的な見直しを求めるものとなろう。

1　商品の外在性と外来性

　商品交換が「共同体の果てるところ」で始まるとするマルクスの指摘は、『資本論』では第1巻第1篇「商品と貨幣」の第2章「交換過程」でなされている。またそれ以前に『経済学批判』でも、「諸商品の交換過程は、もともと自然発生的な共同体の胎内に現われるものではなく、こういう共同体の尽きるところで、その境界で、それが他の共同体と接触する数少ない地点で現われる」[4]と同様の指摘がなされ、さらにいわゆる『経済学批判要綱』の「序説」でも、「交換を共同体のただなかに本源的な構成要素として措定することは、およそまちがいなのである」[5]と述べられている。このように商品交換の外来性の認識をマルクスは一貫して持ち続けていたのであるが、それは単に歴史的な認識であるにとどまらない。マルクスは共同体にとって商品交換が外来的である根拠として、「ある使用対象が可能性からみて交換価値であるという最初のあり方は、非使用価値としての、その所持者の直接的欲望を越える量の使用価値としての、それの定在である。諸物は、それ自体としては人間にとって外的なものであり、したがって手放されうるものである。この手放すことが相互的であるためには、人々はただ暗黙のうちにその手放されうる諸物の私的所有者として相対するだけでよく、また、まさにそうすることによって互いに独立な人として相対するだけでよい。とはいえ、このように互いに他人であるという関係は、自然発生的な共同体の成員にとっては存在しない」[6]というように、商品という形態の外在性を指摘している。

　すなわち、物が商品という形態をとるのは、個々人が互いに私的所有者として相対するという関係においてであり、土地と生産条件を所有する共同体の成員であることに媒介されて個人が労働の客観的条件と結びつく共同体に

は、商品は存在しない。共同体の内部では「個別化された個々人の立場」[7]そのものが生みだされないのであり、商品交換をもたらす関係性が共同体にとって外在的であるがゆえに、商品経済の発展は外来的たらざるをえないというのである。

2 マルクスの商品・価値規定
──社会的な物質代謝の全面的な媒介

ところが、『資本論』の冒頭では、「ある一つの商品、たとえば一クォーターの小麦は、x量の靴墨とか、y量の絹とか、z量の金とか、要するにいろいろに違った割合の諸商品と交換される」[8]というように、諸商品が他の諸商品と全面的に直接交換される世界が想定されている。

マルクスは、諸商品が等値される交換関係から、いわゆる蒸留法によって価値の実体として「抽象的人間労働」を見いだすのであるが、単に諸商品が労働生産物であることのみが前提されているのであれば、「労働生産物の有用性といっしょに、労働生産物に表わされている労働の有用性は消え去り、したがってまたこれらの労働のいろいろな具体的形態も消え去」[9]った後に残るのは、個々の商品に直接対象化された労働ということになろう。ところが、マルクスは「それらに共通な社会的な実体」として、「社会的に必要な労働」を見いだす。そこでは、まず個々の商品が「それが属する種類の平均見本」とみなされることで、個々の生産条件や労働の熟練や強度は、「社会的平均」へと均される[10]。さらに、この必要労働時間は「労働の生産力に変動があれば、そのつど変動する」[11]のであって、過去において対象化されたものというよりも、再生産の観点から捉えられている。

蒸留の結果こうした「社会的に必要な労働」が見いだされるためには、冒頭の商品世界において、すでに商品は個々に評価されるのみではなく、同種の商品が無差別に売買され、種として社会的に評価されている必要がある。だが、こうした社会的な評価－宇野弘蔵的な意味での貨幣の「価値尺度機

能」——のためには、「資本の、したがってまた労働の種々たる生産部門間の移動」[12]という機構が前提となろう。

　ところが、マルクスは、「諸商品は貨幣によって通約可能になるのではない。逆である。すべての商品が、価値として対象化された人間労働であり、したがって、それら自体として通約可能だからこそ、すべての商品は、自分たちの価値を同じ独自な一商品で共同に計ることができるのであり、また、そうすることによって、この独自な一商品を自分たちの共通な価値尺度すなわち貨幣に転化させることができるのである。価値尺度としての貨幣は、諸商品の内在的な価値尺度の、すなわち労働時間の、必然的な現象形態である」[13]というように、そうした機構に先立って、抽象的人間労働に直接に社会性をみている。

　このように、単に商品を掘り進むだけで、ある種の社会性をもつ抽象的人間労働が掘り出されるのは、それがあらかじめ冒頭の商品の内に埋め込まれているからであろう。ではマルクスは、どのような社会性を埋め込んだのであろうか。マルクスは、商品世界の物神性が、「商品を生産する労働の特有な社会的性格から生ずるものである」と確認した上で、「およそ使用対象が商品になるのは、それらが互いに独立に営まれる私的諸労働の生産物であるからにほかならない。これらの私的諸労働の複合体は社会的総労働をなしている」[14]としている。だが、例えば13世紀のシャンパーニュ大市に各地から持ち込まれた諸商品を生産した私的諸労働を束ね合わせても、社会的総労働を構成することにはならないように、商品を生産している私的諸労働の複合体が必然的に社会的総労働をなすということにはならない。私的な労働そのものに、社会的総労働の一分肢という性格が、いわば自然属性として含まれているはずもないからである。つまりは、「互いに独立に営まれながらしかも社会的分業の自然発生的な諸環として全面的に依存しあう私的諸労働」[15]というあり方は、最初から直接に前提されているのである。

　このように、『資本論』冒頭で商品が措定されるのは、社会的な物質代謝を商品交換が全面的に媒介する世界であり、商品の積極的な要因としての価

値も、こうした物質代謝の一環という社会的・全体的な概念として規定されている。

3 冒頭商品世界と交換過程論

では、こうした社会的分業を全面的に媒介する商品世界における理論展開の中で、商品交換の外在性や共同体の境界での商品形態の発生への留意が求められるのはなぜであろうか。

マルクスは『経済学批判』では、第一章「商品」の中で、「ある一商品の交換価値は、他の諸商品の使用価値で自己を表わす」といういわゆる価値形態を考察し、たとえば一エレのリンネルの交換価値は「他のすべての商品の使用価値がその商品の等価物となっている、限りなく多数の等式」の「総和」で表現されるとする[16]。そして「だがこうして一商品はその交換価値を他のすべての商品の使用価値で測ると同時に、逆に他のすべての商品の交換価値は、それらによって測られるこの一商品の使用価値で測られる」として、リンネルが他の諸商品の交換価値の「共通の尺度」として役立つという価値形態が指摘される[17]。しかしここにはたとえばリンネルといった特定の商品だけが一般的等価物として選ばれ排除される論理は含まれておらず、「交換価値としては、各商品は、他のすべての商品の交換価値の共通の尺度として役立つ一つの排他的な商品であるとともに、他方では、他の各商品が多くの商品の全範囲でその交換価値を直接に表わす場合の、その多くの商品のうちの一つにすぎない」[18]とされるにとどまっている。

ここでマルクスは「互いに独立した諸個人が成立させる社会的過程」[19]である個々の商品所有者による「交換過程」へと考察の場を移し、先のリンネルの等式の逆転－一般的等価物としての排除－は「交換過程それ自体の社会的な結果」[20]であるとし、さらに「すべての商品の交換価値の適合的な定在を表わす特殊的商品」である貨幣を、「諸商品が交換過程それ自体において形成する、諸商品の交換価値の結晶である」とするのである[21]。そして、こ

の交換過程における貨幣の形成過程が具体的に示されているのが、「他の共同体と接触する数少ない地点」での商品交換過程の発生に続く、「ここで物物交換が始まり、そしてそれがそこから共同体内部にはねかえり、これに解体的な作用を及ぼす。だから、異なった共同体のあいだの物物交換で商品となる特殊的使用価値、たとえば奴隷、家畜、金属が、多くの場合、共同体内部での最初の貨幣を形成する」[22]という記述なのである。

　それに対し、『資本論』では交換過程論が第2章とされて価値形態論との分離がなされ、さらに第2版以降、第1章「商品」における価値形態の記述が初版付録「価値形態」を基に拡充され、「貨幣形態」の生成までを示した上で、再度第2章の交換過程論で貨幣の発生を論じるという構成となっている。

　しかし、価値形態論での「価値表現の発展」は、「単純な、個別的な、または偶然的な価値形態」（形態Ⅰ）から「貨幣形態」（形態Ⅳ）に至る価値形態の移行という論理的な発生の形式で説かれているものの、実際に展開されているのは、各形態の価値表現形式としての妥当性の比較であって、形態間の「移行」に際しては背後での現実の商品交換の発展が示唆されている。

　たとえば、「全体的な、または展開された価値形態」（形態Ⅱ）から「一般的価値形態」（形態Ⅲ）への移行は、「じっさい、ある人が彼のリンネルを他の多くの商品と交換し、したがってまたリンネルの価値を一連の他の商品で表現するならば、必然的に他の多くの商品所持者もまた彼らの商品をリンネルと交換しなければならず、したがってまた彼らのいろいろな商品の価値を同じ第3の商品で、すなわちリンネルで表現しなければならない。－そこで、20エレのリンネル＝一着の上着　または＝10ポンドの茶　または＝etc. という列を逆にすれば、すなわち事実上すでにこの列に含まれている逆関係を言い表わしてみれば、次のような形態が与えられる」[23]と説かれている。このいわゆる「逆関係」の指摘は、現実にリンネルが「他の多くの商品と交換」されている事態に依拠している。確かに、実際に交換が成立していることを前提とするならば、価値表現は相互的であり、逆関係が含まれているこ

とになろう。その上で、あらためて形態Ⅰと形態Ⅱの欠陥を指摘しつつ、形態Ⅰが「実際にはっきりと現われるのは、ただ、労働生産物が偶然的な時折りの交換によって商品にされるような最初の時期だけのこと」であり、形態Ⅱについても、「はじめて実際に現われるのは、ある労働生産物、たとえば家畜がもはや例外的にではなくすでに慣習的にいろいろな他の商品と交換されるようになったときのこと」だとして、それぞれの形態の、現実の商品交換の発展段階との照応関係が示されている[24]。

　ここで他の多くの商品と交換されるのが先のリンネルではなく、「家畜」と例示されていることに注意されたい。第2節以来、任意の商品の例示として挙げられてきたリンネルによる表現は、価値の表現形式としては任意の商品が一般的等価物たりうることを示していた。それに対し、家畜は後の第2章「交換過程」で、「貨幣形態は、域内生産物の交換価値の実際上の自然発生的な現象形態である外来の最も重要な交換物品に付着するか、または域内の譲渡可能な財産の主要要素をなす使用対象、たとえば家畜のようなものに付着する」[25]と唯一例示されているものである。ここでも実際には『経済学批判』と同様に、価値形態間の移行・貨幣形態の形成は、背後に個々の商品所有者が展開する商品交換の発展を予定した記述となっているのである。

　したがって、価値形態論における、「一般的価値形態は、ただ商品世界の共同の仕事としてのみ成立する」[26]といった論理も、社会的分業の全面的な媒介という商品世界では、社会的な価値概念に相応しい表現形式が明らかにされたにとどまる。第2章「交換過程」でマルクスは、「商品の分析」で明らかとなったのは一般的等価物の必要性までであって、個々の商品所有者による「社会的行為だけが、ある一定の商品を一般的等価物にすることができる」のであり、「貨幣結晶は、種類の違う労働生産物が実際に互いに等置され、したがって実際に商品に転化させる交換過程の、必然的な産物である」と宣言するのである[27]。

　そして、交換過程における貨幣の形成では、マルクスは先に引用したように、「域内生産物の交換価値の実際上の自然発生的な現象形態である外来の

94　第1部　商人的機構の歴史的展開

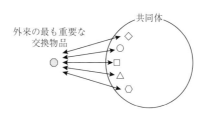

図1

最も重要な交換物品」と、「域内の譲渡可能な財産の主要要素をなす使用対象」とに着目する。こうした「共同体の果てるところ」で商品が発生する場においては、すべての商品が全面的に交換されるのではなく、特定の物だけが交換を求められるのであり、やがて図1のようにこの物が「例外的にではなくすでに慣習的にいろいろな他の商品と交換される」段階へと至る。ここで、「物がひとたび対外的共同生活で商品になれば、それは反作用的に内部的共同生活でも商品になる」[28]のであれば、「外来の最も重要な交換物品」もまた、共同体内部でも商品となる。この自らの生産物ではない―外部から交換によって獲得した―外来の物品が、共同体内部で商品として、すなわち他の物品との交換のために保有されているという事態は、すでにこの物品が共同体内部の商品間の交換を媒介していることを意味しよう。このように「労働生産物の商品への転化が実現されるのと同じ程度で、商品の貨幣への転化が実現される」[29]というのである。

　こうして、商品交換の外在性を論理展開に導入することで、一般的等価物を形成する「社会的行為」とは、すべての商品が全面的に交換を求めあう商品世界から特定の商品を排除するというものではなく、共同体の境界で商品形態を発生させ、共同体内部に広がっていく過程そのものが、特定の物品に特殊な社会的性格を付与していく行為として理解されることになったのである。

4 歴史認識と経済学の方法 – 商業民族の純粋性

 ただし、『資本論』でも、商品所有者による「社会的行為」について、ここで解釈した以上の説明はなされていない。先に引用したように、共同体内部での「商品への転化」が「商品の貨幣への転化」と同時に実現されていくとされる過程が、単に「共同体内部にはねかえり」あるいは「反作用的に内部的共同生活でも商品になる」と、あたかも自動的な反応であるかのように説かれているだけである。

 この「反作用」は共同体に「解体的な作用を及ぼす」以上、その大きな抵抗を受けるのであって、共同体の内部に互いに独立の私的所有として相対するという関係がどのように発生しうるのかということ自体が説明されなければならなかったのである。それが「反作用的」ではないからこそ、「古代アジア的とか古代的などの生産様式では、生産物の商品への転化、したがってまた人間の商品生産者としての定在は、一つの従属的な役割、といっても共同体が崩壊段階にはいるにつれて重要さを増してくる役割」[30]にとどまったというのがマルクス自身の歴史認識であった[31]。

 他方、「本来の商業民族」は、「エピクロスの神々のように、またはポーランド社会の気孔のなかのユダヤ人のように」、「古代世界のあいだの空所に」存在しており[32]、こうした商業民族においてのみ「貨幣に支配的要素としての役割が与えられていた」[33]とも、マルクスは認識していた。「生産を行なう諸民族はただいわば受動的商業を行なうだけ」であって、「交換を勧誘する媒介者たち（ロンバルディア人、ノルマン人など）」の外部からの働きかけこそが「交換を定立する活動への誘因」である（「対外商業の文明化作用」！）[34]。そして、この仲介貿易の担い手たちは、「古典古代世界の空所に住むセム族、中世社会の空所に住むユダヤ人、ロンバルディア人、ノルマン人のように、これらの生産を行なう諸民族に対して、ある時は貨幣を代表し、ある時は商品を代表する」のである[35]。

 貨幣の発生の論理のために、交換過程という理論的な場を求めたマルクス

は、しかしながら貨幣の歴史的な発生の場[36]であった、共同体の間隙・空所の商業民族の側の意識や行動、あるいは、共同体の内部で外部からの浸透を受ける側と外部の商人との関係性を含み込むような理論構築には向かわなかった。結局『資本論』でも、『経済学批判』と同様に、いわば歴史的発展の模式の提示にとどまり、論理的な貨幣の発生にまで至らなかったのはその帰結であろうか[37]。

　もっとも、資本主義社会の体系的な認識のためには、最も単純な範疇から出発しなければならず、例えば貨幣のような「まったく単純な範疇でさえ、それがその内包を充実させた姿で現われるのは、歴史的には、社会のもっとも発展した状態になってから以外にはありえない」[38]とすれば、経済学体系の冒頭における商品および価値の規定は、発展した資本主義社会から抽象されなければならないというのが、マルクスが明らかにした方法であった[39]。貨幣や資本の発生も、歴史的な過程の理論化ではなく、端緒の抽象的概念にすでに含まれていたものが、相互の内的関連を明確にしながら具体化されていく論理的な発生の過程なのである。

　そこで問題は、冒頭の社会的な物質代謝を全面的に媒介する商品世界と社会的な価値の概念、そして交換過程論での商品所有者の規定が、資本主義社会からの抽象として果たして十分なものであったのかということになろう。

　先にみたように、商品自身が「商品語」[40]で語りあう価値表現の展開には、貨幣を発生させる「社会的行為」の論理が含まれていないために、あらためて交換過程論において商品所有者が導入されたのであった。商品所有者は、「生まれながらの平等派」である「商品には欠けている、商品体の具体的なものにたいする感覚」をその「五つ以上もの感覚で補う」のであり、彼にとって交換は「自分の欲望を満足させる」ための「個人的な過程」である[41]。ところがマルクスは他方で「彼は自分の商品を価値として実現しようとする」として、「そのかぎりでは、交換は彼にとって一般的な社会的過程である」とする。この同じ過程が「同時にただ個人的でありながらまた同時にただ一般的社会的であるということはありえない」という矛盾から、特定

の商品を排除する「社会的行為」を導き出そうとするのである[42]。

しかし、互いに独立した私的所有者が相対する交換過程は、あくまでも「個人的な過程」である。たとえ商品所有者達の構成する商品交換が社会的分業を全面的に媒介するものであったとしても、自らを満足させる使用価値を求めて自分の商品を手放す所有者の関心は、自らの欲望の対象である特定の諸商品に限定されている。自分の商品が担う「交換価値」とは、このかぎりではそうした諸商品への交換手段という使用価値であればよく、「すべての他の商品の一般的等価物」[43]とみなさねばならない必然性は明らかではない。諸個人がなぜ・いかなる意味で自らの所有物に一般的・抽象的な価値を見いだすのかがまず問われなければならないのであって、全面的な商品交換社会から抽象された社会的な価値概念を前提としたのでは、個々の商品所有者の意識や行動を説き明かすことにはなりえないであろう。そして、全面的な商品交換社会という想定は、所有者にとって全面的に非使用価値であるという意味では、商品という形態を純粋に考察する場を提供しているかのようにみえるものの、そこでは自分の商品への関心が自らの欲望の対象への交換のみであるならば、商品とは非使用価値であるとはいっても、広い意味では自分を満足させるための使用対象であり、いずれ消尽される余剰物ということにしかならない。この想定では、個々の所有者と商品との関係性において、商品が抽象的な富の担い手として意識される契機を見いだし難いのである[44]。

5　合理的な貨幣蓄蔵者
——商品流通の発展を前提とした「資本への転化」

こうした商品や商品所有者の規定のために、個人的な過程のなかから交換を通じて、商品の消尽ではなく、その含む価値の維持や増殖が図られていく論理も、内的に説くことは困難となっている。

『資本論』第1巻第4章「貨幣の資本への転化」でマルクスは、単純な商

品流通W−G−Wでは、買いG−Wにおいて「この商品は使用価値として役だつ。だから、貨幣は最終的に支出されている」のに反して、資本としての貨幣の流通G−W−Gでは、その買いG−Wで「買い手が貨幣を支出するのは、売り手として貨幣を取得するため」であり「彼が貨幣を手放すのは、再びそれを手に入れるという底意があってのことにほかならない。それだから、貨幣はただ前貸しされるだけなのである」と両者を峻別する[45]。商品交換に媒介された社会的物質代謝である単純な商品流通が、商品所有者達の「使用価値の取得、欲望の充足」という「流通の外にある最終目的」のための手段なのに対して、「自己目的」と化した資本の運動は、「ただ抽象的な富をますます多く取得する」という資本家の「主観的目的」によって担われている[46]。

この「絶対的な致富衝動」そのものは、「貨幣蓄蔵者は気の違った資本家でしかないのに、資本家は合理的な貨幣蓄蔵者なのである」とされているように[47]、第3章「貨幣または商品流通」第3節「貨幣」において、商品流通の発展の結果生じる「黄金欲」として説かれている。「商品の金蛹を固持する必要と熱情」とによって、売りW−Gが「物質代謝の単なる媒介から自己目的になる」というのである[48]。

ここでは価値の抽象的性格は、社会的物質代謝の一環という社会性を前提としてではなく、個別的な行為の結果として導き出されている。ただし、貨幣の力が増大すると「質的には無制限」なものとなり、無制限な蓄蔵衝動を生みだすという論理は、商品流通の拡大によって「どんな商品にも直接に転換されうる」ようになるからとされており[49]、拡大する商品流通の総和を社会的物質代謝の総体と同一視することによって成り立っている。

このように、資本への展開はその萌芽を冒頭の商品に含んだものとしてではなく、商品流通の発展を背後に予定しながら貨幣が生みだしたものとして説かれている。資本の運動という個別的な行為は、商品流通の発展に不可欠な活動としてではなく、その結果として位置づけられているのである[50]。

6　商品所有者としての関係性が支配的な社会
　　――「借地農業者」と「自作農」

　そこで、あらためて「農業諸民族が優勢であったということ自体によって、まさにあたえられている」、すなわち共同体の空隙・空所の存在であるがゆえの商業民族の「純粋性（抽象的規定性）」[51]に目を向けることとしよう。空所の商業民族における商品・貨幣形態の純粋性をもたらした特定の社会関係を明らかにしておくことは、歴史的な発展の理論化ではなく、発展した資本主義社会からの商品の抽象方法を再考するための鍵となろう。すなわち、「商品形態が労働生産物の一般的な形態であり、したがってまた商品所有者としての人間の相互の関係が支配的な社会関係であるような社会」[52]とはどのような社会として抽象されるべきかを検討していきたいのである。

　まずは、所有者にとって非使用価値であり、全面的に価値であるという商品の本来の性格は、社会的物質代謝の全面的媒介という世界でこそ純粋に現われるものなのかみておこう。マルクスは、「彼らの売る商品が土地生産物であるという点では、同一の経済的関係のなか」にいながらも、生産物の主要部分を「自分で消尽する」「フランスの自作農」と、「自分の生産物の販売に全面的に依存」している「イギリスの借地農業者」を対比させ、「社会的な諸欲求の体系がより多面的となり、個々人の生産がより一面的となるにしたがって、つまり労働の社会的分割が発展するにつれて、交換価値としての生産物の生産が、あるいは言い換えれば、交換価値であるという生産物の性格が、決定的となってくる」と結論づける[53]。そこから「単純流通の前提」が、「各人が万人の生産に依存しているとすれば、万人もまた各人の生産に依存しており、彼らはすべて相互に補完しあっているということ」だとするのである[54]。

　だが、個々の商品所有者・商品生産者にとって、「商品」＝（交換）価値であることの全面性と、社会的物質代謝の媒介という意味での全面性とは、異なるものであることに注意が必要である。確かにマルクスのように、後者

を前提とすれば、前者も導き出されることになろう。しかし、後者の全面性とは、生産物が直接に、ないしは商品交換以外の関係性を通じて消尽されることがないということを意味しているのであって、その前提によって消去法的にすべての個人にとって生産物が商品でしかありえないと規定しているにすぎない。

　「イギリスの借地農業者」が生産物を商品として生産し、その販売に全面的に依存するのは、イギリス社会の全面的な商品経済化の如何とは直接にはかかわらない。たとえ共同体による生産が大きく残存している社会の中にあっても、「借地農業者」というあり方によって－生産条件との結びつきを媒介してきた共同体的な関係から分離された度合に応じて－、自らの生産物の商品としての販売への依存を強いられるのである。おそらくは古代世界の「傭兵」が、自らの「労働力」の販売に全面的に依存していたように。

　実際には「借地農業者」であっても、地代と種々の生産手段の補填に必要な部分をこえた余剰部分では自家消費も可能であろう。他方、「自作農」であろうと、たとえば肥料のような生産手段を商品として購入するようになれば、あるいは自らの生活＝物質代謝において商品購入に依存する部分があれば、それらの分は自らの生産物の商品としての販売を強いられることになる。この対比では、フランスの「自作農」が近代的な意味で商品化された土地の所有関係にはないとすれば、両者の相違は、崩壊しつつあり大きく変質したとはいえ共同体の成員であることによって自然条件と結びついているのか、それともそこから分離され、生産過程から排除されているのかによるものとなろう。すなわち、「自作農」にとっては、生産物の利用・消費のあり方、販売の有無にはかかわらず、土地などの生産条件との結びつきが生存＝物質代謝を支えてくれるであろう。ところが、生産条件から分離・排除された「借地農業者」にとっては、私的に所有する物だけが、自らの富ないしは資源である。地代によって購入した土地の利用権・種々の商品として購入した生産手段、それらによる生産物である商品、そしてそれを販売して得た貨幣、こうした所有物によって、自らの生産条件を維持・再生産していかなけ

ればならない。「借地農業者」がその生産物を使用価値として消費しえない、自らにとっては非使用価値であるのは、その販売代金が得られずに、借地を継続するための地代支払等が困難となれば、自らの生存の条件を失うことになるからである。

このように、「イギリスの借地農業者」において、生産物の価値物としての性格が純粋に現われるのは、その社会的物質代謝における全面性というよりも、共同体とそれが媒介する生産条件からの分離・排除によって、互いに独立な私的所有者として相対するという「商品所有者としての人間の相互の関係」が徹底したことによるのである。このことは、共同体の間隙・空所における商業民族もまた、諸共同体の生産に依存してはいても、共同体の占拠する土地等の生産条件から排除された「空所」の存在であることによって、所有物との間で、そして人間相互において、私的所有者としての関係性が極限的にまで純粋な形態をとったことを意味しよう。

7　「資源」としての非使用価値－商品の「資本性」

では、私的所有者としての極限的な関係性において、所有物はどのような意味で非使用価値であり、「価値」なのであろうか。

先の「イギリスの借地農業者」と「フランスの自作農」との対比において、マルクスは「フランスの自作農をイギリスの借地農業者に仕立てるためには、どのような経済的過程が必要とされるのかは、今では明らかである」[55]と述べていた。イギリスの封建制の解体過程の中で出現した独立自営農民が急速に姿を消したのは「囲い込み」＝イギリスの「原始的蓄積」過程においてである。この原蓄は、労働力の商品化の条件＝「二重の意味」で自由な労働者の創出の過程でもあった。

宇野弘蔵は、いわゆる単純商品説を批判して、「資本家的な商品」から資本家的な生産関係を捨象することで、「この捨象された生産関係は資本家的生産関係としてそれこそ商品形態をその中心基軸とするものである。そうい

う生産関係を捨象した場合に初めて純粋に流通形態としての商品が抽象されるのではないか」としていた[56]。ただし、宇野は「あらゆる生産物が商品となるということは、いいかえればその生産物の生産者自身が自己の生産物を直接には消費しえないことにならなければならない。労働者のように自己の生産した生産物を商品として買わなければならないということになって、はじめて商品経済は全面的に徹底して行なわれてくる」[57]として、基本的な社会関係自身が商品形態を有していることを、全面的な商品交換社会の想定根拠としている[58]。だが労働力が商品化されることそのものは、流通形態としての商品のどのような性格を現わしているのであろうか。ここではまず、「商品」形態を与えられた労働力と、その所有者である労働者との関係性をみておこう。

マルクスが明らかにした労働力が商品化する第1の条件は、「労働力の所有者が労働力を商品として売るためには、彼は、労働力を自由に処分することができなければならず、したがって彼の労働能力、彼の一身の自由な所有者でなければならない。労働力の所有者と貨幣所有者とは、市場で出会って互いに対等な商品所有者として関係を結ぶのであ」[59]るという、いわゆる身分関係からの自由である。これは互いに「私的所有者」として相対するという商品経済的関係性が、労働力にまで貫かれるという条件であるが、商品経済的な関係性にとって共同体が制約となってきたことからすれば、「農奴」や「奴隷」といった隷属的な関係性からの解放は、共同体の解体による商品経済的関係性そのものの普及条件でもあった。

そして、第2の条件は「労働力所有が自分の労働の対象化されている商品を売ることができないで、ただ自分の生きている肉体のうちにだけ存在する自分の労働力そのものを商品として売り出さなければならない」[60]ということである。そのためには、「ある人が自分の労働力とは別な商品を売るためには、もちろん彼は生産手段たとえば原料や労働用具などをもっていなければならない。彼は革なしで長靴をつくることはできない。彼にはそのほかにも生活手段も必要である。……人間は、地上に姿を現わした最初の日と変わ

りなく、いまもなお毎日消費しなければならない」ということから、「労働力のほかには商品として売るものをもっていなくて、自分の労働力の実現のために必要なすべての物から解き放たれており、すべて物から自由である」ことが求められる[61]。このいわゆる生産手段からの自由とは、生産過程から完全に排除されていることを意味している。共同体に媒介された生産過程から排除された上で、「借地農業者」のような私的所有物としての生産手段の所有からも自由となることで、彼らこそ最も極限的に商品経済的な関係に投げ入れられてしまった存在である。原蓄とは、封建制の解体によって世界のいたるところに「空所」が創り出される過程なのである。

　こうした「空所」にある自由な労働者にとって、唯一の所有物である自らの労働力はどのようなものとして立ち現われるのであろうか。彼らは、その労働力を完全に手放して生活手段に交換してしまうわけにはいかない。それではもはやすべてを失い、「毎日消費」していくことができなくなろう。そこで彼らは「ただ一定の時間を限ってのみ労働力を売る」という形で「労働力を手放してもそれにたいする自分の所有権は放棄しない」[62]ことが必要なのである。ここでは労働力は単純に生活手段を入手するための交換手段ではなく、永続的に生活手段を入手し続けるための手段であって、その力を維持していくことが求められるのである。

　こうした行為は、「自分の貨幣を利子生み資本として増殖しようとする貨幣所有者」の譲渡する貨幣が、「ただしばらくのあいだだけ彼の手から離れ、……支払われてしまうのでも売られるのでもなく、ただ、貸し出されるだけ」であるのと[63]、形式としては同型である。生産過程から排除され貨幣のみを所有する私的所有者であれば、ただ一定の時間を限ってのみ貨幣を売ることで、唯一の資源である貨幣を減ずることなく生活手段を入手し続けなければならないであろう。

　もっとも、貨幣と異なり労働力は生産過程において－さらには生存そのものによって－疲弊し消耗していくものであって、賃金によって購入される生活手段と種々の活動とによって「再生産」されなければならない。やはり労

働者は「資本家」ではないのであって、賃金は「賃料」として増殖分を意味するわけではなく、再生産の費用とみなされるものである。ただ、労働力が商品形態を与えられるということのうちには、自らの所有物が、単に他の商品への交換力としての価値というよりは、自分を維持していくことが求められる資源という意味での価値を内包するものとして意識されるという「増殖」の契機が－貨幣に喚起された黄金欲に媒介されることなく－芽生えているように思われるのである。

さて、生産過程から排除され自由な彼らに、何らかの私的所有物があれば、それらを直接に消費することや、あるいは完全に手放して他の生活手段と交換してしまうことは避けられるであろう。所有物は唯一の資産であり、維持され増殖することで、永続的に生活手段を入手し続けるための資源と意識されることになろう。生産手段として、あるいは生産手段との交換に利用して、その補填と生活手段とを入手しうる力を有するだけの生産物を商品として生産しなければならない「借地農業者」にとっても、また、交換・取引で利用することで、同様に「毎日の消費」を実現しつつ、その力を維持しなければならない空所の「商業民族」にとっても、その所有物が商品として交換される際の基準は、資源としての維持・増殖なのである。

彼らにとって、商品に内属している「力」とは、単に他の商品を引きつける力というにとどまらない。他の商品を引きつけながらも、自らの力を減ずることなく維持していくことが期待されているのである。そこでは、私的所有物が、資源であるがゆえに自ら消費しえない非使用価値であり、資源としての「増殖性」を内包したものとして、商品へと転化していくのである[64]。

注
1）Marx［1867］S.102 訳118頁
2）Smith［1776］p.25 訳116頁
3）ポランニー［1989］第3章
4）Marx［1858-61］S.129 訳240頁
5）Marx［1857/58］S.38 訳①54頁
6）Marx［1867］S.102 訳117頁

7) Marx［1857/58］S.22 訳①26頁
8) Marx［1867］S.51 訳50頁
9) *Ibid.*, S.52 訳52頁
10) *Ibid.*, S.53-54 訳53頁
11) *Ibid.*, S.54 訳54頁
12) 宇野弘蔵［1959］52頁
13) Marx［1867］S.109 訳125頁
14) *Ibid.*, S.87 訳98頁
15) *Ibid.*, S.89 訳101頁
16) Marx［1858-61］S.117 訳227頁
17) *Ibid.*, S.118 訳228頁
18) *Ibid.*
19) *Ibid.*, S.120 訳231頁
20) *Ibid.*, S.124 訳236頁
21) *Ibid.*, S.128 訳239頁
22) *Ibid.*, S.129 訳240頁
23) Marx［1867］S.79 訳87-88頁
24) *Ibid.*, S.80 訳89頁
25) *Ibid.*, S.103 訳119頁
26) *Ibid.*, S.80 訳90頁
27) *Ibid.*, S.101-102 訳116-117頁
28) *Ibid.*, S.102 訳118頁
29) *Ibid.*, S.102 訳117頁
30) *Ibid.*, S.93 訳106頁
31) 沖公祐は、交換過程論における「共同体」が、一般に共同体を指すGemeindeやGemeinschaftではなく、社会的再生産を目的とした群棲体を意味するゲマインヴェーゼンGemeinwesenであることに着目し、マルクスの述べた商品交換の発点が社会的再生産の外部であることを明らかにしている（沖公祐［2012］50-51頁）。そして、社会の維持・再生産に必要な物の残余である余剰の交換として発生した商品交換に対して、そのゲマインヴェーゼンへの浸透＝商業の分解作用を妨げる「障礙」の内実を、ブレナーによる「社会的所有関係」と「再生産のためのルール」の議論（ブレナー［2013］第3論文）を援用して、封建制下の農民が、社会の維持・再生産に必要な物の生産において「生存の危機」を避けるために選択した多角化戦略とみている（沖公祐［2012］53-56頁）。
32) Marx［1867］S.93 訳106頁
33) Marx［1857/58］S.38 訳①54頁
34) Marx［1858-61］S.67-68 訳148-149頁
35) *Ibid.*, S.68 訳150
36) ポランニーによる「特定目的」貨幣と「全目的」貨幣の対比は、伝統的な貨幣論の近代主義的な偏りを明らかにし、人類学・歴史学の豊かな成果へ目を向けさせるものであった（ポランニー［1989］第9章）。しかし、近代的な貨幣とそれを生みだす社会関係

の特殊性の理解のためには、こうした分類のみでは不十分であり、シュルツやウェーバー的な「外部貨幣」「内部貨幣」の概念（ウェーバー［1955］）を併せて用いることが有効に思われる。「特定目的」を通じて共同体の再生産の一翼を担う制度的な「内部貨幣」の存在がいくら明らかとなろうとも、それらは共同体間で物象的な依存関係を形成していく「外部貨幣」とは異なるものである。資本主義社会の特殊性は、そうした「外部貨幣」と、やはり共同体にとって外部的な資本の運動が社会を編成していくところにある。

37）「流通が商業のかたちで自立的存在をもつようになるのと同様に、貨幣が商人身分のかたちで自立的存在をもつようになる」（Marx［1857/58］S.411 訳②168頁）。貨幣形成の論理的な説明の行き詰まりは、資本の発生の説明をも困難に陥らせる。なお、沖公祐は、空間的な広がりをもつゲマインヴェーゼンの〈間〉の商品交換は、「輸送・保管技術と知識」という点から「専業の商人あるいは商業組織」を担い手とし、その活動のリスクの高さからそうした商人は、曲がりなりにも生存を保証するゲマインヴェーゼンから「排除された者たち」や「ゲマインヴェーゼンをもたない者たち」であるとする。そして、貨幣発生を物々交換の間接化に求め「貨幣を直接的欲求の対象を得るための媒介的手段と見なす貨幣観」や、「単純流通的市場像」と異なる方向性を、「〈間〉という外部に在る商人」によって媒介された「余剰と余剰の交換」という視角に求めている［沖公祐［2012］56-63頁］。

38）Marx［1857/58］S.38 訳①54頁

39）マルクスは冒頭商品において単純商品生産社会を想定する「単純商品説」ではなく、基本的には「ブルジョア的生産の全体制」を前提にしたいわゆる「単純流通」の方法をとっている。Marx［1858-61］S.52 訳117-118頁。高須賀義博［1979］。

40）Marx［1867］S.66 訳71頁

41）Ibid., S.100-101 訳114-115頁

42）Ibid., S.101 訳115-116頁

43）Ibid., 訳116頁

44）社会的分業の一分肢としての労働生産物を全面的に交換しあう所有者達という世界で、貨幣の発生を説こうとすると、マルクスが「浅薄な立場」と退けた「物物交換の技術的不便」に対処して「たくみに考案された方便」として貨幣を導出するような試み（Marx［1858-61］S.130）や、あるいは、歴史上の様々な「内部貨幣」に依拠した制度論的な説明に接近せざるをえないのではなかろうか。岡部洋實は、価値形態論における貨幣の必然性の論証について知識や情報という観点から再検討し、"誰もが受け取りを拒否しないモノ"が「商品経済の外部」で形成され、商品経済が自らの論理との整合性を維持できればそれを受け入れ、自らの補完とするという貨幣「制度」の生成の論理を示している（岡部洋實［1996］240-251頁）。商品経済における合意形成という組織的な関係性の問題から「制度」を位置づけようとする意欲的な試みではあるが、価値形態論で前提とされてきた商品世界の「外部」とは、主体間の合意形成を可能とする共同体的な関係性というよりも、むしろ共同体の外部との関係という商品経済的な関係性が最も純粋に現れる場ではなかろうか。

45）Marx［1867］S.163 訳194頁

46）Ibid., S.167-168 訳198-200頁

47）Ibid., S.168 訳200頁

48) Ibid., S.144-145 訳170-172頁
49) Ibid., S.147 訳174頁
50) 高須賀義博は、「全面的商品交換においては特殊な商品（労働力、土地、貨幣）をのぞけば、その所有者はすべて資本家である」（高須賀義博［1979］45頁）とする。ただし、共同体間での商品交換が、「共同体の首長」によるものとされ、その自由な評価と処分とによって余剰物を生産した共同体労働を「自己労働」とする擬制を生むものと捉えられたうえで（同35頁）、「資本家」はもっぱら、「生産に直接・間接に要した全労働」を「自己労働」に擬制する評価主体として位置づけられている（同45-46頁）。そこには、保有する商品・貨幣の価値を維持し増殖させようとする所有者としての「資本家」の側面は含まれていない。
51) Marx［1857/58］S.42 訳①61頁
52) Marx［1867］S.74 訳81頁
53) Marx［1858-61］S.51-52 訳116-117頁
54) Ibid., S.52 訳118頁
55) Ibid., S.52 訳117頁
56) 宇野弘蔵［1963］10頁
57) 宇野弘蔵［1947］28頁
58) この宇野弘蔵の説明は、マルクスによる、近代的工場の労働者を例にして「彼が交換価値をまったく生産しなかったとすれば、彼はおよそなにも生産しなかったことになろう。なぜなら、彼が手を触れて「これは私の生産物だ」と言うことができるような、手につかめるような使用価値は、なにひとつないからである」（Marx［1858-61］S.52訳117頁）とする「単純流通」想定の論拠と、結果的にはきわめて近いものとなっている。
59) Marx［1867］S.182 訳220頁
60) Ibid., S.183 訳221頁
61) Ibid.
62) Ibid., S.182 訳220頁
63) Marx［1894］S.355-356 訳429頁
64) 彼ら私的所有者の商品所有者への転化は、したがって同時に「資本家」への転化を孕んでいよう。もとより彼らも生活手段を購入する段においては、その関心は欲望の満足にあり、貨幣は「最終的に支出」されることになる。「資本家」たりえない労働者の買いG－Wも同様である。商品所有者としての人間の相互の関係を、空所にすむ独立した私的所有者のそれと捉えるのは、商品の一面を純粋に考察するためのいわば極限的な想定であって、商人ばかりで構成されるような市場が一般的な形態であるわけではない。それでも、冒頭の商品に「資本性」が内包されていることを明らかにすることは、流通形態の展開に示される商人資本の原理的な位置づけ、市場の組織性における商人資本の役割等の従来の理解にも再考を迫ることとなろう。なお、注31および注37でも紹介したように、沖公祐は「間接化の論理の出発点である余剰と必要の交換」に換えて、「〈間〉という外部に在る商人」に媒介される「余剰と余剰の交換」という視角から「貨幣に対する資本の先行性」を明らかにしている［沖公祐［2012］59-63頁］。ただし、「余剰」とはあくまでも共同体［ゲマインヴェーゼン］の内部からの視点であり、「余剰と余剰の交換」という視角からのみでは、「〈間〉という外部」において「リスクの高い商業活

動」に身を投じる者たちの行動や、そこでの商品の資源性は明らかにし難いのではなかろうか。

第 2 部　信用機構の理論的展開

第5章
流通過程の不確定性
──機構展開の動力──

1 はじめに

　商業資本を含めた流通機構、複雑な銀行間組織を展開する信用機構など、現実の資本主義経済は、様々な市場機構に補足されて運動している。しかも、それらの具体的なあり方は、国家や地域によって実に多様であり、また歴史的にも変容を遂げてきた。それに対し経済学の基礎理論が、そうした組織的な機構を捨象した抽象的な市場の理論にとどまるならば、現実の市場の多様性や変容を、結局は非市場的、歴史的な条件に帰すことになり、市場経済に対する説明力を失うことも危惧されよう。

　マルクス経済学の場合には、当初からその抽象的な基礎理論の内に、商業資本論や信用論を有するという特徴をもっていたのであるが、それらがマルクスの生前には完成稿に至らず、死後に遺稿が整理、編集されたものしか残されていなかったこともあって、方法的には未整理な状態が続いている。しかし、基礎理論を競争論的に再編しようとする試みの中からは、新たな市場機構論の方法が提唱されてきている[1]。それは、商業資本や信用機構などの機構が、産業資本のみによって構成された社会から分化・発生することを論理的に明らかにすることによって、産業資本とそれらの諸機構、さらには諸機構の間の重層的な補足関係、役割連関を立体的に示そうとするものである。本来は流通形態である資本が生産過程を包摂することによって成立した産業資本は、社会的生産を担うことによって自らの存立の根拠をもつととも

に、商品売買という形式を通じて、生産手段や労働力などの確保と、生産物の需要者への供給とを自ら行いうるものである。そこに、市場機構論の端緒に、産業資本のみによって構成された社会を抽象しうる根拠も見いだしうる。

ただし、「産業資本のみ」という抽象を文字通り、杓子定規に解釈し、例えば産業資本の要請に応える商業資本の成立を、産業資本の一部が生産過程を捨てて商業活動に専業化するというように、系譜的な分化発生論に限定することは、資本による機構編成や組織化のあり方を見誤ることになりかねない。産業資本の成立の前提として、すでに商人資本が織りなす市場が－歴史的のみならず理論的にも－存在しているのであり、市場は常に商人を生み出すのである。特定の歴史的条件の下で産業資本という特殊な商人が生み出されたように、産業資本の要請の下では、商業資本という特殊な商人も生み出されるのである。

「産業資本のみ」という抽象は、あくまでも産業資本の特殊性によって生み出される機構編成の動力を明確にし、その蓄積に対する補足的機構としての機能と限界を示すための理論的な手続きにすぎない。産業資本が他の諸資本と展開する諸関係には、必ずしも生産過程を包摂したことに起因していない商人的なものも含まれている。市場機構論の課題は、むしろ産業資本の登場によって、商人が織りなす市場の機構がどのように変容し、再編成されていくのかを見極めることにあろう。そうした理論展開でこそ、非市場的、歴史的な条件を利用、再編していく資本主義経済の側の動力をも見通し、市場経済の歴史的な変容を説明する基礎ともなりうるのである。

ではなぜ、産業資本は特有な補足的諸機構を要請し、展開することになるのであろうか。その理解のためには、まず生産過程を抱えることによって、流通過程がどのような制約性をなすことになるのかを明らかにする必要がある。マルクス経済学では、流通過程が「時間と費用」を要する過程であることが重視されてきた。例えば『資本論』の商業資本論でも、産業資本にとって価値増殖の制約となっている流通期間と流通費用を節約する点に、商業資

本が分化・自立化する根拠が求められている。ただ、そこでは流通過程は価値を形成しないという点に制約性の根拠が求められており、価値形成の有無といった個別資本にとって外在的な尺度で生産と流通とが切断され、生産と流通の対照的な性格が取り出されている。こうした方法では、市場機構を展開する動力である個々の産業資本の行動を明らかにするという、競争論的観点のための出発点を得ることはできないであろう。そこで本章では、流通過程と産業資本の循環運動の特性を検討することから始め、市場機構論の基礎を確認していくこととしよう。

2　産業資本の循環運動と流通期間

　『資本論』の第2巻第2篇「資本の回転」では、生産過程を抱える産業資本にとって、流通期間の存在がどのような制約条件となるのかという問題が考察されている。しかしそこでの産業資本の循環運動の把握には以下のような問題がある。マルクスは、第2篇の冒頭の第7章「回転期間と回転数」で、$G-W\cdots P\cdots W'-G'$ といういわゆる「貨幣資本の循環形式」に基づいて、回転期間を資本の生産期間と流通期間との合計によって与えられていると規定している。しかしこの循環形式は、産業資本の目的が貨幣の増殖であり、生産はそのための手段として選択されたにすぎないことを示し、産業資本の商人資本などとの共通性をよく表現するものではあるが、それだけに、生産過程を抱える産業資本特有の循環運動を十全には表現しえていない。マルクスも指摘しているように、生産過程を抱えることは、「同じ生産過程が多かれ少なかれ何回か繰り返されるあいだ絶えず繰り返して役にたち、したがってまた、その価値をただ少しずつ生産物に移して行く」[2] 生産手段、すなわち固定資本へと資本の一部分を投下し、回収までの一定期間は固定させておかなければならないことを意味している。このことは、単に前貸資本価値の運動を複雑なものにするというだけでなく、資本移動への制約など様々な点で産業資本の運動を質的に規定するものであるが、ここでは、生産の連

続性を維持しようとする要請が生まれる点に着目しよう。流通期間の存在によって生産過程が中断することになると、固定資本の遊休をまねいて価値増殖の効率性を引き下げてしまうのである。もっともマルクスも、第１篇「資本の諸変態とその循環」の第４章「循環過程の三つの図式」では、固定資本の存在には触れないままではあったが、「連続性は、資本主義的生産の特徴であって、その技術的基礎によって必然的にされている」[3]とし、分業編成による工場体制を例示しながら、生産の連続性を保つための資本の分割を説いていた。そして、第２篇の第15章「回転期間が資本前貸の大きさに及ぼす影響」も、資本の分割による連続的生産を前提にした考察が行なわれている。しかし、以下にみるようにそこでの想定にはなお問題が残されており、

図5－1

①断続的生産方式

②単線的連続生産方式

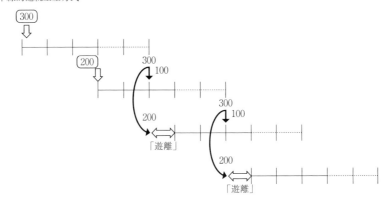

産業資本特有の循環運動と、そこでの流通期間のもつ意味を明確にしえていない。

　そこで、そうした点を、図5－1～5－3によって三つの生産方式を比較しながら検討していこう。ここでは、『資本論』の事例と同様に、固定資本の損耗や剰余価値を捨象した上で、生産のために労賃や、原材料などに毎週100ポンドの投下が必要であると仮定し、生産期間が３週間、流通期間が２週間（ただし、ここでの「流通期間」の意味については、後述する。なお、簡単化のために購入期間は捨象されている。）と想定されている。

　図5－1の①のように断続的生産方式をとる場合、固定資本を除くと、産業資本の循環運動は、「貨幣資本の循環形式」で表現されうる。生産期間と流通期間の合計としての回転期間が、資本の投下から回収までの期間と一致しており、また、ここでの流通期間は、実際に購入や販売の完了までに要した期間と捉えられよう。そして、そうした回転期間によって決まる単位期間における回転数は、ストック量である一定の前貸しされた流動資本が、単位期間内にどれだけのフロー量である生産量ないし販売量をもたらしうるかの比率を表わし、流動資本部分の循環運動の効率性を示すものとなっている。購入や販売に要する期間が短縮されれば、それだけ回転期間が短縮され、同一資本量の回転数が増大し、期間利潤率は上昇する。こうして、実際に要した流通期間の平均が利潤率を規定しているのである。その限りでは、商人資本における流通期間とその意味するところは変わらない。

　しかし、固定資本部分の効率性を考慮に入れると、産業資本はこうした断続的な生産方式ではなく、資本の分割によって生産の連続性が保たれるように生産を編成するとしなければならない[4]。マルクスの場合には、第15章では②のようないわゆる「単線的連続生産方式」の想定の下に、生産の連続性維持のために生じる貨幣資本形態での資本の拘束を検討しており、そこでは以下のような資本の「遊離」という現象が重視されている。すなわち、②の例でみれば、第５週末に回収された300ポンドの貨幣資本が、第６週には100ポンドのみが投入され、200ポンドは第７週まで貨幣形態のまま「遊離」す

ることになる。同様の事態は、第8週末にも生じ、以後、3週ごとに周期的に「遊離資本」が発生する。流通期間が生産期間と同じか、整数倍の長さの場合には（例えば、②の例であれば、流通期間が3週間になれば）、こうした周期的な「遊離資本」は生じないが、そうした「例外的」な場合を除けば、「社会的総資本にとっては、その流動資本部分についてみれば、資本の遊離が通例」であり、「社会的流動資本の非常に大きな部分は、一年間の回転循環のなかで周期的に遊離資本の形態にあるであろう」[5]と結論づけている。

　しかし、こうした「遊離」は、実際には、流動資本の投下が毎週規則的に必要なのに対し、その回収の方は、生産物が数週にわたる労働期間を要するか、あるいは一度に市場に供給される量が数週間の労働を要するために、数週間分がまとめて回収されるという想定の下で生じる回収と投下との時期的、量的なズレによって引き起こされる現象である。図5-2のように表現すれば明らかなように、①の場合でも、また流通期間が生産期間と等しいか整数倍となる「例外的」な場合でも、同様に流動資本部分の非効率な運動は生じている。それが、異なった個別資本が相互に独立に回転しているかのように資本分割を表象したために、表面化したにすぎないのである。図5-2に付加した表は、山口重克［1985］180頁の表記に倣って、それぞれの生産方式における準備のあり方を示している。ここでは、固定資本や利潤を度外視し、労賃や原材料への100ポンドの投下は期首に、製品の完成や在庫商品の販売は期末に生じると仮定した場合の、期中における生産資本、商品資本、貨幣資本の大きさが表され、期末の値は［　］で示されている。いずれの生産方法でも、また生産期間と流通期間が等しい場合でも、貨幣資本が200ポンドないし100ポンド保有されるという周期的な「遊離資本」が生じている。それゆえ、流通期間が同じであれば①と②とで流動資本部分の効率性は変わっていない、また②'では流通期間が生産期間と等しいことに何ら意味はなく、②に比べて流通期間が2週間から3週間に延びた分だけ流動資本部分の効率性は低下している[6]。

第5章 流通過程の不確定性　117

図5-2

①断続的生産方式

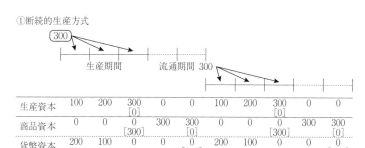

生産資本	100	200	300 [0]	0	0	100	200	300 [0]	0	0
商品資本	0	0	0 [300]	300	300 [0]	0	0	0 [300]	300	300 [0]
貨幣資本	200	100	0	0	0 [300]	200	100	0	0	0 [300]

②単線的連続生産方式

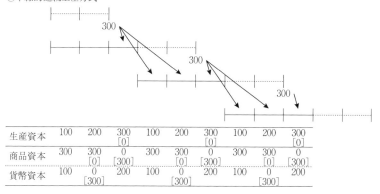

生産資本	100	200	300 [0]	100	200	300 [0]	100	200	300 [0]
商品資本	300	300 [0]	0 [300]	300	300 [0]	0 [300]	300	300 [0]	0 [300]
貨幣資本	100	0	200 [300]	100	0	200 [300]	100	0	200 [300]

②' 単線的連続生産方式（生産期間と流通期間が等しい場合）

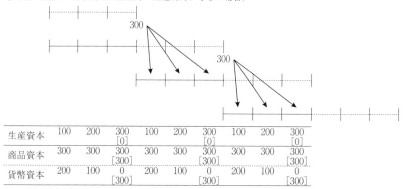

生産資本	100	200	300 [0]	100	200	300 [0]	100	200	300 [0]
商品資本	300	300	300 [300]	300	300	300 [300]	300	300	300 [300]
貨幣資本	200	100	0 [300]	200	100	0 [300]	200	100	0 [300]

そこで「遊離」を引き起こす流動資本の回収と投下のズレを解消するためには、図5-3の③のように並列的に生産過程を編成して、流動資本の回収と投入の時期と量が等しくなるように同期化すればよい。こうした同期化によって、固定資本の遊休が避けられるのみならず、流動資本部分の効率性も高められることになる[7]。図5-3の下表のように、各期の貨幣資本は0とな

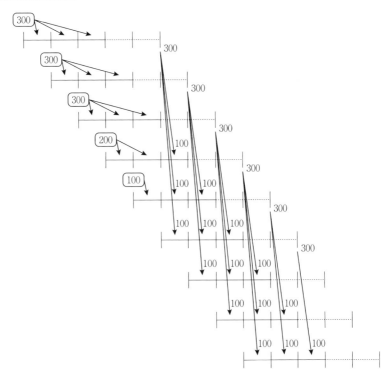

図5-3

り、期末の在庫商品の販売によって300ポンドが保有されるが、それは次期の期初の原材料・労賃支払によって直ちに消費される。したがって、産業資本は、技術的な要請の有無にかかわらず、特別な障害がない限り、③のような並列的な連続生産方式を採用することになろう[8]。その場合でも、流通期間の長さによって、一定の生産規模を維持するのに必要な流動資本部分の大きさが規定され、それだけ利潤率を制約する条件となる[9]という関係は明らかである。ただその限りでは、流通期間が、商人資本の場合とは異なった産業資本特有の制約をなしているとはいい難いであろう。

　しかし、①と②・③とでは、「流通期間」の意味が異なってきていることに注意が必要である。資本主義経済における流通過程は、絶えざる変動にさらされているのであって、流通期間も一般には事前に予測可能な確定性を有するものではない。それに対して、連続生産を維持するためには、絶えず変動する実際の流通期間の長さにかかわらず、原材料などの規則的な投下と労賃への規則的な支出が必要である。そのためには規則的に原材料や貨幣が準備されていなくてはならず、流通過程の変動の生産への影響を遮断しうるように、あらかじめ流通期間が設定されることになる。したがって、産業資本の循環運動における「流通期間」[10]とは、実際に要した期間である①や商人資本の場合とはまったく意味が異なったものとなっている。生産への影響を遮断するためには、設定される流通期間は、一定以上の頻度や確率で生じうる範囲内における最長の期間でなければならない。そのため、多くの場合にはより短い期間で販売・購入がなされ、結果的には絶えず繰り返し過大な原材料在庫や遊休貨幣が発生することになろう。しかし、より短い「流通期間」への設定の変更が可能とならない限り、それらは生産拡大などへ転用することはできず、変動への準備として保有され続けることになる。実際の流通期間という結果から事後的にみれば、それだけ過剰に流動資本が、いわば淀みを含んだ循環運動の内に拘束されていたことを意味している。

　このことを先の想定で例示してみよう。まず図5-4のAは、③の流通期間が1週間であった場合の流動資本の量と形態を表している。これに対して、

図5-4

A (流通期間1週間)	I	II	III	IV	V	VI	VII	VIII
生産資本	600 [300]	600 [300]	600 [300]	600 [300]	600 [300]	600 [300]	600 [300]	600 [300]
商品資本	300 [300]	300 [300]	300 [300]	300 [300]	300 [300]	300 [300]	300 [300]	300 [300]
貨幣資本	0 [300]	0 [300]	0 [300]	0 [300]	0 [300]	0 [300]	0 [300]	0 [300]

B (流通期間2週間)	I	II	III	IV	V	VI	VII	VIII
生産資本	600 [300]	600 [300]	600 [300]	600 [300]	600 [300]	600 [300]	600 [300]	600 [300]
商品資本	600 [600]	600 [600]	600 [600]	600 [600]	600 [600]	600 [600]	600 [600]	600 [600]
貨幣資本	0 [300]	0 [300]	0 [300]	0 [300]	0 [300]	0 [300]	0 [300]	0 [300]

C (流通期間の変動)	I	II	III	IV	V	VI	VII	VIII
生産資本	600 [300]	600 [300]	600 [300]	600 [300]	600 [300]	600 [300]	600 [300]	600 [300]
商品資本	300 [300]	300 [0]	0 [300]	300 [600]	600 [600]	600 [600]	600 [300]	300 [300]
貨幣資本	300 [600]	300 [900]	600 [600]	300 [300]	0 [300]	0 [300]	0 [600]	300 [600]
実際の販売量	300	600	0	0	300	300	600	300

図5-3と同様に流通期間を2週間と設定したBでは、Aの900ポンドに対して、流通期間の長期化によって、必要な流動資本量が1200ポンドに増大している。ただし、AもBもそれぞれに設定された流通期間通りに販売に時間を要した、いわば想定内における最悪の場合の運動であって、実際には多くの場合には流通期間はより短くなるであろう。そこで、Cではこの2週間の「設定」が予想している範囲内での流通期間の変動を例示して、過剰準備の発生をみてみよう。まずⅠ週までは1週間で商品が販売されているため300

ポンドが遊休しており、さらにⅡ週では在庫商品のみならず完成した商品まですべて販売されるという流通期間０の事態が生じて、Ⅲ週の遊休貨幣は600ポンドに達している。ところがⅢ・Ⅳ週には商品がまったく売れず、そのためⅤ週目までの原材料・労賃の支払いによって貨幣準備は払底してしまった。だがⅤ週Ⅵ週には300ポンドの在庫商品が売れて流通期間が設定された２週間に納まったため、期末には300ポンドの収入があり翌週も生産の連続性が維持されている。Ⅶ週には600ポンドの商品が売れて流通期間は１週間に戻り、Ⅷ週の遊休貨幣も300ポンドまで回復している。ここでは、流通期間を２週間と設定して600ポンドの流通資本が投下されているため、一時的に実際の流通期間が２週間まで長期化しても連続生産が維持されている反面、より短期間で商品が販売された際には、その販売代金は転用されることなく結果的には過剰な準備として保有されることになるのである。

　このように、流通過程の不確定な変動が、生産過程を抱える産業資本特有の制約性をもたらすのである。そこで次に、流通過程の変動に立ち入った検討を加えるとともに、販売の問題を中心に[11]産業資本における「流通期間」の設定についてみていくことにしたい。

3　流通過程の変動

　価格や流通期間の変動の根底には、投資、生産量の決定や、また何をどれだけ消費するかという最終消費に関する決定が、私的な主体に委ねられているという資本主義経済の特質がある。このことは単に社会的な生産が事前的な計画によって支配されていないために、事後的な調整機構の存在を要するということを意味するだけではなく、個々の主体の決定や状況判断の前提となる情報の内に、客観的なデータのみでなく、他の主体の現在や将来における判断や決定の予想が含まれることをも意味する。そのために情報には不完全性がともない、個々の主体の情報収集活動の内容や量、ひいては状況判断や決定も個別的に相違することになる。したがって、価格や流通期間の動向

に反応した個々の主体の行動が、事後的、結果的には社会的な需給を調整する役割を果たすとしても、そうした調整過程自体も、単に行き過ぎの可能性を含んでいるというだけでなく、つねに需要と供給の両側において、不確定な変動要因を孕んだ、絶えざる変動を繰り返す過程となる。

　しかしながら、産業資本が直面する流通過程の変動を、すべて社会的な需給の変動に帰することはできない。個々の産業資本の流通過程は、その商品の全体的な需給の動向とは必ずしも対応しない、個別的で偶然的な変動をも絶えず繰り返している。市場機構論とは組織的な機構の論理的な発生そのものを対象とする以上、市場機構論の端緒における産業資本とは、他の主体との間に非市場的な関係をまったくもたず、他の主体とはただ商品の売買を通じてのみ関係しあう商品経済的な主体としての性格を有したものと想定されなければならない。そうした流通主体間の取引においては、品質と価格を基準に絶えず取引相手が交替するとともに、ある買い手が同じ品質と価格の複数の売り手のうち、どの売り手から購入するかは偶然的に決定されることとなろう。こうした商品経済の形態的特質のために、個々の産業資本の販売量は、必ずしもその商品全体の需給の動向とは関係なく、偶然的な変動を繰り返すことになるのである[12]。そのために自己の流通期間や販売価格の動向から直ちに社会的な需給の動向を知ることは困難であり、他方、社会的な需給の動向を予測したとしても、自己の流通過程が一時的にせよそこから大きく乖離する可能性も排除できない。個々の産業資本にとっての流通過程の不確定性の内には、そうした偶然的な変動を想定した準備を強いられるという問題が含まれることになる。

　そうした変動の性格をうきぼりにするために、ここで次のような想定をおく。ある商品について、売り手が10、買い手が100存在し、価格や品質の点で売り手の間に相違はなく、また買い手はみなそれぞれ毎週1単位購入するとする。したがってこの商品は毎週規則的に100単位販売されることになるが、個々の買い手がどの売り手から購入するかは、まったく偶然的に決定されるとすると、ある売り手の各週の販売量は図5-5のような確率分布をとる

図5-5

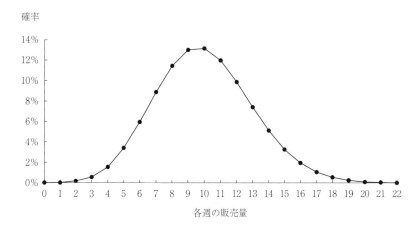

ことになる。

　また、各売り手がそれぞれ毎週10単位生産するとするならば、この商品全体の需給は常に一致することになるが、それでも個々の売り手の販売量は常に変動を繰り返し、生産量から乖離することになろう。その際、数週間や数十週間といった期間をとってみても、販売量の週平均は10単位に収束していく傾向を示すのに対し、個々の売り手の生産量と販売量の累計の乖離を0に引きつける力が働く訳ではないことに注意が必要である。例えば、さしあたり個々の売り手の在庫量による販売の制約や、在庫量の変動による売り手の行動の変化を考えない（すなわち、個々の売り手は購入を申し込まれた数だけ必ず販売でき、また在庫量が増減しても生産量を調整したりしない）こととすると、5週後や10週後の生産量と販売量の累計の乖離、したがって在庫量の正負の変動量は、図5-6のような確率分布をとることになる。10週後に生産量との正負の乖離が10単位以上となる確率は、それぞれ15％を上回り、正負両方あわせれば10単位以上もの乖離が生じる確率は30％以上にもなる。このように需給の長期的な安定という極端な想定の下でも、そうした社会的な需給の状況を知りえないまま正や負の大きな乖離を経験する主体は、需給

図5-6

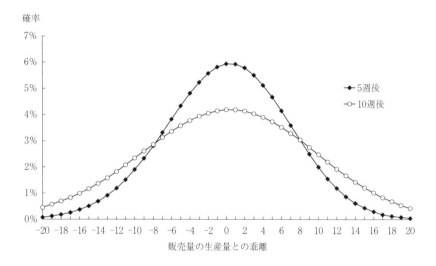

販売量の生産量との乖離

の動向に対して誤った判断を下すことになりやすいであろう。また、需給の安定という正確な判断がなしえたとしても、自らの動向については正負の大きな乖離の可能性を排除できない。

4　流通期間の設定

　実際の流通過程では、こうした商品経済的な関係性に基づく偶然的な変動に、直接的な競合相手の行動や戦略の変化、技術変化にともなう投入財の変更、最終消費市場における嗜好や流行の変化、景気変動など様々な社会的要因による変動が複合した不確定な変動が絶えず繰り返される。個々の産業資本は、そうした不確定な変動のなかで、自らの販売動向を最も重要かつ基礎的な情報としつつ、将来の販売動向を予想して「流通期間」を設定し、生産の連続性を維持できるように循環運動を編成する。その際、将来の予想からどのように「流通期間」は設定されるのであろうか。そこで、次に個別産業

資本による具体的な販売予測を想定して、そこでの「流通期間」の設定について考察していこう。

　先の図5-5、図5-6の確率分布は、全体の需給の安定的な一致という特殊な想定の下で生じる客観的な個別的変動であったが、今度はこれを個別の産業資本による主観的な確率分布の予想の一例として利用して、その産業資本の編成する循環運動について検討していくこととしたい。これは先の想定の下でこの産業資本が客観的な変動のあり方を正確に予想しえたことを意味することになるが、むしろそうした想定とは切り離して、一般的な状況の下で、単にある産業資本が主観的に自らの販売動向に対して予測した確率分布の具体例として利用するということである。

　こうした確率分布が予測された場合、生産の連続性を維持するために産業資本はどのように「流通期間」を設定して、循環運動を編成するのであろうか。この予測では最も確率の高い週間販売量は10単位であるが、4単位や5単位しか売れない確率も決して低いとはいえず、そのうえ変動が絶えず繰り返される結果、数週間の内には生産量の累計をかなり下回ることもありえる。ただ、可能性の低い、あまりに大きな在庫量に備えることは、固定資本の遊休を避けうるかわりに投下資本量の増大が大きく、かえって効率性を下げると判断されよう。他方、商品在庫には、単に売れ残り、次週以降へ持ち越されるものという消極的な意味合いのみではなく、積極的、戦略的な意味合いも含まれている。在庫量増大の場合とは逆に、週に14,15単位と売れる確率も低いとはいえず、しかも数週間の内には生産量をかなり上回る販売が可能となることも予想されうる。在庫保有による資本・費用の増大を考慮しても、各週の生産量以外に商品を準備しておかなければ、それだけ利益の機会を逃すことになろう。図5-7は図5-5の想定に従い、100の買い手が10の売り手の一つをランダムに選んで、1単位を購入した場合に、ある売り手の販売数が毎週10単位の生産量からどのように乖離するかを10回にわたりシミュレートしたものである。したがって、図5-5のような販売量の確率分布を主観的に予想するということは、図5-7のような販売動向の変動を予想して

図5-7

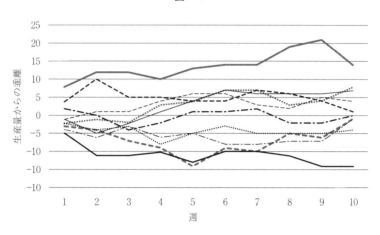

いることになる。そこで、売り手の産業資本が例えば販売量の一時的な増大に備えて10単位の在庫保有を目標とし、他方で販売の一時的な低下から、目標とする在庫量からさらに10単位まで在庫が積み増されることに備える必要があると判断したとすれば、この資本は最大20単位までの在庫水準を想定して循環運動を編成することになろう。

　このように、並列的連続生産によって毎期複数の単位の商品を生産する産業資本の場合、流通過程の変動は販売「期間」というようも、販売「量」の変動として現れることになる。それに対して、図5-3や図5-4では、事実上3週間の生産期間による300ポンド分の商品が一単位として取引されるという想定の下で、「流通期間1週間」、「流通期間2週間」が、それぞれ商品資本300ポンド分、600ポンド分を必要とするというように、「期間」によって「量」が説明されていた。ただ、そこでも複数単位の商品が生産・取引されていると想定し、上述のような予想と判断によって最大在庫水準がそれぞれ300ポンド分、600ポンド分と設定されていると理解しても、同一の循環運動が得られる。そこで、以下では必要に応じて、予想最大在庫水準が1週間に完成する生産量にあたることを流通期間1週間、2週間分であれば流通期間

2週間と表現することとしよう。

　なお、販売「量」の変動にそくして産業資本の循環運動を理解すると、流通期間の設定について「平均」＋「不確定な変動」というように分解しては捉えられないことが明確となる。図5-4のAとBとでは、どちらも各期の販売量は300ポンドと想定されている。平均販売量が300ポンドを上回る（下回る）場合には、むしろ生産量の増大（減少）による対応が必要となるのに対し、中長期的な平均販売量の予想が同じ300ポンドであっても、その短期的な変動やバラツキについての予想によって準備すべき在庫水準が決定されるのである。Cのように各週の販売量が変動することが予想される際に、在庫商品の払底も、準備貨幣の不足もともに回避しようとして設定された水準が最大600ポンドの在庫量＝最長2週間の流通期間である。

　さて、実際には社会的な要因も加わって販売量の確率分布は安定的ではなく、その正確な予測は困難である。しかも、個々の産業資本はこうした偶然的な変動を介して市場と接するため、社会的な変動を認知するのは容易ではなく時間も要するであろう。需給の動向が不明確であれば、いっそう大幅な変動の可能性を想定することが必要となる。需要超過や供給超過の状態が持続することが予想されるならば、それに対応して「流通期間」の設定の短縮や延長がなされることになるが、その場合でも社会的な需給の動向の予想が直接に「流通期間」の水準を決定する訳ではなく、自らの販売量の変動やバラツキの予測の変化を介して「流通期間」の設定も変化することになる。いずれにしても、個々の産業資本は、当面の販売量の変動やバラツキのあり方の予測に基づいて戦略的な在庫水準とそれに対応した準備すべき最大限の在庫水準とを決定し、「流通期間」を設定するのである[13]。

　このことは、産業資本の行動によって変動やバラツキの縮減が可能であれば、必ずしも社会的な需給の動向に関わりなく、「流通期間」の短縮による流動資本の節約が可能になることを示している。ここで検討した例そのものは、きわめて特殊な想定によるものではあったが、しかし、全体としての需給一致の下で、しかも、毎週規則的に定量を購入するという非常に安定した

買い手のみを前提にしてもなお生じる変動、バラツキを示している点は興味深い。社会的な需給の変動に対しては、個々の産業資本の行動によっては容易に影響を及ぼしえないとしても、こうした商品経済的な関係性に起因する偶然的な変動に関しては、個々の主体の間に多少とも恒常的で安定的な関係を構築するという意味で組織化を展開していくことによって、消極化させていく余地があることを示しているように思われるのである。とりわけ、先にみたように、産業資本の支出のうち、少なくとも原材料などの流動資本部分の購入については、ある程度規則的、安定的な性格があり、こうした商品の売買取引に多少とも恒常的・安定的な関係を作り上げることができれば、それだけ偶然的な変動やバラツキは抑えられることになろう。こうして、市場が補足的な諸機構を通じて、技術的な投入−産出比率に規定された産業連関の安定的な構造を取り込んでいくことによって、市場本来の特質である変動やバラツキを多少とも消極化させていく過程が、産業資本にとっての変動の影響を消極化する機構の形成とともに、市場機構論の展開の軸の一つとなるように思われる。

　もちろん、ここでいう組織化ないし市場機構の展開とは、あくまでも個々の主体の商品経済的な合理性の追求によって、すなわち互いに商品経済的な利害のみを基準に行動した結果として説かれなければならないのであって、非市場的な利害なり共同性なりに直接依拠して展開されるものではない[14]。そこで、次には、流通過程の不確定な変動に直面する個々の産業資本が、市場においてどのような積極的な行動をとることになるのか、またそこにはどのような産業資本特有の制約がともなうのか検討することにしたい。様々な市場機構の展開は、一面ではそうした費用の支出をともなう積極的な活動の一環として、ないしはその一つのタイプとして、他との比較のもとになされるのであり、また他面では、産業資本のみによって市場を構成した場合に生じる制約性を解除することを動機として展開されることになろう。

5　産業資本の販売活動と流通費用

　市場において売り手は、商品の輸送や保管、あるいは簿記などの他にも、様々な情報収集活動や、広告・宣伝などの情報伝達活動、また店舗の設営や商品の展示など、販売を促進するための積極的な活動を展開することが可能である。そうした積極的な活動には費用すなわち流通費用の支出がともない、またそうした活動の内容に対応して輸送・保管などの費用も変化する。したがって、販売活動の内容や水準の決定に際しては、活動によって生ずる予想利益と費用支出とが比較されることになる。ただし、こうした活動には、一定の費用の支出に対しどれだけの効果が得られるか、あるいは一定の効果をあげるためにどれだけの費用を投じたらよいのかといった点が不確定であり、事前の予想が困難であるばかりでなく、事後的にも確定的な関係が達成される訳ではないという特徴がある[15]。流通主体間で活動の水準が大きく異なるとともに、その成果にも大きな相違が生じようが、費用対効果に技術的な確定性が存在しない限り、競争を通じても特定の活動方法や水準に収束することにはならない。流通費用のこうした不確定性は、生産に投じる費用の場合とはするどい対照をなすものであるが、そうした特徴は産業資本の流通費用を投じた積極的な販売活動に対して、どのような制約性をもたらすのであろうか。生産過程を抱える産業資本が市場における販売活動を自ら行なう場合の特徴を検討していくことにしたい。

　さて、販売促進活動とは、さしあたっては商品をより高く、あるいはより早く売ることをめざすものといえよう。商人資本であれば、より高く売ることは無論のこと、より早く売ることによっても回転の促進によって利潤率を高めることができる。ところが、生産過程に規定された独自の循環運動を展開する産業資本にとっては、現在在庫している商品を想定よりも早く販売したとしても、それだけでは必ずしも利潤の増大に結びつかない。「流通期間」の予想が短縮されない限り、期間内の販売により回収された流動資本部分はそのまま準備として保有されるにとどまり、流動資本の効率性が高まること

にはならないのであった。それに対し、産業資本の場合でも、今後需要水準が上昇し、需要超過が続く中で「流通期間」の短縮も可能になるという予想がなされる場合には、より早く売ることによって得られる貨幣を、より早く生産を拡大するために投下することがめざされることになろう。さらには、積極的な販売促進活動によって、長期的、恒常的に販売水準を上昇させることが可能であれば、生産規模の拡大による利潤の増大をめざすことができる。このように、産業資本においても、生産規模の拡大による利益との比較において有利と判断されるならば、流通費用を投じた積極的な販売促進活動が行なわれることになる。

　しかしまた、産業資本にとって流通費用の投下を促す要因は、生産規模拡大の利益だけではない。すでにみてきたように、産業資本特有の循環運動の中では、生産の連続性を維持するための「流通期間」の設定によって繰り返し遊休貨幣資本が発生し、それだけ過剰な流動資本が拘束されるという非効率が生じている。したがって、市場における売買活動が、それによってそうした非効率性を消極化することで、費用投下を上回る流動資本の節約を見込みうるものであれば、そうした活動は積極的に展開されることになろう。その際、「流通期間」の設定が、流通過程の変動やバラツキに規定されている以上、そうした変動やバラツキを抑えることがめざされることになる。このように、流通過程の変動やバラツキの抑制を目的とした情報収集・伝達、販売促進等の活動によって、より短期の「流通期間」の想定を可能にして資本を節約することも産業資本の基本的な行動基準となる[16]。

　しかし、産業資本特有の制約性の消極化をめざした流通費用の投下には、以下にみるようにそれ自体やはり生産過程を抱えていることによる特有の制約性がともない、一般的な流通主体における売買活動よりも非効率的にならざるをえない。変動やバラツキの抑制といっても、個々の産業資本の売買活動によって直接に社会的な需給の変動に影響を与えるのは困難であり、実際には在庫が増大してきた時に、積極的な販売促進活動を展開することによって販売量を増大させ、在庫水準の上昇を防ぐという行動がとられることにな

ろう。そしてそれを前提にして、「流通期間」の設定の短縮化すなわち予想最大在庫水準の引き下げを行なうのである。したがって、在庫水準の上昇時を想定して準備された流通費用のための貨幣は、在庫水準が低い時には、より高く売るための活動の余地はあるものの、一部は遊休したり、販売活動に使用された部分も遊休貨幣を増大させる結果となって、低い効果しか生みえないことになる。しかも、費用対効果が不確定である以上、短縮した「流通期間」の下で生産の連続性を維持するためには、費用対効果が低い場合の予想にしたがって流通費用が準備されることになり、結果的に過剰な水準となる傾向があろう。このように産業資本による流動資本の節約を目的とした販売促進活動は、二重の意味で非効率性を抱え込んでいるのである。

こうした「自己の生産した商品の商人でしかない」産業資本による流通費用支出の非効率性を、福田豊は、「一定の資本額において一定の生産規模を維持してゆくためには、一定の流通費用を支出することになる傾向が強い」[17] という想定の下に、例えば流通期間が短期化した場合には商品一単位あたりの流通費用が増すといった「流通費用の機能の実質的遊休」として説明している[18]。

これに対し、山口重克は流通費用支出の一定化という想定を「奇妙な行動仮説」と批判するとともに、実質的遊休についても「流通期間が短縮化すれば、ある一定の期間のフロー量としての生産量も商品販売量も増大する。したがって、流通費用の支出量が一定であると仮定すれば、商品一単位あたりの流通費用は減少するはずである」と疑問を呈している[19]。まず後者についてみると、「並列的連続生産方式」をとる産業資本における在庫量の減少は、その減少の過程で確かに「商品販売量も増大」しているとしても、福田が問題としているのは、在庫量が減少した後になっても、「弾力的に流通費用の支出を減らすこと」[20] が困難であることであった。その際に、福田は「流通費用の効果は不確定であるから、もしかしたら短縮化に役立っているかも知れない費用のカットを敢えてするというリスクを負うことは、特にこのような景況が順調の場合には、一般に避けられる」[21] としている。この福

田の説明についても山口は、「もしかしたら短縮化に役立つかも知れない」とする行動をも認めることになり、「前に述べられていた非弾力性仮説と整合しないのではないか」と疑問を投げかけている[22]。これは流通費用一定化という福田の想定が、「流通期間は個別資本にとってはいかんともなしがたい外的環境であるという考え方」[23]に依拠しているとする山口の解釈に基づく疑問であろう。

　そこで、次に福田による流通費用支出の一定化という想定についてみよう。旧稿[24]ではその根拠について「ごく簡単な説明しか与えていなかった」[25]のに対して、「生産過程を持つ個別産業資本は、流通期間遂行のための費用支出を、獲得利潤量の傾向に逆らう方向で、そう簡単には変更し得ない」[26]とする説明が加えられ、さらに「受け身的な流通費用の支出」のみならず「積極的な流通費用支出のうちの情報の収集・分析活動に関する部分について」も、「当該産業資本の利潤獲得動向の好・不調と同調する傾向が強いものと思われる。当該産業資本の生産した商品の売れゆきが不振で獲得利潤量が少ない時期には、その効果が確定的でないものに対する資金の投下は特に削減されることが多いだろう。逆ならば逆である」とする補足説明も加えられた[27]。これらでは、確かに山口が「非弾力性仮説」と表現したように、「一定の費用支出に対する効果の偶然性」[28]が産業資本の行動を制約し、一定というよりも「逆相関の関係」[29]が強調されている。

　しかし、同じく追加された部分である先述の「短縮化に役立っているかも知れない費用のカット」のリスク回避の議論が図らずも示しているように、生産過程を抱える産業資本の具体的な局面での行動に踏み込むと、「流通費用の支出を調整することによって一定の効果を維持する」という「本来無理なこと」[30]に取り組まざるをえないことが明らかとなろう。効果の偶然性とは、「いろいろな確率の効果があるということであり、効果がないということではない」[31]以上、個別の産業資本はそれぞれの経験的な費用対効果の予想に基づき流通活動を展開するであろう。また福田は、「資本家に共通する思考パタンを知る方法の一つとして」ドラッカーを引いて、「販売組織の拡

大費および維持費」、「販売促進費および宣伝費」等が、「急激にふやしてもその効果は現れてくるものではな」く、「急激に削減すると、これまで何年もかかって築いてきたものを一日にして破壊してしまうおそれがある」ため、「長期計画にもとづき、辛抱強く実施すべきもの」であることを示している[32]。この議論は、福田自身の先の「逆相関の関係」の説明とは異なり、むしろ短期的な費用支出の一定化をとる資本家の思考を明らかにしている。

したがって、「流通費用の機能の実質的遊休」を示すためには、第1に、生産の連続性を維持するために、産業資本が費用対効果の予想からどのように流通活動の水準を決定するのか、そして第2に、流通過程の変動に対して弾力的に流通活動の水準を変化させられない要因は何か、をみていかなければならない。第1の点については、すでに「流通期間」の設定の過程から論じてきたように、生産の連続性という目的が、一時的な販売の停滞時に、費用対効果が予想の中で最も低い場合であっても想定する最大在庫水準を上回らないことが期待しうる水準に流通活動を維持することを求めることになる[33]。第2の点についても、販売の好調が一時的であり今後は停滞が続くという可能性が否定しえないという判断が続くうちは、流通活動の水準を急激には増減させることができず、結果的に、低下した在庫水準の下で積極的な販売に遊休貨幣を増大させる以上の効果が期待しえない事態が生じうるのであった。また、青才高志は「流通費用も、その内には店舗等の固定的投下部分を含むということからもわかるように、一旦素材的に投下されれば「そう簡単には」貨幣形態で引き上げる訳にはいかない」[34]という点に、流通費用の一定化傾向の根拠を求めている。固定的な費用部分は、在庫量が減少し販売促進活動の必要性が低くなった時には、貨幣形態で遊休するのではなく、既投下費用部分に要求される機能の低下としていわば「実質的に遊休」することになろう。

134　第2部　信用機構の理論的展開

6　市場機構論への新たな視角

　ここまで流通過程の不確定な性格に着目して、流通過程に起因する産業資本特有の制約性について明らかにしてきたのであるが、最後にこうした検討からは、市場機構の成立、展開に対してどのような展望がみえてくるのかを簡単にみておくことにしたい。

　山口は、産業資本にとって制約条件をなす流通過程の不確定性を「解除ないし緩和することが要請される」[35]とし、その要請に基づいて、商業資本によって組織される商品市場機構や、銀行資本によって組織される貨幣市場機構などの諸機構の生成を説明している。この不確定性の解除ないし緩和というのが、具体的には何を意味しているのであろうか。

　その「最も原始的な解決の仕方」[36]とされている流通過程の他への委譲について山口は、「仮に産業資本の必要に応じてその商品を買取ってくれる資本があるとすると、産業資本には次のような利点が生じうるであろう」として、「(1)流通期間が短縮され、流通期間中の生産過程を維持するために必要であった流通資本部分が節約されうることになる」、「(2)流通期間が短縮されないまでも、多少とも確定化できれば、流通期間の変動にそなえた準備貨幣資本を節約しうることになる」、「(3)産業資本家による売買活動は肩代わりされて消極的なものとなるのであるから、そのための純粋な流通費用(主として情報の収集・伝達の費用)や保管費用や運輸費用などのいわゆる流通費用は縮小されうる」という三つの利点をあげている[37]。もっとも、ここまで本章で明らかにしてきたことからみると、(1)の「流通期間中の生産過程を維持するために必要であった流通資本部分」と、(2)の「流通期間の変動にそなえた準備貨幣資本」とを区別することには疑問が生じよう。こうした区別は図5-8で示すならば、Bのような流通資本600ポンドを必要とする1200ポンドの流動資本の運動を、Dのように1週間の流通期間により必要となる300ポンドと、変動幅1週間にそなえた300ポンドとに分けて捉えていることになろう。BもDも事前の設定であって、実際にはCのよう

図5-8

B (流通期間2週間)	I	II	III	IV	V	VI	VII	VIII
生産資本	600 [300]	600 [300]	600 [300]	600 [300]	600 [300]	600 [300]	600 [300]	600 [300]
商品資本	600 [600]	600 [600]	600 [600]	600 [600]	600 [600]	600 [600]	600 [600]	600 [600]
貨幣資本	0 [300]	0 [300]	0 [300]	0 [300]	0 [300]	0 [300]	0 [300]	0 [300]
想定の販売量		300	300	300	300	300	300	300

C (流通期間の変動)	I	II	III	IV	V	VI	VII	VIII
生産資本	600 [300]	600 [300]	600 [300]	600 [300]	600 [300]	600 [300]	600 [300]	600 [300]
商品資本	300 [300]	300 [0]	0 [300]	300 [600]	600 [600]	600 [600]	600 [300]	300 [300]
貨幣資本	300 [600]	300 [900]	600 [600]	300 [300]	0 [300]	0 [300]	0 [600]	300 [600]
実際の販売量		300	600	0	0	300	300	600	300

D	I	II	III	IV	V	VI	VII	VIII
生産資本	600 [300]	600 [300]	600 [300]	600 [300]	600 [300]	600 [300]	600 [300]	600 [300]
商品資本	300 [300]	300 [300]	300 [300]	300 [300]	300 [300]	300 [300]	300 [300]	300 [300]
貨幣資本	300 [600]	300 [600]	300 [600]	300 [600]	300 [600]	300 [600]	300 [600]	300 [600]
想定の販売量		300	300	300	300	300	300	300

な循環運動をとるのであるが、それを準備貨幣資本300ポンドによって維持されていると解釈しているのである。

　確かに、目標とする在庫水準から、さらに最大在庫水準の想定へと至る流通期間設定の過程は、当事者の認識としてもDのように解される余地はあろう。だが、上述のようにその流通期間設定の過程は、もっぱら変動やバラツキの予想に基づくものであった。変動やバラツキが大きくなるのであれば、

目標とする在庫水準自体も大きくなり、他方、毎週必ず300ポンド分の商品が販売されることが確定するのであれば、在庫商品を保有する必要はなくなり、流通期間は0となる。そうした変動とは切り離したところで流通期間を「短縮」する方法がなければ、（1）と（2）を区分する積極的理由はなかろう。「短縮」と「確定化」のいずれもが、不確定な変動に対応するために「設定」された流通期間の短縮を意味するのである。

　とすれば、商業資本との取引が流通上の諸費用を節約させる方法の一つは、流通過程を多少とも「確定化」させて、想定・準備する在庫水準を引き下げうるように予想される変動やバラツキを縮減させることとなろう。ここから山口が商業資本の導出の際に仮定した「産業資本の必要に応じてその商品を買取ってくれる資本」を解釈すれば、まさに流通過程の「委譲」という表現に相応しく、多数の本来の買い手との売買を仲介するだけの量を長期的かつ安定的に購入するという取引関係を構築する主体ということになる[38]。特定の資本に取引相手を絞ることだけでも、それだけ商品経済の形態的特質に起因する偶然的な変動を縮減することはなるが、そうした資本の購入量が激しく変動したり、取引関係自体が急に解消されたりするのでは、産業資本にとって「流通期間」の設定を短縮化することは困難であり、また販売活動を消極化することによる（3）の流通費用の縮小も実現できないからである。

　ただし、そうした流通過程の「委譲」ともいうべき商業資本との長期的・安定的な取引関係は、他方で「取扱商品を変更したり、資本を引き上げたりすることが比較的容易に行ないうる」[39]とされてきた商業資本の特性と相反するようにもみえ、山口でもむしろその非全面性・部分性が強調されている。そのため、長期的・安定的な関係が成立しうる条件や、その限界面についても十分には検討されてこなかった。商業資本との取引は、直接の需要者である産業資本や消費者との取引に対してどのように質的に異なったものであるのか。産業資本と商業資本との組織的な関係の構築という視角[40]から、商業資本の生成をもう一度捉え直す作業が必要であろう。

一方、商業信用の生成を説く際には山口は、買い手である受信側のメリットとして「不確定的に変動する様々の販売期間のうちの比較的頻度の高い販売期間についてだけ準備をして、頻度の低い期間の場合の準備を節約し、そのような場合が生じて準備が不足したときには信用取引に依存するというような準備方法」[41]をあげている。これは先のように予想される変動やバラツキそのものを変化させるのではなく、想定を上回る「頻度の低い」事態での一時的な対処方法を創出することで、一定の変動予想の下で必要となる「最大」ないし「最長」の想定水準を引下げるという方法である。

したがって、このもう一つの方法を実現する商業信用は、一時的・スポット的な取引関係として導入されていると解釈されよう。ただし、商業信用の前提となる買い手の将来の貨幣支払への信用が、基本的にはこれまでの取引の反復継続にあることからすれば、個々の信用取引そのものは一時的な性格であっても、その導入と資本間の取引関係の長期・安定化との関係も考慮しなければならない。また、商業信用においても、はたして長期的・安定的に信用取引が反復されることによる不確定性の縮減という先の方法が成り立ちえないのか、あわせて検討する必要があろう。他方で、商業資本の導入における「産業資本の必要に応じて」という想定の内にも、「頻度の低い」事態によって貨幣準備が不足した場合に、価格引き下げによって大量に購入する買い手を含めることも可能であろう。買い手がそれぞれの生産過程や生活過程に制約された産業資本や消費者のみであれば、個々の買い手は価格の引き下げに対してそれほど弾力的に購入量を増加させることはできず、多くの買い手を獲得するためにやはり流通費用の増大が必要となる。それに対し転売を目的とする買い手であれば、価格を引き下げることによって、比較的大量の商品を購入してくれることを期待しやすい。一時的・スポット的な取引の担い手という類型の商業資本を示すことは容易であろう。

こうしてみると、流通上の諸費用を節約する二つの方法は、二つの機構に振り分けられたものとはいえない。いずれの市場機構においても、その焦点は、一時的・スポット的な取引関係と、長期的かつ安定的な取引関係という

二つの類型の新たな組織的な関係の構築ということになろう[42]。

注

1) 資本論の体系の内に競争論的な観点を導入することによって、個別資本の運動の織り成すいわば意図せざる結果として価値法則の定立を示そうとする試みは、宇野弘蔵に端を発する。市場機構論の方法とは、いわゆる分配論ないし総過程論の領域において競争論的観点を徹底させることによって、商業資本論や信用論の体系的な整備、再構成を図ろうとするものである。宇野弘蔵［1952］、山口重克［1983］、山口重克［1985］、清水真志［2006］、小幡道昭［2009］など。
2) Marx［1885］S.59, 訳67頁
3) Marx, op. cit., S.106, 126頁
4) 生産の連続性の要請が固定資本部分の効率性によることは、日高普によって簡潔に示されている（日高普［1977］第二篇Ⅲ）。ここでの例でいえば、継続的生産方式によって流通期間中の固定資本を遊休させるのではなく、同じ額の流動資本の下でも、それを分割することによって②のような連続生産方式をとれば、より小さい固定資本で同じ生産規模を達成することができるのであり利潤率は増大することとなる。なお、亀崎澄夫は生産の連続性の要請は「資本制的生産にのみ生じる事態ではなく、多数の労働者および機械のような費用のかかる労働手段の使用による大規模生産には一般的に生じてくる」（亀崎澄夫［1996］12頁）として、固定資本の存在によってではなく、大規模生産の「技術的基礎」から説明されなければならないとしている。しかし、ここで示したように必ずしも「技術的基礎」が存在しなくても、連続生産によって固定資本部分の効率性が上昇して利潤率は増大する。「労働力編成の技術的関連」（同3頁）や、「不規則な充用や充用の中断は、機械の物理的な損耗を加速したり、特別な維持費を必要としたりする」（同5頁）という機械体系の事情といった「技術的基礎」もまた効率性という点から連続生産を要請するのは確かではあるが、産業資本は生産の効率性そのものを直接に追求するのではなく、利潤率という特殊歴史的な形態を通じて、したがって一定の偏倚をともないながら結果的に生産性を増大させていくという関係を看過してはならないであろう。
5) K. Marx, op. cit., S.282, 343頁
6) 一年を45週とすると、②では500ポンドの流動資本の前貸によって、4500ポンドの年間生産量を生み出すことになり、フロー／ストック比率でみた流動資本部分の効率性は、①の回転期間5週間に規定された年間回転数の9と等しい。なお、このように両者が等しくなるのは、流動資本が毎週等額投下されるという前提に依存しており、生産過程の時期によって投下額が異なる場合には、単線的連続生産によって流動資本部分の効率性が低下することもおこりうる。ただ、その場合も固定資本の遊休の有無による効果が大きいため、固定資本が非常に小さいという特殊な例を除けば、一般に単線的な方式であっても生産の連続性は利潤率を上昇させるといえよう。また②′では600ポンドの流動資本が必要となり、フロー／ストック比率は7.5に低下している。
7) 先の注と同様に一年を45週とすれば、③では13500ポンドの年間生産総量を、1200ポンドの流動資本ストックによって実現することになり、フロー／ストック比率は①や②

の9を上回っている。
8) マルクスのように分業編成を前提とし、かつ、工程間で異なった生産手段が用いられるならば、固定資本の遊休を避けるためにも、すべての工程が同時に並行して行なわれるように生産が編成されなければならない。なお、並列的連続生産方式について詳しくは以下の諸稿を参照されたい。公文俊平［1962］、馬場克三［1966］、青才高志［1990］第一章八節Ⅱ。
9) 例えば、③の例で流通期間が3週間になれば、必要な流動資本ストックは1200ポンドから1500ポンドへと増大することになり、図5-4のAのように流通期間が1週間であれば、900ポンドとなる。
10) 本章で検討する産業資本の「流通期間」とは、こうした、一定の生産規模での連続生産を維持するためにあらかじめ計画的に設定されたものであって、絶えず変動する実際の流通期間とは厳に区別されなければならない。
11) 購入期間や、したがって購入のための諸活動も流動資本の効率性に影響を与える点では販売活動と同じであり、商業資本などの市場機構の展開に際しては充分に検討されなければならないが、以下では基本的に購入の問題は捨象している。
12) 証券や生鮮品の一部などにみられる組織された取引市場であれば、価格の変動はその商品全体の需給の動向をよく反映することになろう。しかしそうした取引市場の組織された商品は例外的であるというだけでなく、むしろ、商品の使用価値的性質といった具体的な要因を加えた上で、その成立を理論的に説明されるべき対象であって、市場機構論の端緒においてはそうした組織的な関係は排除されなければならない。
13) 変動準備金を、循環する「狭義の流動資本」から区分して捉えることに積極的な意味があるとすれば、それは個々の産業資本の「流通期間」が、変動とは無関係に決定される部分が核となっており、そうした意味での流通期間+α（変動部分）という形で理解しうる場合であろう。しかし本文でみたように、変動やバラツキのあり方から切り離しては、「平均流通期間」なり「正常流通期間」なりといったものの水準を想定することはできない。
14) 以下で検討する「組織的な関係性」は、共同体的な紐帯を前提としたものではない。第1部の歴史的検討でみたように、商人間の組織的な関係性では、兄弟・子弟関係、同郷人、宗教などの様々な共同体的な紐帯が利用されてきた側面は否めない。ただそれらの場合も、兄弟間でも公正証書による契約を結び、あるいは徴利禁止の教会法に偽装で対処する商人間の関係が、そうした紐帯に直接に依拠していたとは考えにくいように思われる。互いに商品経済的な合理性に徹する主体間であれば、利己的な利益追求により相互に生ずる利益が機会主義的な行動の利益を上回っていることが明確である場合に「信頼」が形成されるのに対し、異なる共同体に属する取引相手が、自らの属す共同体的な紐帯に基づく利他的な行動をとる可能性はむしろ不確定性をもたらすことになろう。同じ共同体的に属し紐帯を共有することは、そうした不確定性を縮減させる意味合いを持っていたとも考えられよう。
15) 例えば、より有利な購入や販売のために各地の価格水準を調査するという情報活動でいえば、価格を調査することの費用には生産活動に類似した確定性が想定しえたとしても、それによって知りうる情報の効果、すなわち利益をもたらすような価格差がどれだけ得られるのかという点には事前的な確定性は存在しえない。

16) 菅原陽心や松尾秀雄は、流通過程の委譲によって資本や費用が節約されても、生産過程の規模が変わらなければ、遊休貨幣資本が発生することになるという点を一つの根拠として、生産過程拡大メリットを基底に据えなければ、商業資本の自立化を説明したことにならないと主張している（菅原陽心［1997］、松尾秀雄［1993］）。確かに、本文でもみたように産業資本の場合には単に早く商品を販売しても遊休貨幣が発生することになるが、そうした一定の流動資本や流通費用の準備を前提にした上での遊休化の問題と、どのような売買活動を展開し、またさらにはどのような補足的な機構を利用するかといった準備の仕方、循環運動の編成方法そのものを比較し、選択する場面とでは、問題の性格やタイム・スパンが異なってこよう。同じ遊休といっても、一定の循環運動の下で貨幣形態で拘束された短期的な遊休貨幣と、そうした拘束から解除された、いわば自由な貨幣として「遊休」することになる資本の節約部分とでは意味も異なる。もちろんそうした「自由な」貨幣であるがゆえに生産拡大にも投下されることになるのであり、実際には生産拡大を契機に新たな編成方法が選択されることも多く、二つの基準は密接に関連している面もある。しかし、競争圧力の変化や他の投資機会の拡大など、具体的には多様な契機に媒介されて流動資本の節約も進められるのであり、一般的な要請として産業資本はそうした節約動機をもっていると考えられよう。そして、そうした動機に基づいて、中期的あるいは長期的な時間幅の中で、より効率的な循環運動の編成方法や、さらには商業資本などの市場機構の利用が選択されていくことになるのである。
17) 福田豊［1996］266頁
18) 同266-267頁。なお、福田豊は、「並列的連続生産方式」を前提に、景況が順調な場合に「流通期間にとどまる商品量」が減少する事態を流通期間の「短期化」と呼んでおり、「支出される流通費用額を一定とすると、流通期間が長くなれば商品一単位あたりの流通費用が少額であること、流通期間が短くなれば商品一単位あたりのそれが多額であることを意味する」としている（同267頁）。
19) 山口重克［1998］191-198頁。なお、山口は流通期間が短縮しているとき、生産量も「当然増大していると考えられる」（同195頁）としているが、ここでは生産量の増減の判断が困難な状況において、遊休化した貨幣が生産拡大等に転用できず循環運動の内に拘束されるという時間尺度に限定した検討をしていこう。
20) 福田豊［1996］267頁
21) 同上
22) 山口重克［1998］198頁
23) 同194頁
24) 福田豊［1979］
25) 福田豊［1996］308頁
26) 同265頁
27) 同308頁。なお、本章の議論でみてきたように、売れゆきの変動が一時的なものではなく、中長期的な傾向であると判断しうるまでは、保有貨幣量の増大を「獲得利潤」と判断できないところにこそ、事後的・結果的な遊休という制約の問題がある。注19も参照されたい。
28) 同265頁
29) 同266頁

30) 同265頁
31) 山口重克［1998］194頁
32) 福田豊［1996］308-309頁
33) このように流通費用には、その効果が不確定なために節約行動の対象となり難い性質がある。だが、個別資本にこの部分を節約しようとする動機が存在しない訳ではなく、にもかかわらず実際には「そのような節約行動は可能ではない」というところに、「この部分への資本投下を他資本へ移譲したいという動機が発生する根拠もある」（菅原陽心［1985］199頁）と考えるべきであろう。
34) 青才高志［1990］122頁
35) 山口重克［1985］209頁
36) 同上
37) 同上
38) 商業資本がはたしてそうした買い手たりうるのか、すなわち、生産過程をもたない商業資本の側に、そうした長期的、安定的な取引関係を構築するどのような利点があるのかという問題は、従来の商業資本論では充分に扱われてこなかった。本書では第6章でこの問題を検討するとともに、第7章では、社会的な結合の基礎形式である商業信用を踏まえて論じている。なお、はじめにでもふれたように、産業資本が生産過程を捨てる条件等の考察は、こうした課題にとって資するものではなかろう。
39) 山口重克［1985］213頁。山口は資本配分が過剰な部門で商業資本への販売価格が買い叩かれることから、産業資本が再び流通過程をみずから担当するといういわゆる「押し戻し」の可能性を指摘し、こうした委譲の部分性がむしろ「利潤率の低下の速度をはやめるという意味で資本の社会的配分の調整過程を補足する役割を果たす」（同217頁）としている。
40) 福田豊は、産業資本が自ら流通過程を担当する場合の需要情報の不完全性、部分性に着目し、流通過程の不確定性の、商業資本との「比較的に安定的な関係」による解除を第一次的動機として商業資本の分化・独立の必然性を説くという興味深い試みを行なっている（福田豊［1996］）。ただし、そこでは偶然性の問題は二次的とされ、個別産業資本にとっての需要情報の質の問題との関連も不明確である。
41) 山口重克［1985］219頁
42) 柴崎慎也は、拙稿（田中英明［1996］）や福田豊［1986］、清水真志［2006］などに対し、「組織化の基礎となる継続的取引関係が市場機構論の端初の産業資本間ではなく、商業資本の分化・発生後の舞台において、産業資本と商業資本との間で締結されるものとして提起されている点を」疑問とし、「そもそも市場機構の分化・発生以前の論理レベルにおける個別産業資本間において、継続的取引関係は締結されるのではないか」としている（柴崎慎也［2016b］49頁）。しかし拙稿でも、本書第6章で検討するような福田豊らの商業資本論における問題提起を受け、「信用関係についても、そうした関係を可能にするような長期的で恒常的な取引の成立をもあわせて考慮する必要があるように思われる」（田中英明［1996］）175頁）とすることで、続く田中英明［1997］での産業資本間の恒常的な信用取引の考察を準備している。「商業資本と産業資本との取引＝継続的、産業資本間の取引＝単発的、という基本的な切り分け」（柴崎同上）がなされているわけではない。

第6章
商業資本の二類型

1　はじめに

　商業資本によって組織される商業機構と、商業信用を基盤とした信用機構とは、どちらが産業資本にとってより基礎的な、ないしはより直接的な補助機構なのか、ひいては市場機構論の展開においてそのどちらを先に説くべきなのか。この点をめぐって論者間に意見の対立がみられる背景には、両機構が単に相互に独立した機構ではなく、密接に結びつきながら展開しているという事情があるように思われる。例えば、日高普は信用機構の後に商業資本を説くことで、商品の売買に全面的に信用取引を利用するものとして商業資本を展開している[1]。他方、商業資本を先に展開する山口重克は、「多数の産業資本にたいして信用による商品の販売活動を行なっている商業資本」[2]が展開する信用代位業務が独立したものとして銀行資本の成立を説いている。

　両機構の依存関係が、一方の機構の生成そのものにおいて、他方の機構の存在を前提とするものであれば、それによって両機構の理論的な展開順序は規定されることになる。だが、いずれの機構も、少なくともその端緒においては産業資本から直接に導かれうるのであれば、商業機構と信用機構のどちらを先に説いたとしても内容は変わらないことになろう。そこで本章ではまず、流通過程の不確定性の解除ないし緩和という要請のもとに、産業資本の織りなす市場において商業資本が成立する論理について検討する。次章での

商業信用の成立もあわせて、この二つの機構が、産業資本を補足する補助機構として、ともに他を前提とすることなく、また歴史的・制度的な要因にも依存することなく、理論的な生成が示されることを確認することになろう。

ただし、流通過程の「確定化」が根本的には市場における取引主体間の組織的な関係性を要請するものであることに留意するならば、生成したいずれの機構も単独では不十分性を否めないことも明らかとなろう。ここから両機構の相互依存的な関係が展開されることになる。商業資本にとっての信用取引の意義や、商業信用の展開や銀行信用への発展における商業資本の意義も、こうした視角から明確にされていくことになる。

2　「商人資本」と「商業資本」

宇野弘蔵は、『資本論』では混在して用いられていた「商人資本」と「商業資本」を区別し、前者を「流通論」の「資本の商人資本的形式」として位置づけている。この形式は、「安く買って高く売る」ことで価値増殖を繰り返す運動体として、資本が最初にあらわれる形式であり、資本の性質の一面を示すものであるが、「商人資本」という用語によって宇野は具体的な存在としての歴史的な商人を読み手に観念させ、その剰余価値が「遠隔地間の価格の相違による利益はもちろんのこと、多かれ少なかれ自然経済に基礎をおく社会に対する掠奪的取引による利益」であることを強調している[3]。産業資本に先行する歴史的存在である「具体的なる商人資本」を想起させることによって、宇野の「資本の商人資本的形式」は「その小生産者に対する不等価交換を基礎として考察されている」のである[4]。

こうした「産業資本そのものにはいわば外部的なるもの」[5]にすぎない商人資本に対し、「分配論」では、「商品の買入によって」「産業資本が自己の資金をもってした機能を代位する」ことで、産業資本の生産する剰余価値を利潤として分与される主体が「商業資本」と呼ばれることになる[6]。宇野の場合には、この商人資本の商業資本への理論的な転化は、信用制度の確立

によって貨幣が貸付資本として剰余価値の一部を利子として分与される関係が展開されることを前提に、「貨幣がかかる貸付資本としての新たなる機能を与えられると共に、具体的には商人資本として資本家的商品の売買を、いわば資本家的生産方法の外部にあって仲介して来た資本をも資本家的生産方法を基礎にした商業資本に転化する」[7] とされている。

　伊藤誠は、商人資本としてあらわれるG－W－G'の資本形式が、形態的には「産業資本の一面を示すとともに、それにもとづく商業資本の運動にそのままつうずる」ことから、商業資本の原理的規定において、「売買差額によって増殖する商業資本の運動形式そのものも、産業資本の運動から派生するものとしてはじめて成立する」のではなく、「産業資本にさきだってあらわれるG－W－G'の運動形式をみずからの運動形式としてひきつ」ぐとする[8]。そして、商人的な資本が産業資本に先立つ商品経済関係のなかに広く現れうる理論的根拠を与えようとしたという点で、宇野が商人資本の具体的な歴史的性格に依拠しようとした意図を評価しながら、純粋の資本主義社会を想定するという原理論の方法との不整合をきたしつつ、G－W－G'の資本形式の規定がマルクスのいう「大洪水前期の」商人資本に依拠するという「逆説的関係」を生んでいると批判している[9]。そこで伊藤は、原理論の考察対象を純粋の資本主義社会に限定することなく、資本主義的生産の周囲の諸生産との商品経済的取引にも通ずるものへと広げ、「社会的な商品の需要と供給の調整がおこなわれる商品流通」の内部における「販売の困難を代行」というだけでなく、「商品流通とその外部の商品世界、あるいは商品流通と他の商品流通との間における価格差を利用する」ところに、商人資本の価値増殖の理論的な根拠を与えている[10]。

　それに対し山口重克は、「人間と自然との物質代謝が商品経済的な関係だけで編成・遂行されている社会を理論的に構成する」[11] という純粋資本主義論の立場から、資本主義的生産以外の諸生産や、外部の商品世界等に依拠することなく、商品流通世界の内部において、「各自の商品経済的利益を最大にするという単純な行動原則」から、「商品売買資本の形式」を説明する[12]。

個々の流通主体の情報量や情報の質のバラツキ、分析・判断や予想・期待の個別的相違によって、商品流通世界の内部には不均質な構造が不断に変化しながら存在し、増殖行動に利用される「時間的価格差ないし場所的価格差」が絶えず新たに発するのである[13]。

　本書第1部で考察してきたように、商品経済的な関係性が社会的生産を制御する共同体からの排除によって生じることからすれば、その純粋な姿を取り出すためには、商品流通世界は社会的生産を全面的に編成するものとしてではなく、その背後に多様な生産・共同体が分立しているという形で抽象されるべきであろう。都市と大市といういわば点と線によって社会的生産の外部で構築された商人的な諸機構は、基本的には商品経済的な組織化の論理に基づいており、流通論次元における資本の組織性を示すものである。だが、伊藤のように商人の価値増殖に先立って、商品流通における「社会的な商品の需要と供給の調整」を前提としてしまうと、社会的生産を商品経済的な関係が媒介する資本主義的市場の調整過程に商人資本を位置づけることが困難となる。「大洪水前期の」商人資本への依拠が「逆説的関係」と解されるのも、資本形式の規定を産業資本による社会的生産の包摂後にも通ずるものとして活かしがたいこうした理解によるものであろう。資本の生産過程の解明に先立つ流通論次元での資本形態論の整備は、資本主義経済における信用制度の理解において、「産業資本を均質の社会的統合体とみなす観点」[14]から脱却して、「使用価値的異質性をともなう個別的諸資本の、利潤率の均等化をめぐる競争の媒介機構」[15]として、個別的諸資本の「私的信用関係」[16]を通じた特殊な組織性に目を向けることと結びついていた。そうであれば、商品経済的な関係が伴う不確定性から価値増殖を説明するにとどまらず、社会的生産の有する相互依存的な関係性に依拠することなく商品流通そのものを成り立たせる「市場を市場たらしめる必須の軸心」[17]としての商人の活動へと考察を展開すべきであろう。

　もちろん、前章で検討したように社会的生産を包摂した産業資本は特有な機構展開の動力を有する。また、包摂された生産に基づく社会性が商品経済

的な結合に一つの基盤を提供することともなる。そのため、資本主義経済における市場機構を、資本の生産過程の分析を経た後に、いわゆる「競争論」ない「分配論」の次元において、産業資本のみによって編成された市場からの分化・発生として説く市場機構論の方法[18]を本書も踏襲し、そうした「分身的な補足物」として商品市場機構を組織する主体を「商業資本」と呼ぶこととする。ただし、前章で展開したように産業資本のみによる編成は、産業資本特有の動機や行動を分析するための舞台設定であった。市場の不確定性からすれば、産業資本による社会的生産の包摂後も、常に商人的活動は成立しうる。商人資本の存在は、産業資本にとって「外部的」であっても、市場にとってはそうではない。

したがって、産業資本の要請を受けて商業資本が成立する過程は、産業資本の一部に生産を放棄して売買活動に専念するといった回り道を辿らせる必要はなく、価値増殖の一つの類型として、産業資本との特殊な関係性の構築を選択する商人が現れることを示せばよい。同時に、流通論次元で示された商人的な組織性もまた、分化・発生した商業資本や銀行資本等が重層的な市場機構を組織する際の一つの動力・要因として働き続けていることになろう。商人的な原理と、社会的生産に起因する組織性との二重の影響のもと、資本主義的市場の補足的機構の展開は必ずしも単線的な形態とはならず、複数の類型を極限形態とし、多くの折衷形態を含んだ多様な構成をとることになる。そこで以下では、現実の多様なあり方の帰納としてではなく、あくまでも原理論としての抽象的な水準において、こうした市場機構の主体や取引・組織化の形態が「二類型」として示されることになろう。

3 産業資本の要請と商業資本の二類型

諸市場機構の検討にあたって、まずは産業資本が組織的関係を構築していく基礎的な動機を確認しておこう。使用価値の特性から注文生産の形態をとる生産分野や、生産期間が長期にわたるような特殊な分野を除けば、一般的

には産業資本は毎日ないし毎週、複数の取引単位の商品を生産している。こうした産業資本にとって、流通過程の不確定性は、直接には毎期ごとの販売量や価格の不確定な変動やバラツキとしてあらわれることになろう。相互に独立・疎遠な個別主体の無政府的な活動によって構成される市場は、絶えず不確定な変動を繰り返すが、毎期複数の製品を並列的連続生産方式で生産するというごく一般的な産業資本にとっては、販売期間の変動というよりも、販売量の変動やバラツキとして問題化され、対応を迫られるのである。中・長期的な変動についても、そうしたごく短期的な変動を通じた傾向として認識されることになるが、短期的な販売量には個別的・偶然的なバラツキや変動の要素も大きく、たとえ中・長期的に販売量の平均が生産量と一致していても、短期的には販売量は生産量を上回ったり、下回ったりを繰り返し、在庫量も不確定に増減を繰り返すことになる[19]。

　設備や機械などの固定資本を抱える産業資本は、既投下資本の遊休やそれに伴う損失を避けるために生産の連続性の維持を志向する。そのため、中期・長期的な需要の動向の予測によって自己の生産規模の適否を判断するとともに、短期的なバラツキや変動の予想に基づいて最大在庫量を設定する。すなわち、販売量の一時的な停滞の影響を遮断して生産の連続性を確保するためには、この水準まで在庫が積み増しされても、なお生産の連続性が維持しうるように、原材料や労賃などへの支払のための貨幣を準備しておくことになる。したがって、変動が予想の範囲内であれば、多くの場合、実際の在庫量は予想最大在庫量を下回る水準で変動することになろう。在庫量が設定された最大在庫量を下回る分だけ、販売によって回収された費用は、設定を上回る準備貨幣を形成することになるが、今後在庫量が予想最大水準まで積み増しされても生産が継続しうるようにそのまま準備金として保有し続けなければならず、生産拡大等への転用はできない。商品から貨幣へと形態が変化するだけで、依然として循環運動の内に拘束された流通資本としての性格は変わらないのである。予想最大在庫量の設定が、実際の在庫量の変動にともなう準備貨幣の増減にかかわらず、常に拘束される流通資本（商品在庫＋

準備金）の額を決定する。販売の増加が流動資本の節約に結びつくためには、想定水準そのものの引き下げが可能となる必要があり、産業資本の手許には絶えず結果的に過剰な準備が滞留することになるのである。

こうした最大在庫量の想定水準には、その引き下げのための情報活動を中心とする流通活動の費用とその効果をも含めて技術的基準が存在せず、その水準の如何が流通資本と流通費用という流通上の諸費用の相違を通じて、直接に個別的な利潤率の相違をもたらすことになる。しかし、結果的には過剰となる水準ではあっても、何らかの裏づけもなくそれを引き下げたのでは、生産の停止などによる損失の危険性が高まってしまう。流通過程の不確定性に対し、準備という形で個別的に対処せざるをえない以上は、産業資本は効率性と安全性とのジレンマを抱え込まざるをえないのである。

したがって、このジレンマの緩和を求めた新たな取引関係の方向性として、一つには他の主体との組織的な関係の構築によって、変動・バラツキやその予想水準そのものを低減させることによって、危険性を高めることなく蓄積の効率性を上昇させることが考えられよう。互いに疎遠な主体間の偶発的な取引という商品経済的な関係性に対して、多少なりとも直接的あるいは恒常的な性格をもつ取引関係を構築するならば、変動やバラツキのあり方は大きく変化することになる。価格や販売量の点で安定的な取引を継続するという直接的な販売過程そのものの確定化が進めば、流通期間の設定を大幅に短縮することが可能となり、流動資本量は大きく節約され、流通費用の投入も節約しうることになろう。単なる転売活動ではなく、産業資本との間でこうした組織的な関係性を構築することで、その確定化メリットに基づく廉価＝卸売価格による購入を利潤の根拠とする商人こそが、「商業資本」という新たな名に値しよう。

他方、想定以上の変動やバラツキが生じた際に、それに伴う損失を低減させることで、それだけ効率性の追求の余地を生じさせるという方向性もありえよう。販売量が低迷して在庫水準が上昇し、貨幣準備の枯渇が近づく窮迫時に、価格の引き下げによって在庫商品を大量販売することができれば、生

産の停止等によるより大きな損失を回避することができる。そこで、そうした窮迫時に、価格の引き下げを条件に在庫商品の大量購入に応じる主体の存在をあらかじめ見越すことができるならば、通常の販売過程における市場的な取引関係が変わらずとも、したがって変動の予想そのものは不変でも、想定する最大在庫水準を引き下げることができよう。この窮迫時の取引は一時的・スポット的なものであり、その価格は持続的な収益性ではなく、貨幣枯渇による生産停止等の損失との見合いで秤量されることから、大幅な価格引き下げもなされうる。とはいえ、その製品を自ら利用する産業資本ないし消費者という買い手であれば、それぞれの生産過程や生活過程に制約されているため、価格の引き下げに対してそれほど弾力的に購入量を増加することにはなりえない。しかし、転売活動を収益とする商人であれば、安く大量に購入することで、本来の利用者に対して割安に転売したとしても、十分な収益機会を得ることになる。

　ここでの商人のあり方そのものは、一時的・スポット的な関係性の下に、窮迫する売り手から買い叩くというごく一般的な転売活動そのものといえよう。貨幣所有のイニシアティブを利用して商品の購入相手のみならず購入商品をも柔軟に選択することでより大きな利潤の実現を図るものである。しかしそれでも産業資本からみれば、長期的には過剰な準備を節約しうる補足機構の役割を果たしており、「商業資本」のもう一つの類型とみなすことができよう。

　以上の商業資本の二類型の提示は、さしあたりは流通過程の不確定性と、商品経済的な関係性や産業資本との関係から導き出された、理論的要請にとどまる。個別的な諸資本の動機や行動に基づいた、商業資本の自立や新たな商業機構の形成の説明について、さらに検討を進めよう。

4　商業資本の成立と限界－「押し戻し」と「卸売価格」

（1）「押し戻し」の可能性

　前章でも引用したように、山口重克は「仮に産業資本の必要に応じてその商品を買取ってくれる資本があるとすると、産業資本には次のような利点が生じうるであろう」という形で、産業資本の流通過程の委譲動機を示していた[20]。しかし、同時に「産業資本は必ずしも必要に応じて有利な条件で恒常的、全面的に流通過程を他に委譲できるというわけではない」[21]として、商業資本が「取扱商品を変更したり、資本を引き上げたりすることが比較的容易に行ないうる」[22]ことを強調している。生産過程をもたない商業資本の場合には、参入と移動の容易さが、産業資本とは異質な利潤率の平準化傾向を生むのであり、資本の社会的配分が過少なために市況が好調な商品を産業資本から買取ろうとする商業資本の過当競争とともに、資本配分が過剰な部門の商品での商業資本への販売価格の押し下げや、そのために産業資本が再度自らの流通過程を担当せざるをえなくなる「押し出された流通過程がいわば押し戻される」[23]といった事態が、資本の社会的配分を加速する役割を果たしていることが説かれるのである[24]。

　これに対し福田豊は、商業資本の取扱商品や特定の商品の取扱量を絶えず変更するような行動が、産業資本にとってはかえって流通過程の不確定性の「増幅器」となってしまう可能性を指摘している[25]。そして、商業資本に委譲したはずの流通過程を「押し戻される」ものもでてくるという事態は「委譲によるメリットの獲得構造そのもの」を崩壊させてしまうことになり、産業資本の委譲動機そのものが生じないことになるとする[26]。したがって、流通過程の委譲をめぐる産業資本と商業資本の関係は、「いわば変化の方向が限られる不可逆的な関係に近いものとして理解されるべき」[27]というのである。

　それに対する山口の応答は、端的にいえば「有利であるから委譲されている」[28]であって、逆に産業資本にとっても委譲の継続が不利であると判断さ

れるならば流通過程を再担当しうるという可逆性を維持することが、商業資本による「買い叩き」に対する下限の基準を規定し、「押し出し」を補足することになるとするものであった[29]。準備の縮減や流通活動の縮小といった確定化メリット獲得のための行動の後では、産業資本が流通過程の再担当を選択する際の有利さの判断とは、生産の中断や再担当のための支出と効率の低下といったコストと、「買い叩かれ放題」との損失の比較にすぎないという事態の可能性や、そうした可能性がそもそも委譲を有利とする判断そのものを不可能にしてしまうという問題を、山口は否定する訳ではないものの、「とりあえず単純な仮定をおいて」傾向的法則をまず取り出すという「純粋資本主義の抽象的モデル」では捨象されるとするのである[30]。また、流通過程を再担当する場合のコストとリスクが大きいとしても、「産業資本にもいろいろなケースがある」以上、「それをカバーするだけのメリットがある」と考えて委譲する資本もありえないとは限らないと反論している[31]。

また、菅原陽心も、「商業資本は利潤率増進をもたらすと判断した商品を取り扱うように行動しているのだから、その活動は…概ね、社会的供給が不足している商品に対して積極的な購買活動を繰り広げるのに留ま」り、「一部の産業資本の要請に応えるものでしかない」として、やはり利潤率均等化の機構上の役割という観点から、補足機構としての商業資本の部分性を強調している[32]。

確かにそうした部分性や、あるいは「メリットを動力にして形成されたものは、メリットがない場合には元に戻るという可逆性」[33]は、資本家的な組織化の論理そのものに内在する問題であって、恒常的・全面的な関係を機構としての成立の条件とみるべきではなかろう。

しかし、むしろそれだけに、商業資本との間でそうした可逆性を解除するような長期的・安定的な取引関係を構築し、いわゆる卸売価格での販売という形で利潤を譲渡する反面、それを上回る流通上の諸費用の節約によって利潤率の増進を図る産業資本が出現するとすれば、そうした取引関係が部分的であったとしても新たな質を有する機構の形成とみなしうることになろう。

確かに「抽象的モデル」として「単純な仮定」は不可避であるとしても、資本の社会的配分の機構としての利潤率均等化ではなく、卸売段階を介在させる商業機構の形成といった市場機構そのものの展開を課題とするならば、「押し戻される」関係におけるコストやリスクと、その可能性を排除しうる関係性の成立可能性の問題は捨象しえない。では、「押し戻し」の可能性を考慮した場合、個別産業資本による流通過程の委譲はどのように説かれるべきであろうか。

（2）「卸売価格」

福田豊は、「不確定性解除」を、流通過程委譲の個別資本的動機として位置づけることは適当ではないとして、構造的に形成された商業資本の「市場機構的・一般的機能」として位置づける[34]。すなわち、不確定性の解除とは、商業資本 — 産業資本間の流通過程が、「取り引きの数量が減少する場合であれ増加する場合であれ、一定の傾向を形成するものとしての取り引き量の連続的変化が見られるという意味」で、相対的に安定的な性格を持つことであり、そのこと自体が個別の商業資本との取り引きによって直接的・個別的に要請・実現されるのではなく、流通過程の委譲が、一般に継続的に行われるようになった結果として実現されるというのである[35]。

そして、個別産業資本の委譲動機としては、まず、販売好調の時期の流通費用節約機能を挙げている。前章でみたように、在庫商品が減少する販売好調局面でも、産業資本は弾力的に流通費用の支出を削減することが困難なため、結果的に商品一単位あたりの流通費用が多額となるという「流通費用の機能の実質的遊休」が避けがたいのに対し、商業資本は販売好調な商品の取扱量を増加させることで「実質的に商品一単位あたりの流通費用を減少させることが可能」である[36]。この単位あたりの流通費用の節減効果が、商業資本間の競争によって産業資本からの購入価格を上昇させることになり、「商業資本に流通過程を任せた方がさらに有利である」という状況を形成する。この機能は、「委譲動機が相対的に消極化・弱化している時期においてのみ

積極的に発揮される」という意味では、「商業資本の分化・独立の論証としては一般性を欠く」ようにみえるものの、これをそうした時期において「さえ」発揮されると規定できる[37]とするのである。

　しかし、流通費用の「実質的遊休」は、不確定な流通過程を担当することそのものに起因しているため、その節約とは、単に一時的に商業資本に有利な価格で販売するということのみではなく、自らの流通過程の担当をとりやめることを含んでいる。流通過程の委譲メリットに対する、「押し戻し」の可能性が生む不確定な再担当のコストとリスクという福田が指摘した観点からすれば、たとえ大きな流通費用節約効果と有利な価格によるこの局面「のみ」の委譲の成立が説きえたとしても、産業資本にとっての委譲動機がより積極的になるということだけでは、他の局面における委譲メリットの獲得構造そのものの「崩壊」という自らの疑問に答えたことにはならないであろう。「のみ」を「さえ」と読み換えることでは、商業資本への委譲の継続性の説明とはなっていない。そもそも他の局面での困難を考慮すれば、販売好調時期における委譲も、好調な販売が長期的に継続しうると判断しうる場合以外にはやはり困難ということになろう。

　また、福田は他の局面のうち、販売不調時期には「流通過程を肩代わりして欲しいという委譲動機が明確に産業資本に生じる」としたうえで、販売状況に関わる「入手可能な情報の質・量の差」によって、委譲の実現を説明する。すなわち、商業資本は「直接に最終消費者と接触する機会が多く、比較的多種類の商品を販売している」ことから、「社会的需要動向に関する情報」をより容易に入手できる。そのため、将来の動向が不明なため、増大する商品在庫をより低い価格でも販売しようとする産業資本に対し、商業資本がそれらの販売見込みを持ちうる場合には積極的に買い取ることになり、社会的需要の減退という情報を入手している場合には流通過程を肩替わりしないということになろう[38]。

　この説明も、いわゆる窮迫時の一時的な廉価大量販売として説明されてきた事態を、より精緻に分析したものであって、産業資本が自らの流通過程そ

のものを委譲してしまうか否かにかかわらない短期的な局面の問題であろう。むしろ先述のように、自ら流通過程を担う産業資本が、準備水準を引き下げうる根拠ともされてきたのである。

　他方、菅原は、産業資本に利潤増進において、「生産活動を重視」するもの（α 産業資本）と、「流通活動を重視」するもの（β 産業資本）との二タイプがあると想定し、後者のタイプの中で「生産を抱え込むことからくる制約を、生産を放棄することによって解決しようとする資本が生じる」という形で商業資本の分化を説明する。例えば、個別的には100円や104円とばらつくものの、おおむね102円という相場で取引されている商品について、α 産業資本は節約した「一定の流通上の諸費用を投じて売買活動を行なって」おり、100円以上で販売されればよいと判断し、β 産業資本は「より高く販売するためにさらに流通上の諸費用を投じ」ているとすると、商業資本は α 産業資本から「たとえば100円で購入し、この商品を生産手段ないしは消費手段として消費する消費者に、たとえば103円で販売する」とするのである。ここでは、「販売活動の一部が商業資本に代位ないし委譲された」というのは、この商品の「販売活動の一部は産業資本が行ない、残りの販売活動は商業資本が行なう」という意味にすぎない。α 産業資本は売買の代位を意図してではなく、あくまでも利潤増進活動から100円という価格の取引に応じただけで、「販売相手がたまたま商業資本であった」とするのである[39]。

　α 産業資本は、β 産業資本と比べると、「販売価格の下限を低くし、販売期間の短縮ないし確定化を実現しようとしている資本」であることから、商品の買い手の立場からすれば、そのような売り手を見つけ出すことが有利である。そして「商品売買に専念している商業資本の方が産業資本と比べそのような売り手を見つけ出す可能性は高い」として、こうした資本の製品の多くは商業資本が取り扱うことになる。このように商業資本の分化の説明においては「商品売買に専念」していることが優位さの根拠であり[40]、さらに「様々な商品を取り扱うことが可能である」とともに、これに関連して「容易に取扱商品の変更ができる」うえに、「高い利潤が見込まれる商品を、買

取資本量を限度として最大限に購入することが可能である」といった商業資本固有の活動から、商業利潤が説明されるのである[41]。

したがって商業資本が産業資本の一部が生産を放棄するとして導出されるのは、市場機構論の始点において産業資本のみで構成する編成が想定されているためであって、商業資本の行動原理や活動の特徴は、むしろ商品世界一般に成立する商人資本そのものということができよう。商品経済に本来的な取引関係に即しているため、このような100円で買い103円で売るようなタイプの転売活動が存在しうることそのものには説明の困難はない。だが、生産を放棄しての専業化に踏み切るような利潤ということになると、事実上は窮迫した産業資本からの廉価・大量購入というタイプの商業活動に限定した説明にならないであろうか。

小幡道昭は、同様に「流通過程に再特化した資本」を商業資本と呼ぶ方法をとっているが、「ある資本Xが、産業資本が現在付けている販売価格Ｐｒで、即座に買い取るとふれてまわったとしよう。この資本に販売過程を恒常的に任せることができれば、産業資本の純利潤率は上昇する。流通資本や流通費用が不要になるからである。だから、産業資本は、この資本Xに買い取ってもらおうと殺到する。その結果、資本Xに売り渡すときの価格はＰｒより下がる」として、産業資本間の競争圧力によるマージンの発生を説明している[42]。先の菅原の説例でいえば、買取価格が100円にとどまらず90円、80円……と低下するところに商業資本固有の利潤の源泉があり、その根拠は流通過程を「恒常的に任せる」ことによる、流通資本や流通費用の「不要」化なのである。ただし、小幡はこの「恒常的に任せる」という取引が、「取扱い商品の構成を短い期間に変更してゆくことが可能」[43]な商業資本相手に成り立ちうるのかといった問題には目を向けていない。むしろ商業資本間の競争圧力も指摘し、「商業資本の買取価格（産業資本の売渡価格）が適当に動くなかで、商業資本の分化は実現する」[44]としている。商業資本の迅速な移動の可能性は、生産と流通という異業種をまたいだ資本移動を通じ、産業資本の内部で決定される一般的利潤率によって間接的に規制される形で一定の

商業利潤が確保される[45]過程に位置づけられているのである。

　しかし、この競争を通じた商業利潤の水準の一般的な説明では、個別資本レベルでの委譲メリットの崩壊に対する答えとはならないであろう。「商業機構という市場機構を、産業資本と商業資本との間に結ばれる一度きりの取引関係の集合体として捉えることの適否自体」[46]を精力的に検討している清水真志が指摘していたように、「恒常的に任せる」というような相対取引の形態の競争関係[47]において、駆け引きや交渉のための費用がいわゆるサンクコストとなることに加えて、「「押し戻し」という切り札をもつ商業資本との競争に臨んで、「引き下げ」（委譲中止）という貴重な切り札をむざむざ棄てるという、一方的な不利」[48]を産業資本側は負うのである。

（3）「長期的かつ安定的な取引関係」

　このように、個別産業資本にとって「有利」ということから、個別的・偶然的な取引関係によって商業資本の発生を説こうとする限り、窮迫時の一時的な廉価大量販売という、産業資本にとって流通過程の委譲の有無を問わないタイプの商業機構は示せても、流通過程の委譲による流通上の諸費用の節約を根拠とした「卸売価格」を成立させる恒常的な商業機構は説明しえていないのであった。後者の長期的・安定的な取引関係による商業機構の成立のためには、個別資本レベルで「長期的・安定的」という新たな質の組織的な関係性が実現しなければならないのである。

　清水は、拙稿において「長期的かつ安定的な取引関係が築かれる必要」[49]が述べられていることに対し、拙稿では「生産過程をもたない商業資本の側に、そうした長期的・安定的な取引関係を構築するどのような利点があるのかという問題」[50]が、「従来の商業資本論では十分に扱われておらず、課題として残されている」[51]と留保されているとして、「あくまで産業資本の一方的な要請に止まり」、「説得力を欠く」と批判している[52]。ただ、この拙稿は個別的・偶然的な取引関係に起因する産業資本にとっての制約を主題としたものであって、確かに個別資本的な動機に即した発生論ではなく、理論的

な要請にとどまっており、明示的ではないにしても、商業資本側の利点は基本的には、流通過程の委譲によるこの制約の解除を源泉とした、「卸売価格」による利潤の譲渡が考えられていた。「課題として残されている」のは、ここで検討してきたような、産業資本側が流通過程を恒常的に委譲しうるだけの、商業資本との長期的・安定的な関係を期待しうる根拠の問題である。商業信用との相互補完性が示唆されていたのも、この点に関わっており、「長期的かつ安定的な関係」は「商業信用の方へ割り振られる」[53]というのではなく、次章で検討するように、商業資本が信用取引の買い手＝受信者となることによって、長期的・安定的な取引関係が成立するという両機構の相互依存的な関係を意図していたのであった[54]。

　他方、商業資本が商業信用とは独立に機構として成立することは、清水の積極説である「期間契約的関係」も一例に含んだ、相対関係における「相互保障的な関係」[55]の構築によって示されることになろう。清水は、拙稿の「長期的かつ安定的な取引関係」を、「長期にわたり、しかも数量や価格も固定される取引関係」と解釈して、「期間契約的関係のなかでも、おそらく最も極端なケース」とみなしている[56]。だが、先述のようにこれは、個別的・偶然的な取引関係のいわば裏返しとして措定されたものであって、「商業資本が長期間一定の数量の商品を産業資本から購入する」といった特定の契約関係を示したものではなかった。また、二類型とは、「そうしたケースが成立しなければ、「スポット的な取引」へと一変してしまう」[57]というように、必ずいずれかに分類されるといった硬直的なものではなく、多様な商業資本を位置づける要素を、いわば極限状態において示したものであった。この二類型の様々な－その一タイプとして「期間契約的関係」を含んだ－ハイブリットによって構成される商業機構の、より具体的な成立の過程や条件を、歴史的な展開や現実の諸機構の考察をも利用しながら明らかにしていくことが、市場機構としての商業資本の理解を深めることにつながるのである[58]。

注

1) 日高普 [1893] 235-236頁
2) 山口重克 [1985] 225頁
3) 宇野弘蔵 [1977] 71-75頁
4) 宇野弘蔵 [1959] 324頁
5) 同273頁
6) 宇野弘蔵 [1977] 458-459頁
7) 同458頁
8) 伊藤誠 [1981] 115頁
9) 同118頁
10) 同119-122頁
11) 山口重克 [1985] 4頁
12) 同56頁
13) 同56-58頁
14) 伊藤誠 [1973] 155頁
15) 同155-156頁
16) 同186頁
17) 小幡道昭 [2009] 95頁
18) 山口重克 [1985] 206頁
19) 第5章と同様に、ここでの設定では流通過程の不確定性のうち主に販売量の変動がとりあげられ、価格の変動についてはほとんど考えられていない。いずれ価格の変動の要素をも取り入れたより立ち入った考察が必要であろう。ただ、個々の産業資本にとって、第5章でみたような偶然的な要因による変動が存在し、日々の変動が中期的な動向と乖離している可能性が排除できないという事態は、頻繁な価格改定によって販売水準を保とうとするよりも、短期的には価格を維持して、日々の変動を在庫の増減によって吸収し、在庫が払底や過大となった場合に一時的に価格を動かすとともに、中期的な市場の動向が明らかとなった時点で、価格を改定するという行動をとることの方を有利にすることになろう。しかも、そのためもあって短期的には価格の変動率よりも販売量のバラツキの幅の方が大きいのであれば、ここで問題としている生産の連続性を保つための、また定期的な手形の返済のための、商品販売による費用部分の回収という点では、販売量の変動の影響の方が大きいということにもなる。したがって、ここで販売量の変動を主に検討することは、単なる単純化にとどまらない一応の根拠をもつものと思われる。
20) 山口重克 [1985] 209頁
21) 同上
22) 同213頁
23) 山口重克 [1983] 294頁
24) 山口重克 [1985] 216-217頁
25) 福田豊 [1996] 257頁
26) 同295-296頁
27) 同288頁

28) 山口重克［1998］77頁
29) 同204-205頁
30) 同204-205頁
31) 同207頁
32) 菅原陽心［1997］160-161頁
33) 山口重克［1998］208頁
34) 福田豊［1996］296頁
35) 同297-298頁
36) 同266-267頁
37) 同302頁
38) 同302-303頁
39) 菅原陽心［2012］257-259頁
40) 同260頁
41) 同261-262頁
42) 小幡道昭［2009］214-215頁
43) 同219頁
44) 同215頁
45) 同220頁。商業資本を、流通過程に再特化した産業資本とする発生論は、「産業資本が商業資本に転じたり、逆に商業資本が産業資本に転じたりすることも可能である」（同）という形で、商業資本の利潤率に対する、一般的利潤率による間接的な規制を明らかにすることと結びついている。だが、商人が生産過程を抱え込み産業資本に転じたように、やはり商人が産業資本の要請に基づく利潤源泉を求めて商業資本に転じるという説明でも、産業資本と商業資本の間に「絶対的な障壁が存在するわけではない」（同）ことを示すのに支障があるようには思われない。
46) 清水真志［2006］28頁
47) 同30頁
48) 同31頁
49) 田中英明［1996］174頁
50) 同175頁
51) 同上
52) 清水真志［2006］47頁
53) 同上
54) 清水真志は「原理論体系における位置として商業資本論を信用論よりも前にもってくる場合、当然の結果として、商業資本論における資本間の取引関係からは信用関係が捨象されることになるが、その際、期間契約的な取引関係のもつ粘着的な性質までもが、信用関係に固有のものとして捨象されがちとなるのではないか」（同33頁）という重要な指摘をしている。ただ、いわば考察方法の都合で捨象されてしまったもの自体は、別の形に翻訳して導入するのではなく、考察のいずれかの段階でそれとして論じなければならない。
55) 同32頁
56) 同48頁

57）同上
58）清水真志は、「委譲＝代位」の「意図的で持続的な性格」の伏在の確認によって、「委託販売」の位置づけも大きく変わりうることを指摘している（同36-37頁）。

第 7 章
商業信用の二類型
――一時的な信用取引と恒常的な信用取引――

1　商業信用の舞台装置

（1）　舞台装置の相違と「流通期間」の把握

　続いて、信用諸機構の重層的な把握のための出発点ともなる商業信用について検討していこう[1]。なお、第1部で概観したように、歴史的には信用関係は延べ払いの信用売買には限定されず、また商業手形、とりわけ為替手形の発生はそうした信用売買に伴うものとはいえなかった。にもかかわらず、以下では産業資本間の信用取引に端を発するこれまでの信用論の展開方法を踏襲する。市場機構論の課題は歴史的な商業手形の発生を説くことではなく、産業資本による社会的生産の包摂によって信用機構に生じる再編・変容の理論化である。産業資本間の信用取引という舞台装置は、生産過程のもつ社会性と、市場における主体間の商品経済的な関係性との異質性を浮き彫りにするとともに、産業資本に特有な結合の基盤を明らかにするという意味をもつであろう。近代以降の信用機構の特殊性を明らかにするための理論展開はいかにあるべきか、そうした問いのもと、従来の信用論の内容そのものは根本的に見直されるとしても。

　大内力は、商業信用論を展開するにあたっては、「その前提となるべき問題」、すなわち「いったいどのような舞台装置を設定したうえで議論を展開すべきかという点を明確にしておく」必要があるとし、「この前提の規定のしかたがあいまいだった」ことが、信用論の諸問題の解決を困難にしている

と述べている[2]。ここで「あいまい」であったとされているのは、商業信用によって売買される商品の「通常予想される平均的な流通期間」に対して、手形の期限がどういう関係におかれているかという点であるが[3]、この点に対して大内は日高普の商業信用論を手がかりに論を進めている。両者とも、産業資本の場合には、自己の商品の「平均的な流通期間」[4] の間、生産を継続するための「予備資本」を必要とするという理解を共有しており、そこから、産業資本が手形での販売を選択するどうかの判断において、その手形の期限がこの「平均的な流通期間」をこえるか否かが基準となり、またそれによって利用される資金の性格が異なることとなるという点では一致している。しかし、そのことから日高が、手形の期限のうち、この「平均的な流通期間」までは売り手にとってもともと必要であった「予備資本」が利用されるのであり、それをこえる部分については、償却基金や蓄積資金などの遊休資金が事実上融通されていることになるとするのに対し、大内氏は、手形の輾転流通を捨象する限り、売り手が現金売りをやめて「平均的な流通期間」をこえる期限の手形で売る「経済的な根拠」はなく、「手形の期限は、その商品のほんらいの流通期間より長くなることはありえない」のであり、したがって「予備資本以外の遊休資金が、商業信用の基礎として登場する余地はない」と批判している[5]。そして手形の輾転流通という条件を入れた場合の「何らか見込みちがい」のために自己の流通期間以内に手形を引き渡せないという「不測のばあい」のみに「予備資本を超える遊休資金の動員」が問題になるにすぎないとしている[6]。

　こうした両者の議論に対して、山口重克は「産業資本としては、経験から算定された平均的な流通期間を一応の基準にして、収益性を重視する場合にはあえて危険をおかしてもそれより短い期間のための運転資金しか準備しないという行動をとるであろうし、安全性を重視する場合には平均よりも長い期間のための運転資金を準備するという行動をとるであろう」[7] として、両説に共通する「予備資本」が「平均的な流通期間」について準備されているとする理解を批判するとともに、手形での販売を選択する際の行動基準とし

て、「予備資本」とその他の遊休資金との区別を重視すること自体にも疑問を呈している。そして、手形の期限が売り手の商品の予想平均流通期間をこえることはありえないとする大内説に対しては、「売り手に過剰準備が生ずるという条件がある場合」には、「売り手にとって貨幣資本の過剰遊休の有利な回避・転用というメリット」があることを指摘し、「手形の期限を制約する要因は、売り手の平均流通期間ではなくて、売り手の準備貨幣資本の余裕の状況（規模と期間の構造）とそれに規定される準備資本の過剰化期間とでもいうべきものである」と批判している[8]。

　こうした対立は、やはりそれぞれが前提とする舞台装置の相違によるものであろう。ともに、生産過程を抱える産業資本が不確定な変動を繰り返す流通過程に対応するためにとる特有の循環運動を前提に、個々の産業資本の行動の中から生み出されてくる市場機構の一つとして商業信用の成立を説こうとする点では共通でありながら、なぜそうした相違が生じてくるのであろうか。基本的な産業資本の循環運動の理解に問題はないのか、あるいは追加的な条件の設定が「あいまい」なまま前提されていないか、信用機構の展開を説くための出発点として、あらためてこうした舞台装置の問題を明確にしておく必要があろう。

　市場機構としての商業信用を説くための基本的な舞台装置として、前章の商業資本の説明と同様に、毎期複数の製品を並列的連続生産方式で生産する一般的な産業資本にそくして、その循環運動の特殊性を再確認しておこう。毎期ごとの販売量や価格の不確定な変動やバラツキに対応するために、個々の産業資本は、中期・長期的な需要の動向の予測によって自己の生産規模の適否を判断するとともに、予想最大在庫量を設定した準備のため、実際の販売動向の当面の変動にかかわらず、常に一定の流通資本（商品在庫＋準備金）を循環運動のうちに拘束せざるをえない。そのため産業資本の手許には絶えず結果的に過剰な準備が滞留するのであった。なお、以上の在庫水準をめぐる産業資本の準備行動を「期間」の観点から表現すると、予想最大在庫量を一日の生産量で割ったものが産業資本にとっての「流通期間」となる。

以下では、従来の議論にあわせ、また手形の期限との関係を見やすくするために、基本的には産業資本の循環運動を「流通期間」によって表現することにする。流通過程の不確定性を前提に議論を展開する限りは、産業資本の循環運動の効率性を規定する「流通期間」とは、この個々の産業資本によって設定されたいわば予想最長流通期間のことでなければならない。

　こうした検討からみると、「予備資本」が予想平均流通期間について準備されるとする日高・大内説の問題点が明らかとなってこよう。過去の経験から予想される平均の流通期間に対応する準備しか用意しないのであれば、実際の流通期間は度々平均を上回るために、その都度生産の継続が困難に陥ることになる。生産の連続性を重視する限り、「平均」より長い期間に対して準備することが必要である。ただこの点に関しては、両氏の場合においても、「ここで問題なのは、流通期間が現実にどのような長さであるかではなく、商品の販売者が、現金であるか手形で売るかを選択するばあい、どういう見込みをもっているかである」[9]というように、ここでの「平均流通期間」が、流通過程の不確定な変動に対して生産の連続性を確保するために、個々の当事者によって設定されたものであるということには注意が払われており、「平均流通期間」という概念をやや拡大解釈して、上述のような予想最大在庫量の設定に対応するものと理解しておくことも可能かもしれない。

　その場合でも、こうした「流通期間」の設定が、一定期間の「平均」であれ、あるいは部門内の「平均」であれ、過去の実際の「平均流通期間」の経験によって一方的に規定されるという含みが残される点で問題があろう。個々の産業資本が自己の過去の販売経験を、生産規模の変化などの決定に利用する際には、中期的・長期的な販売水準の変化を予想する必要があり、平均的な流通期間ないし在庫水準の推移が重要な判断材料となろう。しかし、準備すべき「流通期間」ないし最大在庫水準の想定には、一定期間における「平均」ではなく、より短期的な販売量のバラツキや変動のあり方を予想する必要がある。第5章で例示しているように、平均的な販売量の予想ではなく、変動やバラツキの予想によって流通期間の設定が決められるのである。

したがって、この短期的なバラツキや変動の幅が小さくなることが予想しうるならば、一定期間における平均的な販売量そのものの予想が変わらなくても、より短い「流通期間」の設定が可能となり、流通資本を節約することが可能になる[10]。

しかも、実際の「平均流通期間」自体も、単に社会的な需給の動向を反映するのみではない。個々の産業資本は、自己の商品販売量の短期的なバラツキや変動を予想した結果、在庫が積み増しされる場合とは反対に、一時的に生産量を上回る順調な販売が続き、在庫が払底する事態も、一定の確率で生じうることを予想することになる。その場合に、生産量を上回る購入の申し込みがさらに続くならば、販売機会を逃す結果となる。そこで、在庫保有の効果が、それによる流通資本や保管費用等を増大するマイナスを上回ると予想・判断される限りで、中期的な販売総量を大きくするための戦略的・積極的な意味での在庫保有がなされる場合も生じよう。こうして、個々の産業資本が自己の販売量のバラツキや変動をどう予想し、戦略的な在庫保有の効果を判断するかということが、実際の在庫の水準に影響を与えるのであり、また、こうした予想や判断が個別に相違する以上、同一部門内でも各資本の平均的な在庫水準、平均的な流通期間は個別に相違することになろう。

こうしてみると、「平均流通期間」という規定の背景に、平均的な販売水準や、さらには社会的な需給の動向のみが「流通期間」の設定を規定するかのような理解があるとすれば、それは、新たな取引形態の成立そのものが、必ずしも社会的な需給の動向とはかかわりなく、販売量のバラツキや変動の予想に影響を与えることによって「流通期間」の設定の短縮化をもたらしうることを看過することになり、市場機構の展開を説く際の視野を狭めることにもなろう。日高・大内説の場合にも、事実上、「平均流通期間」によって「予備資本」の大きさが個々の産業資本にとってはいわば外的に与えられているかのように取り扱われており、そのために、「流通期間」が個々の産業資本の判断によって設定されたものであって、「流通期間」の設定を長めにすれば、それだけ生産が中断される危険性は小さくなる反面、収益性を悪化

させるという「収益性と安全性のジレンマ」[11]の中で、個別資本の判断によって流通資本の大きさも変わってくるという側面が軽視される結果を招いているように思われる。

その結果、商業信用における買い手側のメリットの一つとして、山口が指摘する「不確定的に変動する様々の販売期間のうちの比較的頻度の高い販売期間についてだけ準備をして、頻度の低い期間の場合の準備を節約し、そのような場合が生じて準備が不足したときには信用取引に依存するというような準備方法」[12]をとることによる流通資本の節約が、大内や日高の議論ではまったく考慮されていない。こうした、いわば例外的な事態における一時的ないし一回限りの手形での取引が可能になることによる買い手側のメリットを考察外に置く一方で、それでは日高・大内説では、買い手側のメリットはどのように捉えられているのであろうか。

大内は、手形が輾転流通しないという条件の下では、手形の期限は売り手側の商品の平均流通期間によって制約されることを述べたうえで、この場合買い手にとっては、手形での取引は「無条件に有利である」とし、その理由を「明らかにかれの資本の回転を速めるし、同じことであるが、現金の回収を待たないで生産を継続するばあいに必要とされる予備資本＝流通資本を節約しうるからである。こういう関係が恒常的に期待できるのなら、この予備資本＝流通資本は生産の拡大のために転用できるであろう」としている[13]。ここでは「無条件に」という表現にみられるように、一見、信用取引が成立すれば、ただちに「予備資本＝流通資本を節約しうる」かのように理解されているようにみえる。しかし、手形での取引が一時的な取引であった場合にもこの流通資本の節約は成り立つであろうか。流通資本の節約は準備方法の変更に関する問題であって、ちょうど、たまたま販売が順調に進んで在庫が減少して手許の貨幣が増大した場合でも、それが今後も継続する傾向であって「流通期間」の設定そのものが短縮化しうると判断されない限り、単に流通資本の形態が商品から貨幣に変化したにすぎないのと同様に、手形取引によって「節約」された購入代金は、依然として次回以降の購入に必要な準備

として拘束され続けることになろう。大内氏自身が「こういう関係が恒常的に期待できるのなら」と条件づけているように、一回限りの取引ではなく、今後の購入においても継続的に手形での取引が利用できることが予想できなくては、生産の拡大などへの転用はできないのである。そして、手形の輾転流通による信用連鎖の中間にある資本のメリットについても、「こうした信用関係を恒常的に期待できるとすれば」[14]という条件を付与した議論となっているのである。

　このように、日高・大内説では、商業信用を考察する舞台装置の設定が、事実上、手形取引が恒常的、継続的に繰り返されることが期待しうる場合に限定され、一時的な手形取引という条件での考察はなされていないとみるべきであろう。

　なお、買い手側のメリットとしては、必ずしも流通資本の節約と結びつけなくとも、より直接に、なぜ購入代金を「節約」する必要があるのかを考察する必要もあったのではなかろうか。それによって、貨幣の不足によって商品が購入できないことによって生ずるマイナスを手形での購入によって回避しうるという、より単純で直接的なメリットに光があてられることになれば、一時的ないし一回限りの手形取引という条件での商業信用の成立や意義について目を向けることにもなったであろう。

　この点については、日高や大内に限らず、従来の商業信用論の多くにおいて、流通期間の存在に起因する流通資本の節約が商業信用の展開の推進動機とされてきている。これは「資本の必然的傾向は、流通時間をもたない流通であり、そしてこの傾向は信用と資本の信用機構との基本規定である」[15]としたマルクスの規定に由来するアプローチといえよう。こうした「流通時間なき流通」という視角が、これまで商業信用を単なる掛売り掛買い一般に解消するのではなく、産業資本によって要請され、展開される市場機構の一つとして明らかにするためのいわば導きの糸の役割を果たしてきたことは否めない。しかしながら、特定の視角に拘泥することは、商業信用の十全な理解を制約することにもなりかねないのである[16]。

（2） 一時的な信用取引と恒常的な信用取引

　さて、「平均流通期間」およびそれによって規定される「予備資本」が手形で売るか否かの選択の基準となるという日高・大内説における商業信用の売り手側の選択行動は、一時的ないし一回限りの手形取引におけるものと理解する時、非常に奇妙な想定といわざるをえない。すなわち、この場合、信用取引か現金取引かが選択される個々の商品ごとに、つねにその「平均流通期間」に対応する「予備資本」が準備されているという状態が前提されているとしなければ、両氏の主張するように手形の期限と「平均流通期間」との関係が「予備資本」の利用か、それ以外の遊休資金まで利用されるのかを決定することにはならないであろう。

　しかしながら、先にみたように、産業資本の設定する「流通期間」とは予想される準備すべき最大の在庫量に対応するものであって、実際の販売量の変動によって、在庫量も変動し、それに応じて貨幣準備もたえず変動を繰り返しているのであった。したがって、在庫が積み増しされ最大水準に達している場合には、ただちに現金での販売がなされなければ生産の継続が困難になるのに対し、在庫が払底している場合には、「流通期間」にあたる期間、現金での販売がまったくなされなくても生産の連続性が保たれるだけの貨幣準備を保有していることになろう。

　しかも、いま手形で取引されようとしている商品が、在庫として持ち越された商品と今期に新たに生産された商品とをあわせた取引可能な手持ち商品の一部にすぎないとすれば、現在の在庫量＝貨幣準備の状態だけでなく、他の部分の商品がどのように現金で販売されるかの予想によっても、当該取引での商品の販売代金の支払をどれだけ猶予できるかは変わってくることになる。また、例えば一ヵ月、あるいは三ヵ月といった期限での手形での購入の申し込みであれば、その間の販売動向をどのくらいの確度をもって予想しうるかということも考慮されることになる。

　したがって、例えば、在庫が低水準のうえに、今後もしばらくは好調な販売が予想しうる状態であれば、商品の一部を「流通期間」をこえる期限の手

形で販売しても何ら支障は生じないであろう。この場合、「予備資本」以外の遊休資金の存在が前提ともならないし、それが利用されることにもならない。こうした一回限りの手形取引という舞台設定では、日高と大内との対立は、共有する前提そのものが成り立たない。手形の期限という短くしかも限定された期間であれば、現在の状況と当面の予想によっては、貨幣準備の一部については、必要とされる確率がきわめて低いものとしていわば過剰化し遊休していることにもなるし、反対に貨幣準備の不足が予想されて、ごく短い期限の手形でしか販売できない場合や、どんなに短い期限であれ手形で販売する余裕がまったくないという状態もありうるのである。

　そのうえ、償却基金などのその他の遊休資金も短期間であれば自由に利用しうる場合もあろう。そして、こうした限定された短期間に関する限り、遊休資金の中の区別を意識すべき理由はないとする先の山口の批判が妥当することになろう。

　しかし、先にみたように日高・大内説では、事実上、恒常的・長期的に手形取引が継続されるという期待が形成される場合に限定して買い手側のメリットが考察されていた。それでは、そうした恒常的な手形取引という条件を付加した舞台装置の設定では、売り手側の選択の基準は、先程の一時的な手形取引の場合と同じと考えてよいであろうか。

　恒常的に手形での販売が繰り返される場合には、売り手は、最初の手形の期限が到来して以後は定期的に満期手形の返済によって貨幣を受け取ることになるものの、つねに一定の手形債権を長期にわたって保有し続けることになる。したがって、こうした関係の構築は、一時的な信用取引のように一時的・短期的な準備金の過剰や遊休を根拠にすることはできないであろう。また、償却基金などの遊休資金についても、長期間にわたって手形債権として継続的に固定化させることができないものは利用されえないことになろう。恒常的な信用取引では、そうした短期的な遊休資金の利用の是非ではなく、現金での取引から恒常的な手形での取引へという取引形態の移行の是非が判断されるのであって、それぞれの取引において長期的に必要とされる自己資

本総体の効率性が比較されることになり、一時的な手形取引の場合とは判断の基準が異なるのである。

したがって、「流通期間」に関する理解に問題はあるとしても、それを売り手側の判断の基準とした日高・大内説は、事実上、恒常的な手形取引という追加的な条件が舞台装置として前提されていたことを考慮すれば、「流通期間」に規定された流通資本の大きさと、手形の期限によって大きさの決まる手形債権を含んだ恒常的手形取引形態での流通資本の大きさとの比較という意味で一定の根拠があることになろう。山口は、平均流通期間以上の期限の手形での販売を「背理」とする大内説は「個々の産業資本は通常は、準備貨幣資本がそれぞれの商品の平均流通期間の間の生産過程を継続するのに必要ないわゆる準備資本以上にならないように行動している」という「複雑な想定」を必要とするものであって、準備貨幣資本が不断に不足したり過剰になったりすると考えるのが「最も自然で単純な舞台装置のしつらえ方」であると批判している[17]。大内の議論を、一時的な信用取引に利用される日々変動する準備金に関するものと捉える限りでは、この批判は妥当なものであった。しかし、一時的な信用取引かあるいは恒常的な取引かという条件によって売り手の選択の基準は異なるのであり、一般的な想定の問題としてではなく、恒常的な手形取引という条件の設定された舞台装置での議論であることが必ずしも明示されてこなかったところにこそ問題があったとみるべきであろう。

商業信用を説く際には、一時的か恒常的かという条件を分けてそれぞれについて考察しなければならないのであり、日高と大内との手形期限をめぐる対立点を検討するためにも、そうした条件下での買い手側と売り手側のメリットにさらに立ち入る必要があろう[18]。

（3） 二者間の信用関係と三者以上の信用関係

商業信用の舞台装置に関しては、また、二者間だけの信用取引を積極的に説くべきか、それとも初めから三者以上への信用の連鎖を前提とした信用関

係を主と考えるべきかという問題があろう。日高・大内両氏の場合には、ともに二者間の取引における双方のメリットの考察から出発する一方で、「手形が輾転流通しないという仮定そのものが、あるいみでは不自然なもの」[19]として、手形の輾転流通によって信用連鎖が形成される場合の方を商業信用本来の姿であるとみている。

　単なる考察の順序の問題であれば、両者の関連に充分に注意を払えば、あるいはどちらから説くことも可能であるかもしれない。ただし、三者以上の信用連鎖を重視する捉え方の背後に、信用貨幣の発展という視角から商業信用をみようとする問題意識が含まれているならば、市場機構としての商業信用の十全な理解を妨げるおそれがあろう。すなわち、手形が輾転流通するところに商業信用の意義をみる場合には、二者間の信用取引における売り手のように期限まで手形を保有することはそれ自体商業信用の限界を意味することになり、そうした取引のもつ意義などは看過されやすくなってしまうように思われるのである[20]。それに対して、もし、産業資本の運動の中からその要請を満たし蓄積を補足するものとして二者間の信用取引の成立が論理的に説明しうるならば、そうした信用関係は「不自然なもの」ということにはならないし、むしろ、当然、市場機構の一つとして積極的に明らかにされなければならないであろう。

　そこで、本章では二者間だけの信用取引という条件について考察する[21]。そのうえで次章以降において、二者間とは異なる推進動機のもとに初めから三者以上を前提にして成立してくる側面と、二者間の信用取引から新たに派生し形成されてくる市場機構のさらなる展開としての側面の両方の可能性に留意しながら、三者以上の信用関係について考察していくことにしたい。

2　商業信用の二類型

（1）　一時的な信用取引

そこで、まず二者間の一時的な信用取引について検討していこう。先にも

みたように、基本的に現金での取引を行なってきた産業資本が、一時的に信用での購入を希望するのは、直接には一時的な貨幣の不足のために現金での購入が困難となる場合であろう。貨幣の不足が生じる要因は、販売の停滞や販売価格の低迷によるもののみではなく、資金の蓄積に先行して生産の拡大を求める場合など多様であって、また、今後の販売や価格の動向の予想によっても、どれだけの期限の手形での購入が必要となるかは相違してくることになる。

　そして、現金不足によって生じる生産の中断などの損失や、利潤の蓄積に先行して生産の拡大が可能になるメリットの範囲内であれば、現金での取引価格を上回る信用価格での購入であっても、買い手側になおメリットが残ることになる。こうした損失やメリットの大きさやその評価の仕方自体も個別的な事情によって相違することになろう。ただし、あらかじめ一時的な信用での購入の可能性が高いと判断しうるならば、山口も指摘していたように、例外的な場合における信用取引の利用を見越して、より短い「流通期間」の設定によって流通資本を節約しうるのであって、この場合、信用取引のメリットはすでに先取りされていることになる。現金価格に対する差額をどこまで許容しうるかは、信用取引が必要となる頻度の予想に基づいて、この先取りされたメリットとの比較によって判断されることになろう。したがって信用価格の判断は、その取引の内部だけではおさまらないのであって、当該取引だけについてみれば、費用の回収も困難な水準の信用価格で原材料などを購入することになっても、全体としてはなおメリットがあるということもありえよう。

　一方、売り手側にはすでにみたように一時的・短期的に過剰な準備や遊休が発生する。取引が一時的なものであることは、こうした過剰な貨幣準備のみならず、償却基金や蓄積資金などの多様な遊休貨幣の転用をも可能とするであろう。現金価格を上回る価格での手形による販売には、「過剰遊休の有利な回避・転用というメリット」が生じることになる。

　また、信用取引は、買い手の対象を広げるという一般的な販売促進の効果

を有するだけではなく、当面の準備の余裕をいかして一定期間後の貨幣収入を確定化することによって、残りの商品や今後完成される商品の販売によって得なければならない必要額を減少させたり、必要になるまでの期間を延長させたりする効果をも有する。少なくとも偶然的な要因による変動に関しては、変動する現金販売部分の比率が低下したり、支出がより長い期間の販売量に基づくようになることは、あらかじめ見込まなければならない変動幅を縮小させることになろう。そのうえ、相手の返済能力等の情報が、基本的には取引関係の反復や継続を通じて得られるものだとすれば、より日常的、継続的な取引関係にある売り手の方が、一時的な貨幣不足に陥った買い手の要請に応えうることになる。ことに、流通期間の短縮による先取り的なメリットのためには、確実に信用で購入しうるという見通しが必要であった。そのため一時的な信用取引であっても、買い手の要請に極力応じることは、その買い手との関係を多少とも継続的、安定的なものとすることに役立ち、それだけ偶然的な変動の要素を縮減することにもなる。こうした準備の積極的な活用によって、必要な準備そのものを縮小させうるのであり、信用取引は売り手にとって、流通過程の不確定性のために抱えざるをえない準備の過剰化や遊休というマイナスを消極化させうるというだけでなく、不確定性そのものを多少とも消極化させうる販売活動としての面をも有するのである。

　こうした双方のメリットが商業信用の成立をもたらすのであるが、信用取引以外の他の方法によっても同様のメリットが得られるならば、そうした方法との比較ということが取引の成立や取引条件の形成において考慮に入ってくることになろう。

　買い手側の貨幣不足の原因が自己の商品の在庫積み増しの場合には、商業資本への廉価大量販売という方法も可能である。それゆえ手形での購入の判断の際には、自らの商品がそうした類型の商業資本に対しどのような条件で販売しうるかということが考慮されることになる。両者は、異なった商品をめぐる価格等の条件ではあるが、ゆるやかにせよ規制しあうことになろう。

　また、不足する貨幣を直接借り入れることによっても、貨幣不足によるマ

イナスは回避しうる。この場合には、明示的に規定された利子がそのための費用ということになる。こうした金貸資本的活動ないし金貸資本の存在も、やはり市場そのものに発生の根拠をもつものではあるが、独立した資本としての金貸資本が産業資本の活動を補足する機構として位置づけうるかどうかは、貨幣の貸付によって産業資本と同水準の利潤率を達成しうる根拠の有無によることになろう。貨幣の貸付の場合、貸手と借手との間に必ずしも日常的な取引等の関係があることが前提となる必要はなく、借手側が必要とする金額と期間について自由に利用しうる貨幣の所有者を広く求めることができる。しかしそれだけに、一般には貸手側にとって借手の一定期限後の返済能力や返済の意思を信用しうるかどうかが貸付成立の鍵となる。そのため、信用調査の費用を投じることや一定の貸し倒れを見込むことが必要となり、少なくともその分は平均的な利潤率を上回る水準の利子率を課すことが貸付の条件となろう。これに対し、先に信用取引の買い手側のメリットとして検討した借手側の条件からみれば、こうした高い利子を払ってでも貨幣を借入れることによってメリットが残る産業資本がありうることを排除できないであろう。

　他方、貸手が準備金や償却基金などの一時的な遊休貨幣を抱える産業資本の場合には、その遊休の一時性ゆえに転用の機会が制限されているために、多少でも利子を得られればそれだけ利益となるのであった。したがって、産業資本間で直接に貨幣の融通が金貸資本による場合よりも低利で行われるならば、双方の産業資本にとって有益であろう。ただし、一般の産業資本にとって、日常的に取引関係のない相手の返済能力を知ることは困難であり、信用調査を行う際にも、情報を集積しまた反復して利用しうる金貸資本の場合以上に費用も必要となり、こうした直接の融通関係の成立は容易ではなく、また利子も比較的高水準にとどまることになろう。

　こうした貨幣の貸借と比較すると、二者間の信用取引の場合にはある特定の商品の売り手と買い手の間に対象が限定される点で、はたして買い手が必要とする金額と期間を満たす相手が見いだしうるかという困難が生じる。反

面、それだけに取引相手の返済能力等の情報を得ることは相対的に容易である。日常的に取引関係にある買い手であればある程度の知識はすでに持っているであろうし、また一時的な信用取引といえども、長期間のうちには何度か反復されうることから、費用を投じて得た情報の集積と再利用も期待しやすいであろう。また買い手が実際に必要とする貨幣額を、必ずしも売り手側が現在全て所有していなくてもよいという点では、かえって対象が広い面もある。その上、信用取引には売り手にとって販売活動としてのメリットもあった。したがって、信用取引が可能な場合には、貨幣の貸借よりも有利なものとして積極的に選択されることになり、買い手側にとっても現金価格との差額という対価は、貨幣の借入よりもかなり低いものとなりうるであろう[22]。

このように一時的な信用取引は、潜在的な貨幣の短期的需要の一部しか実現できないという限界を持ちながらも[23]、成立しえた限りにおいては、流通過程の不確定性に起因する不効率性を消極化し、産業資本の蓄積を促進する補足的な機構としての意義を有しているのである[24]。

（2） 恒常的な信用取引

次に、信用取引の継続を恒常的に期待しえなければ得られないメリットを動力とする信用取引について検討することにしよう。

ある産業資本が、継続的に原材料等を手形で購入できるとすると、この産業資本は、最初に手形で購入してからその手形の期限が到来するまでの間、貨幣を用いることなく原材料等を入手することが可能となる。それ以降は、規則的に満期手形の返済をすることになるが、現金での取引の場合でも―信用価格と現金での価格との相違はありうるとしても―定期的な購入のためには同様な支出が必要なのであって、他方で新たな手形による購入を続けるならば、返済と新たな購買力の創出がいわば相殺され続けることになり、当初に調達された購買力は、あたかも貨幣の長期的な融通のように自己の許に残り続ける。

例えば、単純化のために信用価格も現金価格も同一で一定であると仮定すると、生産の継続のために毎週100万円の流動資本財の投入を必要とする資本が、恒常的に 4 週間の期限の手形でこの財を購入しうることになれば、最初の 4 週間に400万円が節約され、その後は毎週、販売代金の中から100万円分の手形の返済を行うとともに、新たな手形を振出してこの財を100万円分購入するという行為を繰り返すことになる。こうして、買い手側には常に400万円分の手形債務が、売り手側には同額の手形債権が存在し、その分だけ買い手側の自己資本が節約されることになるのである。

　なお、ここでも「流通時間なき流通」という視角からのみ商業信用を捉え、節約される資本を流通期間の存在のために必要な追加貨幣資本と規定したのでは、市場機構としての商業信用の意義として不十分であろう。確かに、労賃も含めたすべての流動資本が買い手の「流通期間」と一致する期限の手形で購入できるならば、買い手にとって「流通期間」に対応する流通資本と同額の資本が節約されることになる。信用取引が流動資本財に限定されるとしても、その部分については「流通時間なき流通」の実現と同じ事態が達成されたようにみえよう[25]。しかしながら、信用取引は買い手の「流通期間」と同じ期限の手形でなければ成立しえないのであろうか。あるいは、手形期限のうち買い手の「流通期間」をこえる期間については買い手側にとってメリットはないのであろうか。

　川合一郎は、信用取引の売り手が買い手の返済を信頼しうるのは、買い手がすでに商品の形ではあるがすでに価値を持っており、その商品の流通期間がすぎれば返済のための貨幣を確保しうるからであるということを根拠に、「本来の商業手形の支払期限、商業信用の期間なるものは、借手の商品の流通期間である」[26]としている。しかし、売り手が買い手の返済を信頼しうる根拠が、一般に、売り手が現在所有している商品にあるとみるべきであろうか[27]。前節で検討した日高・大内の流通期間概念の場合と同じように、川合の議論も、産業資本が個々の商品ごとにそれぞれが一定の期間をみれば販売しうると判断した準備方法をとっていることが前提となっている。ところ

が、並列的連続生産を採用し、各期に複数の商品を生産するという一般的な産業資本の運動を舞台装置とする限り、既述のように、毎期ごとに新たに一定量の商品が生産されるとともに、ある量の商品が販売されているのであって、産業資本の想定する「流通期間」とは、販売量の変動のためにどれだけの在庫が積み増しされるかを想定したものであった。したがって、仮にちょうど買い手の「流通期間」と一致する期限の手形取引であっても、その返済は取引時に所有していた商品の販売によるのではなく、それらは在庫量が想定する最大水準を下回るような販売量が維持されているという通常の状態であれば、多くは返済時より前に販売されていて、以前に振り出された手形の返済や労賃等への支払に利用されているのであって、今回の返済は主にもっと後に生産された商品の販売によることになろう。

　それゆえ、現在所有している商品を基礎にした信用取引であれば、一般的にはきわめて短期間の期限のものとなるのに対し、買い手が手形期限中も商品を生産し販売するという資本家活動を順調に継続しうるということを売り手が信頼しうるならば、より長期間の手形期限による信用取引も可能となろう。特に、恒常的な信用取引の場合は、売り手は長期的に手形債権を保有し続けることになるだけに、信頼の根拠は買い手の資本家活動そのものとみるべきである。

　また、浜田康行は、商業信用の期間を根本的に規定しているのは買い手の流通期間であるとする立場から、売り手の資金の余裕に規定されるとする見解を批判する中で、信用期間が売り手の事情によって決まるならば、その期間が買い手の流通期間よりも長い場合、買い手は信用の基礎となった自己の商品を「売って代金を手にした後に、それを敢えてＢ（売り手－引用者）に支払わない期間」が存在することになり、買い手は「返済できる、支払いうるのに支払わないという、実に奇妙な想定をも許すことになる」としている[28]。しかし、買い手の流通期間の長さにかかわらず、信用期間がどれだけになろうと、恒常的な信用取引の場合であれば例えば先ほどの設例において手形の期限が５週間や10週間であったとしても、最初の手形の期限以降は、

基本的に各週の販売代金から満期の手形の返済を行なうという事態に変化はない。他方で、手形の期限が5週間や10週間となれば節約される自己資本は500万円や1000万円に増大するので、買い手側としては、手形の期限はより長期の方が望ましいということになるであろうし、買い手の方から自らの流通期間に期間を限定する理由はないと言えよう[29)][30)]。恒常的な信用取引の場合には、次にみる売り手側の動機の方に、信用期間を規定する基本的な要因があるとみるべきである。

　こうした検討から明らかなように、「流通時間なき流通」という視角からのみ商業信用に接近することは、手形の期限に恣意的な限定を課すというのみでなく、恒常的な信用取引の場合、買い手のメリットが一般的な資本節約であるということが同時に、こうした取引の利用は買い手側にとっては自己の流通過程の不確定性そのものには何の影響も及ぼしていないことを意味するということをあいまいにしてしまう点でも問題があろう。各期の販売から満期の手形の返済を行なうということを繰り返す際に、流通過程の不確定な変動のために各期の販売だけでは十分な返済が行なえないという事態を予想した準備が必要であるという点では、現金取引の場合と何ら変わらないのである。むしろ、恒常的に手形を利用する結果、一時的な手形取引の利用を想定した準備方法が制限されることになり、流通過程の不確定性に対する対応としては後退することにもなろう。そして、三者以上への信用関係の拡大という新たな展開を理解する上で、こうした買い手側における不確定な流通過程の存在が鍵となるように思われるのである。

　次に、売り手側の推進動機となるメリットについてみてみよう。ここでの選択の対象は、同じ条件下での現金販売と信用販売ではない。相互に多数の取引相手と交渉しあい、不確定な変動を繰り返す従来の現金取引と、特定の買い手との恒常的な取引関係を結ぶことになる信用取引とが比較されるのである。したがって売り手にとってのメリットは、単純に信用価格と現金価格との差額ではなく、取引形態の移行によって自己資本の効率性をどれだけ上昇させうるかというところにあるといえよう。

まず、「流通期間」に規定される流通資本の大きさと、手形の期限によって決まる手形債権の大きさとの比較からすれば、「流通期間」よりも短い期限の手形での取引に移行することができれば、それだけ「流通期間」を短縮したのと同じ効果を得ることになる[31]。また、恒常的な信用取引への移行によって、販売活動への費用や保管費用などの費用も節約される。例えば自己の生産する商品の利用者が多数の産業資本や消費者に及び、競合する売り手も多数であれば、個別的・偶然的なものも含めた変動やバラツキは大きなものとなることが予想される。そのため、設定される流通期間は「通常予想される平均的な流通期間」をかなり上回ることになる。販売活動に必要とされる流通費用も大きなものとなろう。こうした場合、恒常的な信用取引への移行による確定化のメリットは得やすいであろう。ただし、こうした商業信用の効果は、少数の商業資本との長期的関係へと取引を束ねることの効果と必ずしも排他的なものではないことは留意しておこう。

なお、一時的な信用取引の場合と同様に、貨幣を直接に、ただしここでは長期的な条件で借入れることによっても買い手の自己資本節約は満たされよう。この場合は、独立した金貸資本を利用したのでは、その高金利という高い費用がメリットを食いつぶしてしまうことになる。一方、産業資本の償却資金や蓄積資金などのうち長期的に遊休が見込まれる資金については、借手の予想利潤率を下回る利子で直接融通が実現されれば、貸手と借手の双方にメリットが生じることになる。もっとも、長期的資金の貸付では、短期的な貸付の場合以上に借手の返済能力への信頼や信用調査費用の問題などが制約となり、その実現は容易ではなく、利子という形で借手が要求される対価も比較的高水準にとどまることになろう。直接の取引関係を前提に成立する信用取引の方がこれらの問題については有利であって、しかも売り手側にも流通資本として拘束されていた資本の節約というメリットがある分だけ、取引条件の形成において信用価格と現金価格との差額がもつ意義は小さくなる。恒常的な信用取引が利用しうる限りにおいては、一般的に恒常的な信用取引を利用する方が貨幣借入よりも有利であるとみることができよう[32)33)]。

このように恒常的な信用取引もまた、流通過程の不確定性を消極化して流通資本を節約しようとする売り手側の動機を根拠にして、買い手側の自己資本も節約されるという機能を果たすことによって蓄積を促進する補足的な機構としての意義を有しているのである。

注

1) なお、いうまでもなく商業信用を「信用制度の基礎」(Marx, Karl [1894] S.496, 訳613頁) と捉える方法はマルクスに由来するものであり、「このような生産者や商人どうしのあいだの相互前貸が信用の本来の基礎をなしているように、その流通用具、手形は本来の信用貨幣すなわち銀行券などの基礎をなしている」(S.413, 502-503頁) ともされている。ただし、後に問題にするように、この引用の後半部分にもみられる商業信用から銀行信用への展開によって流通用具ないし信用貨幣の発展を明らかにしようとする視角が過度に強調されると、商業信用そのものの充分な理解を妨げることになる。「市場機構としての商業信用」ということを強調する所以である。
2) 大内力 [1978] 5-6頁
3) 同9頁
4) ただし日高普の場合には他方で「平均的な販売期間」という表現もみられるが (日高普 [1966] 89頁)、「流通期間」という場合もここでの議論では原材料等の購入の問題は考慮されておらず、もっぱら販売に要する期間のことを意味しており、以下では「流通期間」という用語に統一して検討することとする。
5) 大内力 [1978] 12-14頁
6) 同17頁
7) 山口重克 [2000] 31頁
8) 同43頁
9) 大内力 [1978] 10頁
10) なお、並列的連続生産によって常に一定額の生産資本が投下されているため、ここでの流通期間の設定によって規定される流通資本の節約は、必要な流動資本額の節約と同じことを意味する。
11) 山口重克 [2000] 25頁
12) 山口重克 [1985] 219頁
13) 大内力 [1978] 18頁
14) 日高普 [1966] 91頁
15) K. Marx [1857/58] S.551, 訳第3分冊608頁
16) 大畠重衛も「買い手の側から一時的に還流が遅れたために商業信用を形成するというケース」などにおいては必ずしも資本の節約がみとめられないということから、「資本の節約」を商業信用形成の一般的契機として捉えることに疑問を呈している (大畠重衛 [1981] 97-98頁)。ただし、それに代えて「資本の循環・再生産過程を流動状態に維持するため」(同98頁) という契機を商業信用の基礎的で一般的な契機として規定しようとする氏の積極説には、逆に商業信用によって資本の節約が実現される場合もあること

が過小に評価されるおそれがあろう。「一般的規定」を与えようとすれば、すべての場合を包括しうるように、過度に抽象的な規定となってしまうことになりかねないのであり、同稿における大畠による商業信用の具体的契機の分析に対して、再生産過程の流動性ということに総括された結論部分は、かえって後退しているようにも見受けられる。様々な具体的契機をそれぞれに掘り下げていくことが重要であろう。

17) 山口重克 [2000] 40-41頁
18) なお、大畠重衛は商業信用の成立を、①従来からの現金取引の部分が手形取引に形式を変化させた場合と、②生産の拡大をめざして従来の現金取引をこえる部分を手形で購入する場合との二つに分けて分析している（大畠重衛 [1981] 104-111頁）。こうした区分は買い手側の動機を掘り下げるという点では意味を持つものの、この二つの場合の「問題の性質が異なり両場合を別々に検討することが事態をより明確に」（同105頁）するという氏の理解は、各資本の取引相手が一資本に限定されているという「簡単化のため」の設例（同上）に負っており、一般的なものとはいえないであろう。すなわち、こうした特殊な設例の下であるために、売り手の資本にとっては、①の場合には「予定した入金時に現金を受けとることができず手形を受けとる」（同106頁）という還流の遅れを示すのに対し、②の場合には「需要の増大」（同109頁）による販売量の増大を意味するというように、買い手側の区分によって売り手側の事態の相違がもたらされているのであり、取引相手が互いに多数で、その関係が固定化されていないという一般的な条件であれば、ある買い手の購入が生産拡大を意図したものかどうかということは、売り手にとってその購入が自己の販売量を従来より増大させるものかどうかということを直ちに決定するものとはいえず、こうした対応関係は成り立たないのである。こうした設例では、以下にみるように取引関係の長期化、安定化という変化が商業信用によってもたらされるということの意義も把握しえないであろう。鈴木勝男 [2007] 6頁も参照されたい。
19) 大内力 [1978] 14頁
20) 山口重克も「手形が輾転流通するのが商業信用の本来の姿であるとみる場合には、商業信用論の重点が商業手形の信用貨幣性の考察に移り、信用貨幣の流通という点に商業信用関係展開の本来の意味があるように理解されることになって、一面的になり、本質的な問題が商業信用論から落ちてしまったり、副次的な問題にされてしまったりすることになるのではないか」（山口重克 [2000] 44頁）という危惧を述べている。
21) なお、二者間だけの信用取引の場合、必ずしも手形の振出という形態をとる必要はないであろう。むしろ、為替手形は無論のこと約束手形の形式の場合でも、第三者への関係の拡大の可能性が意識されて初めて手形取引という形態が利用されるのであろう。次節以降では簡単化と従来の議論とのつながりのために、二者間の商業信用を手形による売買取引に代表させることとするが、以上のことに留意されたい。
22) 産業資本の一時的な遊休貨幣を転用する手段として貨幣の直接的な貸付という方法も並存していること、および、貸手側からみて信用取引を利用する方が有利であることについては、山口重克や宮澤和敏も論じている。山口重克 [2000] 74-75頁。宮澤和敏 [1996a] 54-56頁。
23) したがって、産業資本間の直接的な貨幣の融通と同じ効果を貨幣融通よりも容易に実現しうる新たな市場機構への要請は依然として残ることになろう。そしてその一部は信

用関係の三者以上への展開という形で実現されることになる。
24) なお、信用価格と現金価格との差額によるメリットといっても、現金価格の方は必ずしも現在直ちにその価格で販売できるということが確定している訳ではない以上明示的なものではなく、また一時的な信用取引の場合には売り手側がそれによってどれだけの負担をしているのかということも明確ではないことからみても、外部に貨幣の直接融通の機会があることが、直接に現金価格との差額と手形期限との関係に基準を形成するとはいえないであろう。ただ、それによって両者の間にゆるやかにせよトレードオフ関係が成立する結果、買い手にとって自己の必要とする以上の期限の手形で取引することは不利益をまねくことになり、一時的な信用取引の場合には手形の期限は買い手側の必要によって決定されることになろう。
25) なお、「流通時間なき流通」の達成は、手形の轉転流通による信用連鎖の中間に位置する資本についてもいわれることがある。この点は後に検討することとして、ここでは二者間での買い手側の問題に限定して検討することにしたい。
26) 川合一郎［1955］58頁
27) 小幡道昭は、受信資本の債務履行を与信資本が信用できる根拠は、「受信資本が今抱えている商品在庫の販売可能性である」としている（小幡道昭［2009］225頁）。
28) 浜田康行［1991］43-44頁
29) 浜田康行は、連続生産を採用して毎週流動資本一定額を投下するという産業資本の循環運動を商業信用の舞台装置として正しく設定し、その下で事実上、恒常的な信用取引について考察しているのであるが（同21-34頁）、商業信用の期間の議論になると、そうした産業資本は毎週一定量の商品を完成させるとともに、その販売活動を行なっているという事態が看過されるという「奇妙な想定」となってしまっているように思われる
30) 買い手が考慮すべき問題は、恒常的な信用取引への移行が取引形態の質的な変化をともなうということであろう。長期的、安定的な取引とはいっても、必ずしも価格までが固定的ではなく、購入量とともに取引の都度、交渉されるであろうが、やはり、有利な時期と売り手を選択して流動資本財を少しでも安く購入するという商人資本的な活動の余地が制限されることにはなろう。
31) なお、一般的にはある特定の買い手との取引は、売り手の販売の一部にすぎないことを考慮すれば、この「流通期間」という上限はそれほど厳密なものとはいえないであろう。
32) なお、恒常的な信用取引が利用しうるのは直接取引関係にある部門間に限定されている上に、利用しうる金額にも売り手の流通資本という限度がある以上、長期的な資金についてもその事実上の融通を実現しうる市場機構に対する要請は残ることになる。また、生産の拡大などのために買い手側の長期的資金に対する需要が強い場合、売り手側がそれらの長期的に利用しうる遊休資金を動員して、「流通期間」以上の期限の手形での取引に応じることも、信用価格などの条件によっては一概には否定できないことになろう。ただこの点については、こうした長期的資金の利用機会を提供する市場機構の展開を明らかにした上で、あらためて検討する必要がある。
33) 最後に、こうした外部の貨幣貸借機会の存在が、信用取引の条件にどのように影響するのかみてみよう。恒常的な信用取引の場合には、形式的には売り手の負担が手形の額面と期限とに規定された保有手形債権として明示的であるものの、それが本来長期的に

は転用や利用のできない流通資本を根拠にしたものである限りでは、外部の資金貸借と直接比較されることにはならない（ただ、買い手側にとっては両方の自己資本節約方法が選択しうることから、信用価格などの条件の上限を形成することにはなろう）。それでも、手形期限が長くなって「流通期間」に近づくほど売り手のメリットは小さくなることから、双方の取引条件をめぐる交渉の中で、手形期限と信用価格との間にある程度のトレードオフ関係が形成されるであろう。また、長期的な遊休資金が動員される場合には、外部の貨幣貸借の条件との比較が直接に信用取引の条件に影響を与えることになり、手形期限をより長期にすることは信用価格の上昇をともなうことになろう。

第8章
市場機構としての銀行信用

1　市場機構の社会性と不安定性
　　―資本家的な組織化の部分性・可逆性

　本章では銀行信用の展開を、市場機構論の一環として考察する。歴史的な市場と同様に、資本主義における市場もまた、純粋に市場経済的な取引関係によってのみ構成されている訳ではない。産業資本に加えて、商人や銀行といった多様な主体が、複雑な組織的・機構的な関係を展開してきている。市場機構論とは、産業資本が直接に、また新たな形態の資本を分化させながら、組織的・機構的な関係を構築していく理論的な過程を明らかにし、複雑かつ重層的な市場の諸機構に対する資本主義の側の「編成力」をみようとするものである。

　産業資本が諸市場機構を要請・展開する主因となる流通過程の特殊性とは、価値形成の有無ではなく、販売・購入の時期・量・価格をめぐる不確定性であった。流通過程の不確定性は、相互に独立・疎遠な個別主体間の偶発的・一時的な取引によって構成された、抽象的ないし純粋な意味での市場に内在するものである。不確定な変動それ自体は、必ずしも価値増殖にとって制約とはいえず、むしろ商人資本的な蓄積の根拠ともなりうるにもかかわらず、産業資本にとってはその蓄積活動の制約となるということは、社会性を伴う生産過程を商品経済的な関係性によって処理することの困難さを示している。そのため、その制約の解除を図る機構の展開の内には、資本間の直接

的・長期的な関係の構築といった形で、直接に社会的な関係性を市場の中に取り込んで行く方向が含まれていたのであった[1]。

　ここまでは、商人資本的な行動原理とは異質な長期的・安定的な取引関係の担い手としての商業資本と、社会的な「結合」の手段[2]としての商業信用について、さしあたりそれぞれ独立に、直接産業資本から導かれるものとして論じてきた。この先の「社会的なる媒介の機関」[3]である銀行や、重層的な銀行間組織へと高次化する機構の解明にあたって、各機構の限界を踏まえた相互依存関係や、機構間の重層的な関係性をどのように理解していくべきか、それぞれの機構や組織を支える社会的な基盤との関連を含めて考察しておこう。

　資本主義的な制度・組織は、その制度や組織の有効性を支える社会的な基盤に対して、制度化・組織化の範囲、深度において部分的なものにとどまることになる。例えば、商業信用による資本間の社会的な「結合」は再生産過程の総体を覆い尽くすものではなく、いわば不確定な変動を繰り返す市場取引の海に浮かぶ島でしかない。頂点に中央銀行を抱くにまで高度に組織化された銀行組織も、諸資本の取引関係の全てを包摂するには及ばず、必ず外部との関係を残さざるをえない。したがって、資本主義的な市場における組織化の進展も、流通過程の不確定性そのものを排除しうるものではなく、しかも組織化が部分的であるために不確定な変動の影響が時に増幅され、また外的な制約、撹乱要因として現われることにもなる。

　また、一旦構築された関係が容易に解消されうるという意味で、可逆性が非常に強いという点も、資本によって構築される制度・組織の特徴といえよう。それは、例えば商業資本に委譲された産業資本の流通過程が「押し戻される」関係をめぐる議論にみられるように、制度・組織というものが、本来長期的に存続することが前提となって個々の主体の判断や行動に一定の枠をはめるものである以上、資本主義的な制度化・組織化がその内部に自己矛盾を抱えていることを意味しよう。こうした可逆性は、一面では市場機構の可変性として市場機構の高次化、より高度な組織の構築の進展を可能にする。

しかし他面では、個々の組織そのものの範囲が絶えず再審に曝されるというだけでなく、高度に構築されていた組織的な機構が、それを構成する諸関係の連鎖的な解消によって一挙的・全面的に破綻するという、制度・組織の自己崩壊の可能性をも潜在させることになる。

こうして、部分性と可逆性という性格は、資本主義的な制度・組織が不安定性や脆弱性を抱え込まざるをえないことを示している。こうした特殊性は、個別主体が相互の利害の一致を前提として契約的な関係を取り結ぶという、資本家的な組織化の方法そのものに内在している矛盾に起因したものといえよう。不確定な変動を繰り返す外部環境の下で、将来の利害の予想に基づいて関係を構築する以上、恒常的・長期的な存続を想定することによって初めて実現しうるメリットも、短期的な契約的関係の更新・反復を通じて維持されざるをえない。また、そうした関係の構築や継続の前提となる、将来の自己や相手主体に対する信頼は、基本的にはこれまでの取引の繰り返しといった、過去の経験を通じて判断される以外にはない。個別資本を主体とする組織化には、こうした二重の対立・矛盾の克服という困難な課題が伴うのであり、それ故にまた、一度形成された組織も絶えず内的・外的な動揺に曝されることになるのである。

したがって、産業資本的な蓄積の効率化を基本的な推進動力とする市場機構の展開・高次化においても、組織的な関係を構築する主体の相互のメリットを明らかにするだけではなく、その組織的な関係が取りこむ社会的な基盤が、どのようにこうした対立・矛盾の消極化を可能にするのか、そして、そうして形成された新たな市場機構にはどのような不安定性が伴うのかといった点にも注意を向ける必要があろう。また、市場機構の展開や高次化を図る個々の主体の動機においても、効率化の観点からのメリットだけではなく、不安定性や脆弱性の処理や回避の面を重視しなければならない。市場機構の展開は、流通過程の不確定性への個別的な処理の限界に対して、より社会的・組織的な処理の導入によって蓄積の効率化が図られる過程であるが、そのことは単純に不確定性の処理の効率化が一方的に進められ、この問題が消

極化していくことを意味してはいないのである。むしろ新たな機構の形成や、機構の重層化によって、流通過程の不確定性が蓄積過程にもたらす不安定性が、少なくとも潜在的には強められることにもなり、そうした組織化に伴う不安定性をよりいっそうの組織化によって対処しようとすることも一因となって、さらなる機構の重層化・高次化が進められていくのである。

　こうした視角から、それぞれの機構の限界と、新たな機構によるその打開という形で、理論的な発生の過程が展開されることになるが、その市場機構の限界には次の二つの意味が含まれている。第1の意味の限界は、ある機構の成立の困難という意味での限界、すなわちその機構が成立することによってメリットが得られるにもかかわらず、何らかの要因によってその成立が妨げられ、その機構の一般化が制約されているという限界である。この場合、成立の困難の度合いに応じて、新たな機構の成立によってはじめてもとの機構も市場機構としての意義をもちうるというケースや、新たな機構が補助的、付加的なものにとどまるケースもありえようが、いずれにしても、両機構間の関係は重層的であり、新たな機構の成立は市場機構の高次化、ないしは組織化の進展を意味することになる。

　それに対して第2の意味の限界は、ある機構の部分性、非全面性という意味での限界であり、ある機構の展開を要請する産業資本の動機のうち、その機構が成立してもそれだけでは十分に満たされない部分が残存するために、新たな機構が要請される場合である。この場合、新たな機構は、それまでの機構の展開から直接に導き出される必然性はなく、全く独立した機構として形成される可能性もある。両機構間の関係は並立的であり、また多少とも競合的、代替的なものとなろう[4]。

　こうした市場機構の一環として銀行信用を理解することは、商業信用と貨幣取扱業というマルクスが見いだした信用制度の二つの基礎のうち、さしあたり、産業資本が直接に構築する信用関係である商業信用の限界を打開する新たな機構としての側面から、銀行資本の成立を説くことを意味しよう。歴史的に両替商や金匠が成立してきたように、貨幣取扱業者への貨幣の預託

が、貨幣の保管や出納、送金などの貨幣取扱費用の節約をもたらす以上、産業資本にも貨幣取扱業務の委託動機は存在する。だが、貨幣を預託しうるだけの信用の根拠を原理的に説きうるかという問題を措くとしても、歴史的経過としてではなく、理論的な展開として、貨幣取扱業資本の存在が産業資本の要請する近代的な銀行信用の成立の前提であるのか否かが問題である。

　第1部で考察したように、両替商は貨幣保管の副産物というよりも、貨幣保管によって形成される債権債務関係を利用した決済機能のために「預金銀行」化した。他方、遠隔交易にたずさわる商人達は、預金ではなく委託販売等の交易によって生じる債権債務関係を基盤として「商人＝銀行家」業務を展開していた。産業資本が構築する信用関係の場合には、その限界がどのような媒介者によって打開され、高次化されるのか、その論理展開によって、近代的な信用機構の成立における貨幣取扱業の位置づけは判断されるべきであろう。

　市場機構論という視角はまた、「信用」という概念が意味する二側面のうち、個々の経済主体が織り成す取引行為＝信用取引の側面を軸に銀行信用を考察することを意味する。銀行券や預金通貨などの信用貨幣の側面は、信用論の重要なテーマではあっても、その発展や完成が直接に論理展開の動力となるのではなく、諸資本が組織的・機構的な関係を展開する中で、結果的にその一層の展開や高次化を媒介するために必要とされる限りで作り出されるものとして論じられ、市場機構の発展のうちに位置づけられなければならないのである。

　ところが、商業信用から銀行信用への展開を図る議論には、むしろ商業手形から銀行券という信用貨幣の発展を軸とするものが多い[5]。これは商業信用の意義を手形の流通にみて、その限界を産業資本の個別性に規定された手形の流通性の限界と捉えたことによるものであるが、銀行資本の成立の意義を、「完全な社会性」[6]をもった信用貨幣の完成にみることで、産業資本からの内在的な展開を困難にしているように思われる。そこで以下では、市場機構論の方法を徹底する中で、商業信用の限界を打開するために要求される

社会性の水準に注意し、「社会的なる媒介の機関」たる銀行の社会性を明らかにしていきたい。

2 商業信用の社会的基盤と限界

（1） 信用取引の社会的基盤

そこでまずは、信用という結合形式の社会的基盤について確認していこう。商業信用の意義を手形の流通にみる捉え方の背景には、信用取引のメリットをもっぱら買い手である受信側の資本にのみ認め、売り手も受け取った手形を自らの購入に利用するという受信動機を有する形でしか与信が成立しないとする把握がある。しかし、ここまでみてきたように、流通過程の不確定性が産業資本にもたらす特有な制約性を踏まえるならば、商業信用には売り手の産業資本にも十分なメリットがあり、二者間のみで成立しうる市場機構であった。

売り手である与信側資本にとっては、手形による販売とそれに伴う満期手形の返済という形ではあっても、長期的かつ安定的な貨幣の流入を期待しうることで、準備や流通費用などの諸費用を節約しうる。さらに、いわゆる信用価格として価格の上乗せも得られよう。他方では、反復される取引における手形の期限に比例して常に一定額の手形債権を保有することになり、それだけ必要資本額が増大することになる。信用調査などの新たな情報活動が必要となる場合もあろう。したがって、節約される費用と収入の増加分が追加される費用を上回ると見込まれる範囲内に、価格・手形期限等の条件が収まっている限りで、与信側には恒常的な信用取引に移行するメリットが存在しうるのである。

ところが、こうしたメリットの反面には、必ずしも貨幣による換算の容易ではないデメリットも存在する。流通過程の不確定な変動は単に制約となるだけではなく、時には生産手段等の安価での購入や、自己の商品の高値での販売の機会をもたらす場合もあろう。準備の存在は、市場の変動に対する予

想に基づいた投機的な行動の余地を与えることにもなる。長期的・安定的な取引関係を構築し、またそれによって準備を減少させることは、こうした利益機会の可能性を失うことを意味する。また、将来における買い手である受信側資本の支払約束の不履行＝不渡りが発生した場合には、規則的な返済を前提に準備を減少させている与信側資本は多大な損害を受けることにもなる。

　前者のいわば商人資本的な利益機会の喪失の問題については、固定資本を抱えているために生産手段等の規則的な購入が求められることになるという産業資本の特殊性から、少なくとも産業資本の一部に安定性を選択する類型が存在することは説明できよう。それに対して、後者の返済の不確実性は、偶発的なトラブルやアクシデントを含めた将来の不確実性一般に加えて、流通過程が不確定である限り、原理的に解消することが不可能な問題である。したがって、商業信用が市場機構として成立することを説くためには、こうした不確定性ないし不確実性の問題を部分的にせよ乗り越えうる根拠や基盤が明らかにされなければならない。またその上で、その乗り越えの部分性がどのように機構としての限界を形成し、新たな機構の展開の動力となるのかが問われることになろう。

　そしてこの後者の問題においても、以下にみるように、産業資本の特殊性がこの乗り越えのための社会的な基盤をもたらすことになるのである。

　商業信用の限界としてマルクスは、「第一に、このような相互の債権の決済は，資本の還流にかかっている。……つまり、これらの支払は、再生産すなわち生産・消費過程の流動性にかかっているのである。しかし、信用は相互的だから、各人の支払能力は同時に他の各人の支払能力にかかっている。なぜならば、各人は、自分が手形を振り出したときには、自分自身の事業での資本の還流をあてにしていたか、またはその間に彼に手形の支払をしなければならない第三者の事業での還流をあてにしていたかのどちらかでありうるからである。還流の見込みを別とすれば、支払は、ただ、手形振出人が還流の遅れたときに自分の債務を履行するために処分できる準備資本によって

のみ、可能になることができるのである」として、「商業信用にとっての限界は、それ自体として見れば、（1）産業資本家や商人の富、すなわち還流が遅れた場合の彼らの準備資本処分力であり、（2）この還流そのものである」と述べている[7]。

しかしながら、個々の資本の「準備資本処分力」は、一般的にその資本の債務の履行を信用する根拠たりうるであろうか。個々の資本における「還流が遅れたときに自分の債務を履行するために処分できる準備資本」には、生産設備などの非貨幣的な資産も一応含まれるであろう。しかし、特に産業資本の場合には、即座に貨幣形態に転換しうる資産は少なく、また今後の事業活動の継続に与える影響も破壊的なものとなるため、基本的にはすでに貨幣形態にある資産によることになる。その場合にも、生産量の縮小などによって原材料等に使用する貨幣を節約する方法と、準備貨幣によるものとがあるが、前者は恒常的な信用取引の拡大そのものによって次第にその余地を失っていくものでもあり、中心は償却基金などの様々な遊休貨幣の転用か、還流の遅れに備えた準備金の保有ということになる。しかし、受信側の資本にとっての信用取引のメリットが自己資本の節約にある以上、意図的な準備金の保有は受信のメリットを縮減させてしまう。現金での購入との比較の上で信用取引が選択されていることからすれば、取引の時点で貨幣を保有していたとしても、それを生産拡大などのために手形での購入の困難な他の用途に用いることを織り込んだ上で信用取引が選択されている場合が多いということになろう。信用取引への移行やその拡大によって、個々の資本の「準備資本処分力」は低下していくとみるべきである。そして、与信側の資本にとっては、受信側の資本が現時点でどれだけの貨幣を保有していたとしても、手形の期限までそのまま保有されている保証はなく、いつ使用されるとも限らないそうした貨幣を返済能力に含めて考えることはできないであろう。手形債務の返済は、主に受信側資本の「還流そのもの」、すなわち受信側資本の「事業」たる資本家活動の円滑さ[8]に依存するものとして、その可否が判断されなければならないのである。

そして、受信側資本自身の商品の販売である「自分自身の事業での資本の還流」や、その受信側資本が与信している相手における商品の販売である「彼に手形の支払をしなければならない第三者の事業での還流」は、商品の販売量や価格が一定以上の水準を満たさなければ十分とはならない。ところが、個々の資本の販売動向や商品価格は、（ⅰ）技術革新や嗜好の変化などを通じた産業構造の変動や、景気の動向などの、個別資本の努力を超えた中長期的な要因の影響を免れず、また（ⅱ）より短期的にはその産業への新規参入や他の資本の生産拡大などによる競争条件の変動の影響も大きい。（ⅲ）個別的には、販売活動等における錯誤的な行動、あるいは偶然的な変動やバラツキ、さらには偶発的なトラブルやアクシデントの発生もありえよう。こうした諸要因の結果として販売の停滞や価格の低迷などが続けば、手形債務の不履行すなわち不渡りの発生を招くことになる。

したがって、返済の不確実性への対処は、個別産業資本のレベルでは、受信側資本に関するこうした多層なレベルにおける変動の諸要因に対する情報や個別的な情報を集め、将来における返済の意思と能力とを確認することによらざるをえない。不渡りの発生を招くような信用取引をあらかじめ排除しようとする事前的な対応として、いわゆる信用力の確認が信用取引成立の要件となるのである。ただし、この信用力とは、資本規模や利潤率といった何らかの指標のみで表現しうるような客観的な受信側資本の属性ではない。それはあくまでも特定の個別主体間において、不確実な将来に対する予想という契機を含んで主観的に判断されるものなのである。受与信の動機をもつ当事者間において、この信用力の確認がなしえなければ、商業信用は成立しえない。

そこで、個別主体間の商品経済的取引関係一般とは異なった、産業資本間に特有な関係性に目を向ける必要があろう。産業資本の特殊性とは、固定資本を抱えることによるものであったが、生産の連続性そのものが流通過程との関係で制約となるのは、それが個別資本の内部で完結しうるものではなく、労働力とともに原材料などの生産手段が技術的条件に従って絶えず投入

－補塡されなければならないからであった。産業資本が活動の基盤とする生産過程とは、個別の生産過程であっても、労働生産過程における人間間の直接的な協業関係や、共同体的な諸関係と結びついた労働力の再生産過程との関係に加えて、産業連関的な他の生産過程との投入関係という社会的な諸関係の中ではじめて実現されるものなのである。技術的条件が一定である限り各生産部門が利用する生産物の種類とその量は技術的に規定され、この産業連関的な投入関係は安定的なものとなるが、それに加えて固定資本の存在は、個々の資本の他部門への移転を容易ならざるものとして、その「事業」に縛りつけるとともに、連続的・安定的な生産の維持を強いるのであった。産業資本が包摂した社会的生産には、生産方法や嗜好などの大幅な変動がなく連続的生産が維持されている限りは、川上から川下に至る個々の生産過程間に、固定的で規則的・安定的な生産物の流れが存在している。こうした定常的な流れの存在が、通常の市場取引において特定の諸資本との取引の継続や反復がみられ、個別資本やその生産部門の情報が経験的に集積されてくる背景をなすとともに、信用取引を機会主義的・詐欺的に利用することへの制約ともなることによって、商業信用における信用力の確認を可能にする基盤となっているのである。

　さらに、こうした固定資本に規定された定常的な生産物の流れは、個別資本間の関係が直接に規則的・安定的なものとなりうる潜在的な可能性をも意味していよう。恒常的な信用取引という形で直接的・組織的な結合関係を取り結ぶことは、そうした潜在的な安定性を顕在化させるものである。信用取引という結合形式そのものにも、買い手側の受信側資本にも長期的な関係の継続の意思－特に自己資本節約のメリットを生産拡大等に活用して、貨幣準備を最小化させている資本の場合には、長期的関係を自ら解消することは困難となろう－を持たせ、直接には手形取引という短期的な契約関係にすぎない結合の長期的な継続を支える効果が期待しうる。その上で、恒常的な信用取引の展開や拡大、とりわけ手形の裏書流通等を通じて信用取引が連鎖的に拡大していくことは、実際にそれだけ個々の資本の流通過程に、あたかも垂

直的に統合された同一組織内の中間財受け渡しのような規則性・安定性を作り出すことになる。そうした意味で、信用取引の成立に際してなされる長期的な安定という予想は、その予想の下に信用取引が展開されることによって、いわば自己実現される側面を有していることになろう。

このように、生産を包摂するに至った特殊な流通主体である産業資本間の商業信用は、社会的な分業関係を形成する生産主体が有する潜在的な社会性を、直接的・組織的な結合によって顕在化し、その成立や維持を支える社会的な基盤としているのである。

（2） 商業資本の信用取引

商業資本の二類型のうち、産業資本との間で一時的・スポット的な取引を展開する商業資本は、窮迫時に在庫商品の廉価ではあっても大量の販売を期待することで、通常時の準備水準を引き下げる節約効果を産業資本にもたらすという意味で補足的な機構であった。したがって、その行動原理も資本間の関係性も、一般的な商人そのものであった。それに対して、長期的・安定的な取引関係を構築して販売の確定化を実現させる類型の商業資本の行動には、商品経済的な関係性に本来的な個別的・偶然的な取引関係とは異質な面が含まれている。流通期間の設定の短縮化や、販売促進等の流通活動の縮小といった確定化のメリットの取得が可能となるためには、商業資本への販売が長期間にわたってある程度安定的に行われるという見込みが不可欠であり、いわば文字通り流通過程の「委譲」と呼びうる質の取引関係が必要なのである。それだけに、共同体的ないしは文化的な要素や紐帯に依存することなく、あくまでも自己の商品経済的な利益に基づく行動によって、その成立や持続性が説明しうるのかが問われることになる。本書の第1部で概観した歴史的展開は、商人的な組織性に基づく機構の成立可能性を示唆するものであったが、他方で、商業資本にとってそうした長期的・安定的な取引関係は、いわゆる卸売価格という価格面のメリットは得られるとしても、商人資本的な利益の機会の喪失であり、また仕入れた商品の販売過程における不確

定性を吸収して安定的な仕入れを継続するための準備というデメリットも負うことになる。

したがって、本書第6章でも検討したように、こうした類型の取引関係は部分的な存在にとどまるであろう。しかも、商業資本側が上記のデメリットを嫌って委譲関係を「押し戻す」可能性に直面する産業資本は、確定化のメリットを十分に享受できないか、さもなければ商業資本による「買い叩き」といった交渉上の決定的な不利を抱えることになる。

しかしながら、社会的な結合の基礎形式である商業信用を利用することで、この商業資本の機構としての限界が部分的にせよ打開されることになる。売り手側が販売の確定化を求めるのに対して、恒常的な信用取引は、商品の買い手側にも自己資本の節約メリットを与えることによって長期的な関係の継続を可能とするものであった。信用によって継続的に商品を購入しうることがそれだけ自己資本を節約することになる点では商業資本も産業資本と同様である。しかも、固定設備を要する生産過程を持たず商品の買入れ資本の比重が大きい商業資本にとって、その効果は一般に産業資本の場合よりも大きいとみることができよう。受信によるメリットの代償として商業資本も不可逆性を抱えることになるのであり、それによって、商人資本的な行動原理とは異質な安定的な取引関係の構築という新たな関係性に商業資本を向かわせることが可能となるのである[9]。

また、こうした手形での購入を前提とした産業資本との安定的な取引関係を基礎に、商業資本は販売においても産業資本に対して手形で販売するという信用取引を広汎に展開することになる。生産過程を抱えていることによる制約のない商業資本の場合、販売促進活動の一環として一時的な信用での販売を利用するメリットは認められるとしても、継続的な信用取引によって資本の一部が手形債権として長期的に固定化されることは、それだけ資本増殖の効率性を低下させることになり、長期的な信用販売を展開するメリットは一般的には存在しない[10]。ところが、受信による自己資本の節約を求めて仕入れにおける信用での取引の比重が高まるにつれて、支出のうち規則的な手

形の返済の部分が増大すると、生産の連続性を維持するために規則的な支払を必要とする産業資本に類似した問題が商業資本にも生じることになる。商品の販売過程に不確定性がある以上、規則的な手形の返済に支障をきたさないためには一定の貨幣準備を必要とすることになり、その節約が求められることになるのである。したがって、自己の手形の返済期限までは販売代金の受取りを猶予しうるというだけでなく、むしろ積極的に手形での取引を条件として安定的な購入者を確保し、販売の確定化を図ることにメリットが見いだされることになる。こうして、もっぱら信用販売で得た手形の裏書きによって商品を購入することを繰り返す場合をも含めて、手形決済の規則化・安定化に対応した自己の販売過程の規則化・安定化により、販売過程の不確定性に伴う非効率性を回避しようと努める商業資本が現われてくるのである。

このように、信用機構と商業資本は単に並立的に展開されるというだけでなく、商業資本との取引関係の成立の困難という第1の意味での限界が、商業信用によって打開されるという重層的な補足関係が存在する。商業信用の銀行信用への発展における商業資本の役割を考察する上でも、受与信両面にわたって信用関係を広汎に利用して産業資本と安定的な取引関係を展開する商業資本を含めた、こうした商業資本の二類型に注意を払う必要があろう。

他方で、商業資本が産業資本と展開する信用取引は、商業信用による組織化の部分性を多少なりとも解除し、後述する商業信用の第1ならびに第2の意味での限界のいくつかを打開するものとしての意義を有している。産業資本間の直接取引ではなく、多数の産業資本の売買過程を媒介する商業資本との取引では、個々の産業資本の生産過程に規定された投入・産出のタイミングおよび量的なズレに対して取引の集約による平均化がなされ、そうした産業資本の個別的事情に即した規則的な信用取引が容易となろう。また、最終消費財や機械設備などの固定資本財を生産する産業資本にとっては、商業資本に対してならば信用での販売が実現できることになる。ただしこの場合も、商業資本によるそうした財の販売過程では依然として手形による取引が困難である以上、社会的生産における組織化の範囲を拡大したものとはいえ

ず、信用取引の連鎖的拡大もその限界点においては、不確定な変動を繰り返す市場における「還流」に依存していることに変わりはない。

信用取引は、それが投機的に利用されるならば、市場の変動に対する商人資本的な利益の機会を大幅に拡大することになる。主にスポット的な取引関係を繰り返すタイプは無論のこと、信用関係を利用した安定的な取引関係を展開するタイプの商業資本も商人資本的な行動原理を残している以上は、信用機構と商業資本との相互依存的な発展は、信用機構がもつ効率性と不安定性とをともに高めることになろう[11]。

なお、信用取引への商業資本の介在には、信用力の確認という点でも個別産業資本間における商業信用の成立の困難を打開する働きが認められうる。すなわち、これまでの取引関係の希薄さなどから、－とりわけ、生産方法の革新による投入流動資本財の変更や、隣接部門等への新規参入など受信動機の高い状況において－産業資本間の恒常的な信用取引関係の構築が困難な場合に、受与信双方が共通に取引経験を蓄積している商業資本があれば、それを媒介とした三者間の取引関係によって恒常的信用取引の実現が可能となる。ここには、商品の売買関係という形態をとりながらも、後にみる媒介的な信用取引の萌芽を認めることができよう。

(3) 商業信用に伴う脆弱性・不安定性

しかしながら、商業資本を組み入れていったとしてもなお、商業信用による結合によって組織化されうるのは、社会的生産の一部にすぎない。このことを、従来の商業信用の限界をめぐる議論の検討を通じてみておこう。

マルクスは、先の「資本の還流」とともに商業信用のもう一つの限界を、それが現金支払の必要をなくしてしまうものではないというところに認め、①「支出の大きな一部分、労賃や租税などは、いつでも現金で支払わなければならない」という点や、②「織物業者に対する紡績業者の債権は、機械製造業者に対する石炭供給業者の債権によっては決済されない。紡績業者は自分の事業では機械製造業者にたいする反対債権をもつことはない。なぜなら

ば、彼の生産物である綿糸はけっして機械製造業者の再生産過程にその要素としてはいらないからである」という債権系列の循環化の限界に伴う、貨幣による決済の必要性を指摘している[12]。このように現金支払の必要性そのものを限界とするのは、社会的な貨幣の節約の機構という視角から商業信用をみたためであって、個々の産業資本の観点からは、二者間の信用取引でもメリットがある以上、手形が現金で決済されること自体を直ちに限界とはいえないであろう。また、個別資本にとっての貨幣取扱費用の節約ならば、三者以上への信用連鎖の形成において中間に位置する資本は、そのことによってすでに－その信用連鎖自体が円環化しているか否かにかかわらず－貨幣の収受や保管および支払に伴う費用を節約しえている点にも、商業信用の展開に伴う追加的なメリットとして注意が必要であろう。

しかし、①の点は、労働力商品以外にも、費用の回収に長期を要し手形での取引になじまない固定資本財をも含め、その購入のための自己資本を節約しようとする動機が商業信用では十分に満たされないという先の第2の意味での限界をなしており、新たな機構が要請される動力となりえよう。同時にこのことは、個別資本の取引関係のうちに信用取引に移行しえない部分が残存することを示している。そしてこの個別資本にとっての部分性はまた、最終消費財や機械設備などの生産部門に、商業信用による組織化が及び難いという意味での部分性をも示しているのである。

なお、マルクスの指摘する②の点は、「産業資本間の関係としては……それぞれの再生産過程が使用価値的な直接的関連を持っている資本相互の間でしか展開されえない信用関係であり、個々の資本が任意に他の資本と展開しうる一般的機構ではない」[13]と読みかえられることで、個別産業資本の展開する市場機構の限界としての意味を持ちうるであろう。このことは、遊休貨幣の転用によって保管費用の節約やさらには貨幣の増殖を望む資本にとっては、信用を供与しうる相手が限定されることで十分にその機会を得られないということを意味している。ただし、販売の確定化という与信側のメリットに関しては、与信相手が自己の商品の買い手という「再生産過程が使用価値

的な直接的関連を持っている資本」に限られていることは何ら限界を意味しない。同様に、受信側資本にとっても、信用によって得られた購買力で生産手段等の自己の資本活動に必要な商品を購入することが目的である限りは、すなわち信用取引になじまない商品の存在という先の①に関する問題を除けば、限界とはいえない。やはり非全面性という第2の意味での限界であって、成立の困難という第1の意味での限界ではないということになろう。

　また、商業信用の成立に関わる限界としては、受信側資本の求める手形の期限や金額と、与信側の与えうる期限や金額とが、「それぞれの再生産過程における種々異った、しばしば個別的なる事情によって」規定されるために、「必ずしも一致するとはゆかない」という問題が指摘されている[14]。ただし、このいわゆる形式的な限界の議論は、もっぱら手形の裏書流通を商業信用の核心としていたり、あるいは「平均流通期間」が産業資本の流通期間となるとした上でそれを上回るかどうかで利用される資金の性格が異なるとする理解や、受信側の求める手形期限をその商品の「流通期間」とするなどの、手形期限や金額を規定する特殊な舞台設定に依拠した議論となっているように思われる。確かに、一時的信用取引の場合には、受与信それぞれの動機である窮迫状況や転用すべき遊休貨幣の状態から、それぞれに必要な期限や金額が限定されているといえよう。しかし、恒常的信用取引への移行の場合には、準備すべき最大限の想定に基づいた流通期間の範囲内で、節約される諸費用や価格条件を考量しつつ受与信双方が受容しうる手形期限が存在しうる余地は大きいと思われる。

　むしろ、恒常的信用取引の制約となる「再生産過程における個別的なる事情」として問題となるのは、商業信用による結合が個別産業資本間である限りは、その生産過程の技術的条件にも規定され、それぞれの生産物の産出や投入のタイミングや量にズレが生じ、規則的な販売・購入の関係を構築することが困難となることであろう。これに対しては、多数の購入先・販売先をもつことによって、ある程度同期化や平準化が可能となるが、あまり多くの資本と信用関係を結ぶことは、信用力の確認やそのための費用などの点で限

界があろう。このことは流動資本財の定常的な取引部分においても、完全な組織化が困難であることを示している。

こうして、商業信用が自己実現的に現実に作り出す定常的・安定的な流れが部分的なものにとどまる以上、先に本章195頁で挙げた市場の変動諸要因の中で実際に消極化されうるのは主に、(ⅲ) のうちの偶然的な変動やバラツキの部分であり、(ⅰ) 産業構造の変動や、景気の動向などの個別主体の次元を超えた中長期的な要因や、(ⅱ) 新規参入や生産拡大などの他の主体の競争行動の影響は、(ⅲ) のうちの偶発的なアクシデント等も含めて、容易に回避しえないことになる。しかも、信用取引そのものが、自己資本の節約によって投資活動を通じた技術革新や急速な生産拡大を促進することで、生産の連続性に伴う定常的な流れを突き破る可能性を持った (ⅰ) や (ⅱ) の変動要因を促進し積極化させることにもなるのである。したがって、恒常的な信用取引で結合した産業資本間であっても、信用力を確認し続けるに足る様々な次元の情報を集められるか否かという問題は残り続けるのである。

さらに、どれだけ信用力の確認という事前的な対応を尽くしたとしても、偶発的なアクシデントによるものも含め、一定の不渡りの発生は不可避である。これに対して、すでにみたように一般的には受信側資本自身の貨幣準備による事後的な対処が期待しえない以上、与信側資本における十分な準備、すなわちいわゆる不渡準備による処理が可能か否かが問題となろう。不渡準備による処理とは、流通過程の不確定な変動によって引き起こされる不渡り等の事態が一定の確率で発生するものと予想し、そこから想定される損失に応じた準備金をあらかじめ積み立てておくことによって、事後的な損失の補填を事前的に処理するものである。不渡りが実際に発生すると、損失を補填するために準備金は費消されてしまう。販売量や価格の変動に対する準備金のように、一旦準備された後は、短期的な変動やバラツキによって増減を繰り返しても、販売量や価格が中長期的に予想された平均的な水準を保つならば、そのまま維持されるという性格のものではない。たとえ不渡りの発生率が予想通りの水準を保ったとしても、発生した損失の度に費消され、絶えず

補充され続けなければ維持しえない費用としての性格を有している。したがって、この不渡準備を維持するためには、与信側は不渡り発生の偏りやバラツキに対応するために信用取引に先だって用意しなければならない予備的部分は自ら負担するとしても、不渡りの発生による準備金の補充の負担は、予想される不渡りの確率にしたがって信用価格に加算することで受信側に求めることになる。不渡準備が有効に機能しうるためには、確率的な予想による対処そのものが可能であるとともに、予備的部分の準備という与信側の負担と、予想確率に対応して決定されるこの加算率という受信側の負担とが、信用取引のメリットに比して妥当な水準でなければならない。

　個別産業資本間の商業信用のレベルでは、手形債権の数が相対的に小さく、個々の信用取引が全体の取引に占める比重が大きいことや、受信資本の産業部門や地域等に偏りがあることなどから、(a) 一回の不渡りによって受ける損失が取引総量に比して相対的に大きく、また (b) その発生の仕方が平均化されにくく大きな偏りやバラツキが見込まれる上に、(c) 同時期に複数の受信資本が不渡りに陥る可能性も高いため、たとえ個々の手形債権が不渡りとなる確率自体が低いと予想することが可能であったとしても、与信に際してあらかじめ準備しなければならない準備金の負担は大きなものとならざるをえない。また、信用取引の成立にあたっての情報の集積や収集能力が十分でなければ、それだけ見込むべき不渡りの確率は高くなり、受信側に求める加算率も高くなる。両者にとって負担は過大となり、個々の資本が個別に対応する商業信用のレベルでは、信用取引のメリットを損なうことなく不渡準備が有効に機能するとはいい難いであろう。

　したがって、流通過程の不確定な変動とそれによる返済の不確実性は排除できないのであり、一旦予想限度を越えた変動によって不渡りが発生すれば、変動に備えた準備を節約することで「準備資本処分力」を低下させてしまっている個々の資本の個別的な処理では、その生産の連続性・安定性を維持することは困難である。支払不能の連鎖や不信に基づく連鎖的な信用取引関係の解消を招くことで、蓄積過程により大きな混乱がもたらされるおそれ

もあろう。商業信用は、流通過程の不確定性に対する処理方法を効率化することで蓄積を促進する反面で、不確定な変動が蓄積過程にもたらす脆弱性・不安定性を増幅させてしまうのである。また、こうした脆弱性を重視する資本であれば、信用取引そのものに躊躇することにもなり[15]、将来の予想という契機を伴った信用力の確認が成り立つ条件もそれだけ厳しいものとなろう。

こうして商業信用によっても解消しえない流通過程の不確定性は、この機構や蓄積過程を脅かす不安定性をもたらすとともに、この機構の第1の意味での限界に関わる信用取引成立の可否の問題においては、信用力の確認と、不渡りに対する準備能力という与信側の二重の問題が焦点となるのである

3　信用代位機関としての銀行資本の成立

（1）　媒介的な信用取引

銀行信用を産業資本の展開する市場機構としてみた場合、産業資本間の直接的な結合である商業信用に比して間接的・媒介的である。また、手形割引にみられるように、商業信用にとっては、自らを基礎としながらその展開を支えるより高度で重層的な補足機構ということになろう。したがって、実際の銀行には必ずしも商業信用を基礎としない様々な業務が含まれるとしても、市場機構論としては、商業信用の限界を打開するものとしてその成立を説き、その上で様々な業務を位置づけていくことが求められる。その際、まずは成立の困難という第1の意味での限界である、信用力の確認と不渡りに対する準備能力とを主たる焦点としての展開が試みられるべきということになろう[16]。

そうした成立の困難という視角からすると、信用関係の手形の裏書流通等を通じた三者以上への拡大に、単に二者間の信用取引を基礎にしてそれが事後的に拡大するという面だけではなく、むしろ二者間の取引成立の困難を打開するための商業信用自体のさらなる展開という面があることに注意が必要

であろう。

　例えば、（α）AがBにその約束手形で商品を販売し、さらにそのB手形にAが裏書きをしたものによってCから商品を購入するという三者間の信用取引についてみてみよう。

　中間に位置するAにとっては、A－Bの二者間取引に比べてB手形の保有期間が短くなる分だけ必要な貨幣準備は少なくなるのであり、あらかじめこうした信用連鎖の形成が見込めるのであれば、AにBの要求する手形期間に対応しうる貨幣準備が不足していて二者間では信用取引の成立が困難な場合でも、Cの貨幣準備を利用することによってその成立が可能となろう。また、Cにとっては、B手形にAが裏書きした複名手形には、Aが商品販売の不確定性をBの支払約束へ転化させているという面と同時に、たとえAの支払約束が十分に信用できなくてもBが信用しうるならば受け取りうるという面があり、Aのいわゆる「受信力」の不足によってC－Aの二者間では信用取引の成立が困難な場合でも、Bの「受信力」を利用することによってその成立を可能にしうる。

　さらに、信用取引が手形という持参人払いの債務証書の発行という、他者への譲渡を少なくとも潜在的には意識した形式で行われることには、次のような形で必ずしも使用価値的な直接的関連にない第三者をも利用した取引を可能にするという意味をもつ。一つには（β）現金による手形の購入＝割引であり、例えばA－B間の信用取引の成立が準備貨幣の不足や支払能力の確認ができないために困難な場合に、A（またはB）が、Bの支払能力を信用しうる第三者である甲にB手形を現金で購入してもらうことで取引を成立させる場合である。また、（γ）現金での割引でなくとも、Bの支払能力が確認できないために信用取引の形成が困難な場合に、Aが甲の支払能力ならば信用できるのであれば、Aに対して甲がB手形に裏書きなどの形で支払保証を与えたり、甲自身の約束手形と交換したりする形での手形割引などの信用代位を行うことによっても信用取引が可能になる。これらは、手持ちの貨幣や自己の信用力を活かして保証料や割引料による報酬を得ようとする資本が

媒介する形で信用関係を構築することによって、信用取引の成立や拡大を実現させるものであり、先の（a）のような単なる信用連鎖の場合とは違って、媒介的な第三者の位置には使用価値的な直接的関連のない資本でも立ちうることになる。

　このように、三者以上への信用関係の拡大は、単に二者間での信用取引を基礎にしてそれが連結されるという側面だけではなく、また、信用連鎖の中間に位置する資本に保有手形債権の縮小や貨幣取扱費用の節約という追加的メリットをもたらすというだけではなく、受与信可能な範囲を押し広げて信用取引の成立における制約条件を緩和し、信用取引の成立や拡大を可能にするという側面をも有しているのである。

　しかしながら、こうした商業信用自身の展開は、その成立の困難を根本的に解決しうるものとはいえない。先の（a）の例であればCは、AよりもAの取引相手の中に見いださなければならない。（γ）の例ならば、甲はAと直接に商品売買を行っている資本である必要はなく、使用価値的な関連にとらわれない広い範囲から見出しうることになるが、こうした関係が成立するためには、甲はAによって信用されうると同時に、自らはBの支払能力を信用できなければならない。受与信相手の範囲の拡大は、他面では商品取引の反復・継続という商業信用における信用の基礎から遠ざかることでもあり、直接的な取引関係にない資本のうちに、そうしたBや甲が存在しているかどうかは外在的・偶然的要素が大きいといえよう。一般的には、こうしたBや甲を見いだすことに依然として困難が伴うのである。

　現金での割引という（β）の例では、甲自身に対する支払能力の確認の問題は生じないが、自己の貨幣を実質的に融通する甲が、その貨幣を他の投資部面に用いた場合に匹敵するような報酬を割引料に求めるならば、受信側にとって信用のコストは非常に高いものとなり、信用取引によるメリットを失うことになる。やはり信用取引の成立の困難を打開する一般的な機構とはいえないであろう。それでも、販売の一時的な停滞などの窮迫時にこうした形

の信用が利用しうることを想定することで、流通期間の設定の短縮と流通費用の節約が可能になるならば、そうした恒常的に実現される流通上の諸費用との比較で例外的な事態での割引料の負担を斟酌することになり、こうした現金での手形割引も部分的・補助的な機構としての意義を持ちうることを認めることができよう。しかも、前述した商業信用では十分に活用しえない種々の遊休貨幣を抱える産業資本がこうした現金による手形の割引に参加することは、遊休貨幣の転用の機会となるとともに、他の投資部面への投下が制約されているというその性格からも、また需給面からも割引率の水準を引き下げる効果を持つことになる。

裏書きや手形による割引などによる信用の代位という（γ）の場合には、甲は現実の貨幣を融通している訳ではなく－そのために甲の支払能力がAによって信用されなければならないという制約条件も生じるのであったが－、将来の返済＝貨幣還流に対する信用を根拠にして先取り的に現在の購買力が創出されるという、商業信用の特徴が生かされる形での介在となっている。それ故に、割引料や保証料として甲に支払われる費用も、現金での割引の場合よりもはるかに低率のものとなりうる。

そこで、こうした（γ）の例のような第三者の位置に立つことを業務として専業化する資本が登場し、そうした信用代位業務を介した媒介的な信用取引によって商業信用の成立の困難が緩和され、一般的な機構として商業信用が成立するようになるのであれば、商業信用の第1の意味での限界が打開されることになろう。商業信用自体の展開の延長上からは、銀行資本はこうした性格のものとして要請されてくるのである[17]。

（2） 信用代位機関・共同準備機関としての社会性

したがって、こうした信用代位機関となりうる資本に求められるものは、情報と不渡準備という二重の問題に対処しうるその特有な「信用力」ということになろう。すなわち、（γ）の例における甲の位置に銀行資本が立つとすれば、Aが信用することのできないBをなぜ銀行資本は信用しうるのか、

そしてその銀行資本自身はなぜAによって信用されうるのかという、いわば「信用する力」といわゆる「受信力」との受与信両面における銀行資本特有の「信用力」の問題である[18]。受信を希望する資本に対して、これまで取引を反復・継続してきた資本が、その経験からこの資本の「還流」に不安があると明確に判断できる場合には、この資本を信用しうる他の主体の存在は考えにくく、第三者の介在によっても信用取引の成立は困難である。与信側資本が受信側資本の支払能力を判断しえない時でも、この資本に関するより多くの情報を有する主体が、その「受信力」が不足していると判断しうる場合には、やはり信用取引は成立しない。これらの場合は、受信側資本の支払能力からみて、むしろ信用取引を結ぶべきではないのであって、その成立の困難は第１の意味での限界とはいえない。結局、成立の困難を媒介的な信用取引によって打開しうるのは、受信側資本の支払能力そのものの問題というよりも、個々の与信側資本におけるいわば「信用する力」の不足がネックとなって信用取引の成立が妨げられている場合ということになろう。与信側の「信用する力」の不足には、これまでの取引関係が希薄なために受信を希望する資本についての個別的な情報が不足している場合や、受信相手の個別的な情報はあっても、その資本の属する産業やさらにその川下の諸産業の状況や今後の傾向などのより一般的な情報が不足している場合が考えられる[19]。

したがって、信用力の確認が個別的な経験に依拠した主観的な判断であることからすれば、多くの諸資本を信用することができ、かつ多くの諸資本に信用されうるための基盤は、多様な諸部門の多数の諸資本との取引関係の展開を通じた、情報の集積ということになる[20]。こうした取引関係の広がりと情報の集積といった意味でより社会的な基盤を有する資本が存在する可能性が最も高いのは、本業において広汎な諸部門・資本との取引関係を展開し、また積極的な情報収集活動を展開する商業資本ということになろう。

すでに商業資本から銀行資本への転化という議論は何人かの論者によって展開されており、商業資本の信用代位業務への適合性についてそれぞれの視角から明らかにされてきている。ここでは先に示した商業資本の二類型に即

して再検討していこう。取扱商品の柔軟な選択によって価格の変動を積極的に利用するタイプの場合には、積極的な情報収集活動によって諸産業や景気の動向に関する情報を広く集積することが、その活動上重要な位置を占めている。産業資本の情報収集活動[21]と比べて、広汎な商品を取り扱っていることで諸産業の一般的な情報の収集もより容易となり、費用を投じて得た一般的な情報の活用という面でも、取扱商品や購入・販売先の選択という形でより効率的に行いうる。そして、物財と異なり繰り返し利用することに追加費用を要しないという情報というものの性格から、本業を通じて形成された情報をさらに信用代位業務という形で利用することにも積極的となろう[22]。しかし、与信のためにはそうした一般的な情報だけではなく、受信資本の個別的な情報が不可欠であった。この点ではスポット的な取引を主とするこうしたタイプの商業資本では、個別的な情報の集積という点では十分とはいえない場合が多いであろう。また、信用代位業務の前提となる受信力という点でも、大規模な商業活動によって一般的な意味での評価を高めているような資本を別とすれば、継続的な取引という信用力の相互確認の契機を欠いている点が不利となる。

　他方、信用を積極的に利用して安定的な取引関係を展開するタイプの商業資本の場合には、多くの資本・産業との継続的な信用取引を通じた信用力の相互確認を基礎とした信用代位業務ということになろう。先のタイプのようには積極的な情報収集活動を通じた一般的な情報の集積は望めないものの、一般の産業資本よりも多数の、またより多くの産業の諸資本との取引関係を展開している商業資本であれば、それらを通じて多数の債権とともに、多くの諸資本の個別的情報や、それらを通じた個々の産業に関する一般的な情報もある程度集積していることになる。こうしたタイプの商業資本であれば、「その商業資本による貨幣支払いは、その資本に集積されている多数の産業資本にたいする債権の貨幣としての還流によって保証されている」[23]とみることができるのであり、しかも長期的・安定的な取引関係を通じて、多くの諸資本にその「信用力」を確認されているのである。

しかし、端緒がいかなるタイプの資本であったとしても、信用代位業務の拡大とともに次第にこの業務の展開自体に依拠した「信用力」が形成されてくることになろう。信用代位による信用関係の集積とその反復・継続は、それ自体が信用取引の場合と同様に信用力の相互確認の基礎となりうるのであり、個々の資本の個別的情報やそれを通じた諸産業の情報の集積もさらに進むことになる[24]。また、一般的な情報の活用機会が信用代位業務によって増すことは、費用を投じての積極的な情報収集活動の効率性を高めることにもなる。こうして信用代位業務を展開する主体は、商業資本の二類型のそれぞれが有している信用代位業務における優位性を併せ持つことになるのであり、その行動原理にも両者の性格が併存していくことになろう。そして、当初は本業において形成された「信用力」が基礎であっても、次第に信用代位主体特有の「信用力」が信用業務の一層の拡大を促していくことになるのである。

　そしてまた、信用代位業務を通じた信用取引の集積は、不渡りの発生による脆弱性・不安定性という「信用する力」のもう一つの問題に対しても、機構的な処理を可能にすることになる。先に検討したように個別産業資本における不渡準備による処理が困難であるのに対して、多数の債権を、多様な部門や地域にまたがって集積している信用代位主体であれば、与信に際して受信者それぞれの予想される不渡りの確率の分を割引料に加算して徴収することで準備金を維持することができよう。現実の不渡りの発生がその予想の範囲内にある限りは、不渡りによる損失の補填によって消費された準備金は、受信側のいわば共同的・保険的な負担によって回収され維持されるのである。もちろん、不渡り発生の偏りやバラツキによって、徴収した準備金以上の損失が発生することに備えた予備的部分も必要であるが、この部分は実際の不渡り発生が中長期的には予想の範囲内に納まっているのであれば、一時的な損失超過や余剰による増減を繰り返しつつ維持され続けることになる。したがって信用代位業務を行う側があらかじめ準備しなければならないとしても、一定以上の時間・規模にわたり予想を超過した不渡りが発生するとい

う危機的局面を除けば、追加的な費用負担を伴うことにはならない。多様な分野の多数の主体との信用取引の集積は、(a) 一回の不渡りによって受ける損失が取引総量に比して相対的に大きく、(b) その発生の仕方が平均化されにくく大きな偏りやバラツキが見込まれる上に、(c) 同時期に複数の受信資本が不渡りに陥る可能性も高いという先に本章204頁で示した三つの要因いずれをも消極化して、不渡り発生の平均化をもたらし、過大な予備的部分の準備を要することなく、こうした確率論的な事前的処理を可能とするのである[25]。その際、情報の集積を基礎とした調査・審査能力の向上が、予想の精度を上げるとともに、不渡りとなる可能性の低い取引に与信を限定する能力を高めていくことで、こうした処理の基盤となっている。

　こうした不渡準備による機構的な処理の能力[26]は、信用代位主体自身が広汎に与信活動を展開する基礎であるとともに、信用代位が成立するための条件である諸資本によるこの主体に対する信用の基礎ともなる。ただし、この対応能力は信用代位業務の主体であること自体によって可能となるものであり、他の業務との兼業は、その業務で発生した損失の補填等に準備金が流用され信用業務での必要を満たさなくなってしまうおそれなどの、不確定要素を持ち込むことを意味しよう。信用代位の展開を可能にした端緒の本業が何であれ、信用代位業務の拡大のためには、それへの専業化＝銀行資本への転化が求められるであろう。銀行資本の情報収集能力に基づく、保有手形債権の還流の円滑さだけではなく、信用業務への専業化によって有効となりうる、不渡準備による不確実性への対応能力をも信用の根拠にすることで、諸資本は銀行手形を受け取り保有するのである。その意味で、諸資本にとって保険的な機能を果たす一種の共同準備機関としての性格を有するものとして銀行資本は成立し、個々の資本が負担する割引料や保証料のうちには保険料ないし共同準備の負担分といった意味合いも含まれているということができよう。

　このように銀行資本とは、産業資本の社会的結合を媒介し、またその共同準備の機関となるという社会的生産の組織者としての側面と、情報活用力を

駆使して、むしろ市場の変動を促進し、蓄積過程の変動や再編を媒介していく商人資本的な側面との両者の性格を併せ持った主体である。銀行信用の基礎となる社会性も、信用代位機関としては、主に産業資本の安定的な結合の媒介者であることによる情報の集積を基盤とするのに対し、一覧払債務での与信や預金業務などへと銀行業務が拡大していく過程では、銀行間の組織化による手形交換システムや決済システムの形成、さらには中央銀行を頂点とする垂直的・重層的な組織形成において、商人的ないしは商人共同体的な組織形成能力を基盤としていくことになるのである。

（3） 預金と発券－信用機構の重層的発展

銀行による信用代位が、割り引く手形と同じ期限の銀行手形、ないしは手形引受や支払保証によるのであれば、それらによって形成される銀行の債権と債務は、金額だけでなく期限においても対応している。したがって不渡りの問題さえ処理しうるならば、債務の支払は債権の返済還流による貨幣で可能となり、銀行は不渡準備の予備部分への前貸や情報収集活動等への支出以外には準備や貨幣貸付を要することなく、割引料等による利潤を取得できる。また、支払と返済還流とが常に同期化していることで、やはり不渡りの問題さえ処理しうるならば、銀行にとっては、手形債権の保有による資産の固定化の潜在的なリスクは小さいものとなろう。与信と受信とを媒介する信用代位という方法であることによって、利子率に相当する負担が受信側資本にとって信用取引のメリットを享受しうるような水準であっても、銀行に資本として成り立ちうる利潤の確保をもたらすことを可能にしているのである。

ただし、与信側資本にとっては、受け取る銀行手形が一定の期限を有しており、商業信用段階と比べてもその期間の短縮がなされない以上、その保有には、やはり変動に対する対応能力を弱めるという潜在的なリスクを伴うことになる。この点は銀行の与信活動に対する大きな制約となり、新たな機構の展開の動力ともなるであろう。銀行券や預金設定という一覧払債務での信

用代位への展開は、その基礎となる預金や貨幣取扱の業務とともに、信用代位機関としての銀行にとってどのように位置づけられるべきであろうか。

 この点にはすでに、銀行が預金ないし貨幣取扱業務との兼業を開始し、その上で預金による遊休貨幣資本の社会的な集中を基礎に銀行券での手形割引を展開するという形で、銀行の業務拡大を軸に信用機構の高次化を説く方法[27]が示されている。こうした方法は、銀行券の発行には個別の銀行を超えた社会的な根拠を要するが故に、信用代位の要請から直接に発券を説きえないという認識の下に、銀行の集中する遊休貨幣資本の社会性にその根拠を求める一方で、信用代位機関としての銀行がその信用を利用して預金・貨幣取扱業務を展開するという形で、いわゆる預金先行説における貨幣を預託しうる信用の根拠という難点を回避したものである。

 しかし、個別の銀行が集中する遊休貨幣資本とはどのような性格のものなのか。はたして、発券の根拠たりうる社会性を有し、預金と発券との循環論的な把握の回避を図ることを可能とするものなのであろうか。

 この段階での銀行とは、取引関係にある資本や産業の広がりや多さといった、通常の産業資本に比しての取引範囲の相対的な大きさを基礎に、情報収集能力と、不確実性に対する不渡準備という機構的な対応とに基づいて、信用代位主体たりうる信用を維持するものであった。その社会性は、産業資本に比しての相対的なもので、具体的には日常的な取引の継続や反復を通じて相互に信用力を確認することで形成される、地域的・産業的な一定の取引圏、取引範囲に限定された社会性ということになろう。したがって、個々の銀行が発券した銀行券が兌換されることなく支払に利用されうる範囲や、貨幣取扱や預金業務によって預金を集めうる範囲もこの取引圏内に限定されることになる。

 銀行が一覧払債務である銀行券での割引を開始すれば、与信側資本は資産の手形債権への固定化のリスクが小さくなる上に、必要に応じた兌換による貨幣の入手を織り込みうることで、賃金等への支払が予定されている非遊休化部分までをも含めた信用販売の拡大・全面化が可能となる。銀行の与信活

動と割引料収入は急速に拡大しうるであろう。しかしその反面で、もはや単純な与信と受信の媒介ではなく、形成される銀行の債権と債務には時間的なズレが生じる。兌換請求が手形債権の返済額を一時的にせよ上回ることが見込まれる場合には兌換に対する貨幣の準備が必要であり、持続的に兌換が上回ればそれだけ結果的に貨幣が銀行から流出する。銀行券には、資産の固定化のリスクが小さく、またそれ故に他の資本にも受け取られやすいため、保管や支払に伴う費用節約のために保有され続けるという面もあるものの、上述の信用販売拡大の動機からすれば、賃金を含めた個々の銀行の取引圏を超える支払のために絶えずその大きな部分が兌換されるとみるべきである。兌換準備の保有とその補充によって銀行の費用も大幅に上昇することになる。確かに発券には、費用の上昇を抑えながら兌換を維持するための何らかの社会的な根拠が必要であろう。

　だが、個々の銀行の預金やその滞留分が、それだけでその根拠たりうるであろうか。購買や支払が銀行内の預金の振替によってなされる場合はもちろん、たとえ支払のために預金が引き出される場合でも、支払を受けた資本－賃金支払の場合であれば労働者世帯が購買に利用した資本－が、同じ銀行の貨幣取扱サービスを利用していれば、その貨幣はいずれ当座預金として銀行に還流する。支払関係が銀行の取引圏内である限りは、預金量は短期的に変動を繰り返しながら維持される。ただし、引き出された貨幣が労働者世帯で停滞している場合や、資本の下でも償却基金等の貯蓄を形成する場合には、利子付預金として集めうる限りでの還流となる。預金の滞留が期待しうる根拠は、このように引き出された預金が－一定の時間的遅れは伴うものの－新たな預金を形成するところにある。ところが、支払関係が取引圏を超える場合には、引き出された貨幣は他の銀行の預金へ流出し、他方で他の銀行で引き出された貨幣が預金として流入する。預金量の動向は産業間・地域間での取引や支払関係のパターンに左右されることになる。滞留の発生根拠そのものが、そうしたパターンのバランスや安定性に依存することになり、個々の銀行の預金滞留率は、購買や支払のために貨幣が引き出される頻度や偏り、

各主体の手許での貨幣準備や停滞期間などとともに、取引・支払関係の動向にも大きく影響されるのである。

　銀行券の兌換を増大させる事態は、その銀行の取引圏を形成する諸産業や資本の資金形成、貨幣準備、投資、取引関係などの変化を通じて、当座預金や利子付預金の動向にも大きな影響を与える。例えば、不渡りの連鎖的・同時的な発生を招くような変動では、取引圏の諸資本に資金形成の遅れや貨幣準備の強化の動きが生じ、兌換の増大と預金の減少が同時にもたらされることになる。このことは、個々の銀行の預金を不渡りや兌換の準備に転用することの危険性を意味し、またその危険を回避するために滞留率の見込みを小さくするならば、預金に要する銀行の費用－利子付預金への利子支払や当座預金における貨幣取扱サービスのための支出－からみて、個別の銀行の預金で発券に伴う費用の増大を補うことの有効性が失われることにもなる。しかも、兌換の増大と預金の減少の同時発生は、こうした銀行の返済能力の実質的な基礎である手形債権の返済還流が脅かされる事態だけでなく、農工地域間の季節的な変動や、あるいは取引圏内で新たな技術の導入や新規部門への参入などを伴いながら積極的な投資活動が行われ、産業間・地域間の支払関係に大幅な変動が生じる場合のように、蓄積過程が健全・好調な時でも生じうる。預金量や滞留見込みの変動に応じて銀行の与信活動が制限されることは、銀行だけでなく産業資本にとっても拡大の機会の制約となるとともに、蓄積過程に対して外的な不安定性をもたらすことにもなろう。個々の銀行の社会性の水準を反映して、預金として集中する遊休貨幣資本の社会性も相対的なものにすぎないのである。

　しかし、個別の銀行を超えて銀行全体でみると、あらゆる資本がいずれかの銀行の預金業務を利用するという形で、銀行が蓄積過程総体を包摂するならば、預金の減少分は－各主体の手許貨幣や、利子付預金として吸収できない貯蓄部分などを除けば－必ず新たな預金を形成することになる。そして、銀行券の兌換によって銀行から流出した貨幣も、同様にいずれかの銀行に預金として還流することになる。預金が兌換の準備として利用しうるとすれ

ば、それは個々の銀行における経験的な滞留分に拠るのではなく、銀行が全体として、預金業務を通じて蓄積過程総体における支払関係を包摂しているという意味での「完全な社会性」に基づいた、こうした事後的な貨幣の還流の機構を根拠としたものということになろう。銀行は割引に際して形成された銀行券債務が兌換された部分を、事後的に預金債務に転換しうることで、与信と受信の「社会的なる媒介機関」たりうるのである。

この銀行の全体としての社会性が個々の銀行に利用可能となるには、兌換や預金の動向による諸準備の過不足を調整する銀行間組織を形成し、この社会性を、銀行のシステムとしての社会性として具体化する必要がある。そうしたシステムの形成は、直接に社会的な根拠に拠るのではなく、個々の銀行が有する動機と行動とに基づいた組織的な関係の展開として説明されなければならない。先述の諸説では、銀行手形段階の銀行は、与信活動の拡大による利潤の増大のためにまず預金による支払準備の強化を図り、その結果として銀行券による与信という新たな行動が可能になると捉えられていた[28]。しかしすでにみたように、兌換等の支払準備や、不渡準備のうちの偏りやバラツキに対する予備部分への預金の転用には一定のリスクが伴い、また不渡りの損失によって費消されてしまう不渡準備の補充に、滞留分であるとはいえ債務である預金を充てることは適切ではなく、その負担は割引料に含まれ受信側に求められるものであった。資産の固定化のリスクや賃金等の貨幣支出の必要性といった、信用取引そのものの拡大を阻む制約に直面する個々の銀行の新たな行動は、したがって支払準備の強化そのものを目的とするというよりも、直接に銀行手形の短期化や一覧払化という手段によって与信活動の拡大を図るものとして描かれ、そこから銀行間の直接的な関係の構築という組織化の端緒が探られることになろう。

同時に、不確実性への対応をさらに高度化・社会化して、個別銀行の孕む不安定性の打開を図ることも、組織化の推進動機となろう。銀行手形の段階ですでに、取引圏内の諸産業・資本における変動が予想を上回る場合の不渡準備の不足という危険性を孕んでいた。銀行の破綻は健全な諸資本にまで破

壊的な影響を及ぼし、不確定な変動への共同準備機関たる銀行がかえって蓄積過程の脆弱性を増幅することにもなる。さらに銀行券の段階では、実質的な基礎である蓄積過程の動向からの乖離をも含んだ不確定な変動を繰り返す預金を利用して、兌換準備や交換尻決済の準備を維持することが、銀行信用の直接的な基礎の要素となる。そのことは、貨幣の流出と預金形成とのズレを調節する銀行間組織の展開において、「緊急時」に確実に信用供与によって不渡準備を含む諸準備の不足を補いたいという「安全性の見地」[29]を介在させ、手形交換所やコール市場などの水平的な調整システムだけではなく、上位銀行や中央銀行の形成に至る垂直的な組織化を促進していくことになるのである。

　銀行の与信活動は、資本の蓄積過程を反映すると同時に、蓄積過程に大きな影響を与えてその変動を引き起こすものでもある。蓄積過程の変動は、絶対的な過剰生産の場合のように蓄積条件そのものを変化させるとともに、技術や製品の代替、産業間・地域間の拡大の遅速などを通じ、取引や支払のパターンを、時に大きく変化させるであろう。こうした諸変化は、概して流通過程の不確定性を増大させつつ、諸銀行の兌換や預金形成、また不渡準備の動向に不均等な影響を及ぼしていく。そしてその影響は、不確実性への対応が垂直的な組織化によって高度化されるに伴い、次第に中央銀行の支払準備へと集約されてくる。ところが、市場機構の組織化には限界があり、銀行システムも現実には蓄積過程総体を包摂する「完全な社会性」はもちえない。システムとしての社会性の多様な限界が何らかの形で露呈する時、信用機構に蓄積されていた不安定性が様々な形で発現することにもなろう[30]。

　銀行信用の直接的な基礎を、銀行から流出した貨幣の事後的な預金としての還流の機構として捉え、銀行を中核とする重層的な市場機構の発展として信用論を再構成していくことは、信用機構と蓄積過程との動態的な連関や、不安定性といった課題を分析していくための基礎的な視角を提供するのである。

注

1）このように原理論の枠内において、諸資本の長期的・安定的な関係、あるいは意識的な制度・組織の形成といった行動を扱うことは、一面では直接に非市場的な関係性の介在や、非市場的な領域との「接合」を示唆することにもなろう。こうした行動は、価格や技術という「客観的」な指標に基づく利益最大化行動に比して抽象度が低く、例えば「信頼」などの人格的要素を読み込んだり、あるいは共同体的な規制や協力関係、さらには国家の役割の不可欠性などが主張されることにもなっている。資本主義的な市場そのものに伏在する多型化の動力として、労働生産過程や労働力の再生産過程と並んで、資本主義の多型性という視角からの原理論の再検討を要する課題であるということができよう。

しかし他面では、それらをあくまでも商品経済的な利害から説明される内在的な組織化の展開として、すなわち、産業資本の構築する市場機構の原理的な展開・高次化という意味での市場機構論の一環として論じることの意義は、歴史的な「進化」過程に規定された一定の非市場な諸要素を前提としながらも、それらを再編利用しつつ自ら積極的に組織を構築していく資本主義の側の「編成力」を明らかにするところにある。歴史的な起源が産業資本以前にある組織や機構、あるいは国家等の非市場的な領域からの規制を含みながらも、それらが資本主義的に統合されている限り、資本主義的な市場の多様性の背後に、資本家的な組織化のあり方にともなう特殊性をみて取ることができよう。

2）「信用は、いわば個々の資本の生産過程における社会的な面と私的な面との二面の、社会的な面によって種々なる資本の運動を直結するところにその意味がある。追加的な資本の必要は私的な面からくることであって、個々の資本の再生産過程も社会的に結合せられれば、かかる追加を必要としない」（宇野弘蔵［1952］463頁）。

3）同467頁

4）実際には、この二つの意味での限界の打開を共に含みながら新たな機構が展開されるのであり、また両者の境界は必ずしも判然とはしていない。しかし、例えば商業信用から銀行信用への発展という場合、商業信用の限界をどのように理解し、両機構間の関係を主にどのようなものと想定するかによって、銀行信用に対する理解は異なってくることになる。いわゆる預金先行説と発券先行説との対立も、商業信用の限界として何に重きを置くかの相違に根差しており、「原理的に、預金と発券のどちらを先に規定するかは、商業信用の限界を解除するものとしてどちらがより基本的で簡単な形式をなすかによって決定される」（伊藤誠［1973］176頁）面もあろう。分化・発生論の方法では、商業信用の限界の内容が銀行信用の本質の理解を決定づけるのである。

5）日高普［1968］13-17頁、川合一郎［1974］32頁など。

6）日高普［1968］14頁。日高普は銀行信用のない論理段階から銀行信用の段階への移行を、それまで捨象されていた銀行信用の解明としており（同22頁）、産業資本からの内在的展開を図る市場機構論とは方法を異にしている。

7）Marx［1964］S.496-497 訳613-614頁

8）なお、受信側資本が信用取引で受け取る商品そのものに、受信側の返済を信頼しうる根拠をみようとする考え方は、並列的連続生産を採用する一般的な産業資本では成り立たない。この点は、手形の期限が受信側の商品の流通期間に規定されるとする理解と結びついており注意が必要である。詳しくは本書第7章を参照されたい。

9) 商業資本の購入過程における不確定性の問題は、厳密には①資本間の個別的な相違を利用するための取扱量や取引相手の絶えざる変更と、②部門全体の需給関係の変動を反映した取扱量の変更とを区別して論じなけれはならない。さしあたり、より一般的な①のレベルの変化を連続的なものとするための機構として、信用関係を利用した商業資本との長期的・安定的取引関係の成立を説き、その展開が②のレベルでの安定性に及ぼす一定の影響を考察した上で、なお②の問題が商業資本の機構に潜在する不安定性の源であり続けていることを明らかにするという方向で、さらに整理が必要であろう。
10) 小倉利丸は、「産業資本のように生産過程を抱えることから用意されねばならない遊休資金」を必要としない商業資本が信用販売するためには、「こうした貨幣資本準備なしに資本の運動を継続しうる関係が前提とされる必要がある」ことから、「商業資本の与信は、他方での受信を前提しなければならない」と論じている（小倉利丸［1979］231-232頁）。
11) 商業資本の二類型とは、それに従って実際の商業資本が峻別されうる二つのタイプというよりも、商業資本の獲得しうる利潤の二つの源泉とみるべきであろう。個々の商業資本のうちには、それぞれ濃淡の差はあるとしても、産業資本の社会的結合を媒介する組織者と、市場の変動を積極的・投機的に利用する商人という二つの行動原理が併存しているのである。
12) Marx［1964］S.497 訳614頁
13) 山口重克［1984］112頁
14) 宇野弘蔵［1952］464頁
15) 与信側にとって信用取引に伴う不確実性の問題は、当該取引の不渡りの問題だけではない。商業信用によって貨幣準備を節約し、またその一部を手形債権に固定化させることは、たとえその手形自体が一定期後にきちんと履行されるとしても、他の商品販売をめぐる変動や原材料価格の変動、さらには生産過程等での偶発的なトラブルやアクシデントなど、将来の予想を超えた変動に対する対応能力を弱めてしまうことになる。とくに恒常的な信用取引への移行やその拡大には、こうした手形債権への資産の固定化の潜在的なリスクが大きく、それだけ与信能力は制約されることになろう。
16) 守山昭男は、川合一郎の商業信用の絶対的限界と相対的限界という区分に依拠して、まず「債務者側における信用度」という相対的限界が、「信用度の高い第三者による手形保証や手形引受けによって克服され」、次いで手形引受人が「さらに一歩進んで」一覧払債務の銀行券を発行するようになることによって、可変流動資本が節約されないという絶対的限界も克服されるという論理展開を示している（守山昭男［1994］46-49頁）。
17) 信用代位機関として銀行資本の成立を説く方法をとるものには、山口重克［1984］、鈴木勝男［1971］［2007］、守山昭男［1994］などがある。なお、山口と他の二者とは、手形による割引か、引受かという代位方法の相違があるが、手形の期限が割り引く手形と同じであれば両者に本質的な相違はないであろう。以下では、手形期限の短期化や一覧払化の議論との連続性のために、銀行手形による割引で代表させている。
18) 中村泰治は、「再生産にたずさわる資本間で手形保証や手形交換」が行われることを捨象して、商業信用の成立が困難な場合の打開方法を、「手形をいったん貨幣に転換して必要な商品を買おうとする」という「資金の借入という回り道」に限定している。その上で、「一方で資金貸付要請を集中的に受けとめ、他方で資金借入要請に広汎に答え

てゆく機構として形成されるのが銀行信用であり、その中核となって貨幣貸借を媒介する機関が銀行である」として、多数の資本から集中した預金の滞留部分によって、貨幣による手形割引による貸付を行う機関としての銀行の成立を説いている（中村泰治［1979］259-262頁）。

こうした預金を前提とした形での銀行資本の成立は、二つの意味での限界を一挙に打開しようとするものであり、その意味では、産業資本の要請をより充足する銀行資本の形態を明らかにしようとする試みといえよう。しかし、いわば完成された形態での銀行資本のみを考察対象とすることで、信用代位業務を通じて形成される特有な「信用力」のあり方が不明確になってしまう。中村の場合も、貨幣による貸付であるために、預金を集めうる主体としての信用力－これ自体どのように説くかが問題であるが－さえ前提されるならば、銀行資本の信用代位における「受信力」の問題は問われない構造になっている。それに対応して、一覧払債務の銀行券を説く際にも、それが「期限のない手形」（大内力［1978］156頁）であるという形式面に依拠するなどして、「貨幣にまがう」流通性を前提した議論となっている。だが、たとえ一覧払債務であって即日に兌換が可能であるとしても、個々の銀行資本の私的な債務である以上、それを受け取る時点では、取引成立後に－たとえその直後だとしても－実際に銀行に提示して本当に貨幣を引き換えに得られるかどうかの保証はないのであり、やはり個々の銀行資本の「受信力」が前提とならざるをえないであろう。こうした論理展開では、銀行信用がなぜ「さしあたり特定の産業・地域の再生産にたずさわる資本と銀行の間の信用関係として成立しているにすぎない」（中村泰治［1979］261頁）のかも明確にならず、「銀行信用がより社会的なものへと発展してゆく必然性」（同）が十分に示されないことにもなろう。

19）宮澤和敏も、信用力の不足が商業信用の限界となるケースのうち、銀行の介在によって打開されうるのは、主に、受信側資本の「信用力を判断するために必要なだけの情報」を与信側資本は持っていないが銀行は持っているという場合だとし、「所有する情報量」に「銀行利潤を支える一つの要因」をみている（宮澤和敏［1996］51-51頁）。先に商業資本の媒介の意義を考察した際にみたように、生産方法の革新が投入流動資本財の変更を伴うというように、受信動機の高い状況において、これまでの取引経験の希薄さから与信側産業資本の「信用する力」の不足が生じやすいであろう。

20）「ここでは資本規模（ストックも含む）と利潤率を基準にして形成される支払能力についての予想を信用力と考えておこう」（竹内晴夫［1997］61頁）、あるいは「資本が長期にわたって高利潤率を維持しているという情報が、その資本の信用力が高いということを伝える効果を持つ」（宮澤和敏［1996］54頁）といった、資本規模や利潤率と信用力とを結びつける理解には、利潤率が自他にとって現実に可視的な指標たりうるのかという点や、資本規模の大きさや過去の高利潤は現在および将来にその資本が十分な準備貨幣を持っていることを保証するものではないこと、また支払の可否は利潤の高低の可能性ではなく補填の確実性にかかわるものであること－例えば、過去の高利潤率がリスクの大きな事業活動によるものである可能性もあろう－などの点に疑問が生じよう。また、そうした指標と結びつけられることで、結果的に、各資本の一般的な意味での評価がその資本の信用力を主に構成するかのように理解され、そうした形で広汎な諸資本から信用される資本が銀行資本成立の軸となるように議論が導かれてしまうならば、「信用する力」と「受信力」との両面的な「信用力」が、継続的な取引という具体的な関係

性の中で個別的に形成されるという側面が軽視されてしまうことになろう。
21) 産業資本の情報収集活動に伴う制約については、菅原陽心［1997］70-74頁、福田豊［1996］266-268頁を参照されたい。
22) 松田正彦は、情報そのものの売買は困難であるが、信用代位業務という形態であれば、情報収集・分析の能力や蓄積された知識・経験を転用しうることを示し、「販売する商品種類が多種多様な数・範囲にのぼる」ような商業資本の中から、「商業活動において有する特殊な専門的知識・能力」を利用して信用代位業務を並行して行うものが発生するとしている（松田正彦［1996］172-176頁）。
23) 山口重克［1985］225頁。ただし、同書で主張されている、価格変動を積極的に利用した選択活動の一環として、「価格の上昇が予想される場合」や「信用価格が三ヵ月後の予想市場価格よりも十分に高い場合」などにおける限定的、部分的な信用取引を展開するタイプの商業資本（219-221頁）では、「多数の産業資本にたいする債権」や、したがって諸資本の個別的な情報も、十分に集積しているとは想定し難いように思われる。
24) 浦園宜憲は、商業信用における信用力の確認が、過去における現金取引のくり返しという「実績」を前提とした信用調査に基づくものであることを強調し（浦園宜憲［1981-1982］Ⅰ177頁）、銀行資本についても、周辺諸資本との恒常的な信用取引関係が、効率的な信用調査と、円滑な決済のくり返しによる信用力の証明＝周辺諸資本による認知という、信用力の相互確認の基盤となることによって、その特有な信用力が形成されていることを論じている（同Ⅱ109-110頁）。
25) このことを、ごく簡単な数値例で考察してみよう。単純化のために信用取引はすべて等額かつ等期限の手形によるものとし、各期に10件の信用取引で総取引が構成される主体と、1000件の信用取引で構成される主体とを想定する。ここでどちらの主体も、各信用取引の不渡りの確率が等しく１％であると予想し、それが妥当であった場合、10件の例では、長期的には10期に１件の割合で不渡りが発生し、その損失は各取引に約１％を上乗せすることで10期にわたって少しずつ費用として回収することが可能である。ただし、費用としての回収が10期にわたる以上、回収の完了以前に不渡りが発生することが当然予想されるので、信用取引の開始にあたっては自らの負担で準備金を用意しておく必要があろう。しかも、各期に不渡りが発生する見込みは、どの信用取引も不渡りとなる確率が等しくpであるとすると、n件の信用取引のうちx件の取引で不渡りが発生する確率は、${}_nC_x p^x (1-p)^{n-x}$となることから、不渡りの確率が１％の時に、10件の信用取引のうち不渡りが０件となる確率は、約90％、１件が９％余りとなり、２件以上となる確率は0.5％にも満たない。しかし、10期のうちに発生する確率では０件、１件がともに37％弱なのに対し、予想の２倍である２件が約18.5％、３件以上となる確率も８％弱あり、こうした偏りないしバラツキの可能性に対処するために例えば３件分の不渡りに備えた準備金を積み立てておくとすれば、その負担は各期の取引総額の３割にあたることになる。同時期に同じ部門や地域に属する複数の受信資本が不渡りに陥る可能性が高いのであれば、さらに大きな準備が必要なことになろう。これに対して、1000件の主体の例では、各期に平均的には10件の不渡りが発生するものの、それはその期における約１％の加算によって受信者から費用として回収されることになり、自己負担は偏りやバラツキへの対応部分に限られる。その偏りやバラツキ自体も例えば10期のうちに予想の100を上回って120件以上の不渡りが生じる可能性は2.8％弱ときわめて低くなることに

示されるように、相対的に小さくなるであろう。仮に20件分の不渡りに備えうる水準の準備金をあらかじめ積み立てたとしても、その負担は各期の取引総額の2％にすぎない。

26）竹内晴夫は、個々の資本家としては、「返済の不確実性に対する事前的な対応」のための情報収集能力とともに、「事後的な貸し倒れに備え」た準備能力に限界があることに商業信用の限界をみとめ、手形割引によって「より大きな資本規模をもち、したがってまた準備力も大きくかつ情報収集能力の豊かな資本が、商業信用の限界を部分的に打開するようになる」としている（竹内晴夫［1996］186-187頁）。ただし、信用代位業務主体に特有な準備能力を、単なる資本規模の問題に還元してしまっている点には疑問が生じよう。

27）山口重克［1984］［1985］、鈴木勝男［1971］［2007］、守山昭男［1994］。鈴木勝男が利子付預金業務を先に説くのに対し、山口重克と守山昭男は当座預金業務を先行させるという相違がある。なお、山口は当座預金業務を、「信用代位業務を行なう過程」で集中・集積する広汎な諸資本に対する債権を受信力の基礎とするものの（山口重克［1985］229頁）、「銀行の信用業務の延長としてではなく、それとは全く別個に」（同［2000］139頁）形成される兼業業務としている。

これに対し吉村信之は、商業資本の展開する貨幣取扱業務に当座預金の萌芽を見いだし、諸資本の債権を集中して信用代位業務を展開する商業資本であれば、相即する貨幣取扱業務を併せ持つということから、商業資本の銀行資本への専業化という論理によって銀行の信用業務と貨幣取扱業務とを一元的に説きうることを示している（吉村信之［2005b］）。ただし、「商業資本に集積された個別産業資本の債権・債務」が「繰り返しの取引の中で預けおかれ、当座預金へと転成する」とされるものの（同86頁）、諸資本への信用販売による債権の集中が、なぜ債務の集中である当座預金業務の萌芽となるのかは明確とはいえなかった。そこで柴崎慎也は、商業信用において現金販売であれば過剰準備化していた販売代金分が、「事実上の融通」（山口重克［2000］33頁）ではなく「事実上の貨幣預託」であることを明らかにし、商業資本の許への「売掛金の留め置き」を含む「債務の集積」を詳説している（柴崎慎也［2016a］）。

これらは、委託販売等も含めた商人間の貨幣預託関係を基礎としていた歴史的な為替取引と原理的な信用取引との関係を問い直させるとともに、様々な資本と恒常的な関係を構築していく組織者としての銀行の側面に新たな光を当てるという点で興味深い試みである。ただ柴崎自身は、商業資本像の刷新を銀行資本像の革新に活かす途を避け、「これまで商業資本論と疎遠であった資本市場論に商業資本がその生成から関与していく筋」（同84頁）に関心を向けている。これは、商業資本の銀行資本としての独立化といった「資本の分化＝発生」という論理が、「機能の分化＝発生」を明らかにするための分化・発生論にとって過剰な論理であるとする主張に拠るものであった。本書も、産業資本からの分化＝発生という論理が市場機構論を歪めるおそれを指摘してきた。しかし、市場機構論の端緒の資本に「組織化の契機を埋め込」み、諸機能の分化、商業資本や銀行資本への変容を明らかにしようとする柴崎の方法論（同［2016b］）においても、商業資本像の刷新は、端緒の「組織化の契機」の豊富化を通じ、銀行資本像の革新をもたらしうるはずであろう。

28）山口重克［1984］121-127頁。鈴木勝男［2007］80頁。
29）鈴木勝男［2007］164頁。

30) 返済還流の遅滞を基礎的な要因として、貿易収支の悪化や賃金支払の増大等の取引・支払パターンの急激な変動が引き金となる、好況末期の中央銀行からの内外金流出（伊藤誠［1973］219-225頁）は、信用機構の社会性が抱える限界の一つの現れとみることができよう。

第9章
銀行間組織の二類型と中央銀行

1　銀行間組織論の課題

　変動きわまりない現代の資本主義経済においても、金融システムはとりわけ激しい変化にさらされている。そのなかで、グローバリゼーションにしろ、各国の金融システムの変貌にしろ、情報通信技術の革新とともに、規制の緩和・自由化を動因とし、いわゆる市場原理の貫徹と「金融化」の進展という相貌をみせ、「中央銀行の独立性」、「世界中央銀行」、「銀行券自由発行」、「ナロウバンク」などの議論[1]にみられるように、金融機構の原理的な展開に対する理解を繰り返し問い直すものとなっている。さらにグローバル金融危機とその後の各国中央銀行の非伝統的金融政策といった事態も踏まえ、自由化・市場化が金融システムの効率性とともにその不安定性をも解き放ったのではないか、そして中央銀行に集約される組織的なセーフティーネットが、国家という市場の外部からの規制によるものなのか、それとも金融機構の自生的な展開から形成される内的な規制の仕組みなのかといった点が問われているのである。

　本章は、原理的な市場機構の展開としての銀行間組織の再検討を課題としている。はじめに宇野弘蔵と鈴木鴻一郎の原理論における銀行間組織と中央銀行の理論を検討し、銀行間の組織化、とりわけ頂点に中央銀行を生成するに至る垂直的・重層的な組織化の論理において考慮すべき問題を探っていくことにしたい。

宇野弘蔵は、「銀行を中心とする産業資本の信用関係は、勿論、資本の再生産過程の拡大と共に、銀行自身の間にも複雑なる取引関係を齎らし、これを組織化せずにはいない」とし、個別銀行間の取引関係の展開とその組織化として、銀行間組織の発生とその帰結としての「銀行の銀行としての中央銀行」を論じている[2]。その際、産業資本による資金の需要と供給に地方的・時期的な偏りがあることから「銀行は、この需要供給を調整するためにも他の銀行と不断の取引関係をもたざるを得ない」として、「需要供給の調節機関」としての「中央都市におけるいわゆる金融市場」から銀行間組織を説き起こしている[3]。こうした組織化の必然性の理解は、商業信用の個別性に対し、銀行が預金として集中する遊休資金の一般性に社会的な媒介機関としての銀行信用の基礎をみる宇野の銀行信用論に照応したものであろう。銀行間の組織化を論じる際には取引範囲や信用力の地域的・産業的な限界という銀行の個別性が前提とならざるをえないが、資金の需要と供給が偏在している以上、個々の銀行がそれぞれの取引範囲において多数の産業資本の遊休資金を集中しているというだけでは、個別的な事情の平均化によって安定的な滞留資金が形成されるとはいえず、銀行は自らの基礎を確立するために支払準備の過不足を調整する取引を相互に展開し、調節機関を組織化せざるをえないというのである。

　ところが宇野は、この銀行間の融通取引の「互いに共通に取引する中央の銀行の銀行券」による決済、銀行の「準備資金そのもの」の「中央の銀行」への集中による節約、個別銀行券の中央の銀行券による代替と預金銀行への転化を並列的に列挙し、銀行間の小切手交換の交換尻決済を預金振替によって行なう機能をもって「銀行の銀行としての中央銀行」の形成とするのみで[4]、銀行間の金融市場の必然性がなぜ銀行の準備を集中する中央銀行の形成という垂直的な銀行間関係を生み出すことになるのかは説明されていない。決済に利用される「中央の銀行の銀行券」が各銀行にとって「貨幣に代わる地位」[5]を占めてくることが展開の軸とされているようではあるが、この銀行券が単に現金輸送費等の貨幣取扱費用の節約のために利用されるので

あれば、銀行間の支払準備の融通取引の対象が貨幣である以上、最終的にはこの銀行券は兌換されることによって準備金が補充されることになろう。この銀行券ないしはこの銀行の債務がそのままの形態で、各銀行の支払準備を形成しうる関係を明らかにしなければ、「貨幣に代わる地位」の獲得を意味することにはならない。銀行間取引のためのいわば単なる「銀行の貨幣取扱業者」ではなく、「銀行の銀行」としての銀行間関係が説かれなければならないのである。

　また宇野の議論では、「中央」という規定は金融市場と結びつけられて導出されていた。確かに、支払準備の過不足を調節する銀行間市場は、中央－地方という地域的意味での階層性を帯びた形で構造化されることになろう。支払準備の過不足が、遊休資金の需要と供給の産業的・地域的な偏りに起因するものである以上、特定の地域内に限定された調整には限界があり、最終的には資本間の商取引の大部分を含み込むような範囲にまで組織化が進み、その過程で、銀行間の与信需要と受信需要の出合いの確実性・迅速性、情報や信用力の形成・蓄積などの点から、銀行間金融取引の多くは、特定の組織者の形成する金融中心地の市場へと集中化することになる。しかし、この金融市場の中心性は、必ずしも銀行間の関係が中央の銀行を核とした垂直的な形で組織化される必然性を意味してはいない。むしろ、個々の銀行は、それぞれの取引する諸資本の蓄積の相違に規定されつつ、相互に資金の供給者とも、需要者ともなりうるのであり、手形割引市場やコール市場など個々の銀行間で直接に金融取引を展開する水平的な関係性に基づいて組織化が実現されるならば、特定の銀行が再預金と手形再割引等の形態で銀行間の準備の過不足を集中的に媒介することで利益が得られるような利鞘が生じる余地はないとみるべきであろう。

　鈴木鴻一郎は、「個々の銀行によってそれぞれ個別的に銀行券が発行されることになると、それぞれの銀行は、他の銀行の発行する銀行券を満期手形の支払や預金をとおしてうけいれざるをえない」[6]として、銀行券の相互保有によって形成される銀行間の債権債務関係とその決済のための取引を明確

に銀行間関係の端緒に置いている。宇野も銀行券の相互保有とその決済という銀行間関係の存在を認識してはいたし[7]、中央銀行の形成に際しては銀行間の小切手の交換尻決済が挙げられていたが、銀行間の組織化の出発点としては明示的には位置づけられていなかった。しかし、銀行券の相互保有とその交換尻決済が、兌換による準備金の流出に代替するものであり、銀行の支払準備は兌換や預金引出しに備える部分と、銀行間の決済に備える部分とに二分化されることになる以上、支払準備の過不足とその調整の問題を考察する前に、こうした銀行間決済とその準備の存在を位置づけておかなければならないであろう。

　続いて鈴木は、「銀行相互間の債権債務の関係は、商品の信用売買をとおして形成される産業資本家および商業資本家相互のあいだの債権債務の関係と同様に、手形の流通により相互に相殺され、ただその差額のみが現金で決済されればよいという関係」にあり、「比較的取引範囲の大きい、信用力の高い銀行の発行する銀行券」がこうした「銀行相互間の手形として登場」するとして、銀行券間にその信用力と流通範囲の大きさに基づく「一定の序列」の発生を論じ、「上位にたつ銀行券」が「銀行券にたいする銀行券としてあらわれる」と述べている[8]。ここで「同様に」とされている商業信用では、「手形の譲渡をとおしてこの連鎖の中間項にたつ資本家にとっては、一方の資本家にたいする債権と他方の資本家にたいする債務とがたがいに相殺されることになる」[9]と述べられていることから、この銀行券の流通による債権債務の相殺とは、保有している「信用力の高い銀行」の銀行券を他の銀行との交換尻の負けの支払において貨幣に代えて利用することによって、この連鎖の中間項にたつ銀行が、一方の銀行の債権と他の銀行への債務とを相殺して現金輸送等の費用を節約しうることと解釈できよう。そして、より多くの銀行に貨幣に代わって受け取られうる銀行券が、相殺効率のより高いものとして好まれるというのであろう。こうして鈴木は、「銀行券にたいする銀行券」をめぐる競争の帰趨は、銀行間の決済関係の展開に先立って存在している信用力等の格差に基づくとする理解から、「多数の大商業資本と集中

的に取引する」という取引範囲の大きさや信用力という要因に依拠して、「商業中心地の比較的少数の大銀行の銀行券」が「銀行券にたいする銀行券としての地位」を占めてくるとしている[10]。そしてこうした銀行券間の競争の結果として、「商業中心地の大銀行にもつ自己の預金をその支払準備とする」という垂直的な銀行間関係の形成が説かれるのである[11]。

　しかし、銀行間の決済において他行の銀行券が受け取られるのはなぜであり、それはどのような基準で選択され淘汰されていくのであろうか。受け取りの是非が銀行券の兌換可能性という意味での信用の問題であれば、そもそも発行銀行の信用力に対する一定の信頼なしには銀行券の相互保有そのものが成り立たない。貨幣に代わる銀行間決済手段としての利便性こそが、受け取りや選択の基準となっているとみるべきであろう。取引範囲の大きさや信用力の高さは、銀行券の相互保有を展開する必要とそれを可能とする条件とを規定し、相互保有関係の相手先銀行の範囲を決定づけるものではあっても、そのことが必ずしも直ちに銀行間の決済手段としての利便性と結びつくとは限らない。とりわけ、特定の決済手段が集中的・一元的に選択されるためには、その安定的な供給という条件も不可欠である。預金等での受取りや銀行券交換の交換尻の勝ちという形でしか入手できない銀行券であれば、それを決済手段として排他的に選択していくことは、銀行間決済の安定性を損なうことにもなろう。

　したがって、むしろ銀行間の決済取引の組織化の過程それ自体によって、特定の銀行の債務が有する銀行間決済手段としての利便性は形作られるのであり、またその形態も銀行券というよりも、集中した決済準備間の預金振替の方が一般的には優れているということになろう。そして、この決済の機構は、決済手段としてのこの預金債務を柔軟に調整しまた創造する銀行間の信用関係の組織化とも必然的に結びつかざるをえないのである。

　鈴木は、最終的な「中央銀行の成立」への過程も、ただ「おなじ関係が商業中心地の大銀行相互間にも生ぜざるをえないから」[12]として導いている。これではやはり組織化に外在的な信用力の格差に依拠し、事実上あらかじめ

突出した大銀行が1つだけ存在していることを前提としていることになろう。複数の「商業中心地の大銀行」が拮抗している場合に、決済機構の頂点という自らの位置づけを失うことになりながらも、さらに上位に「銀行の銀行」を創出する組織化の論理を明らかにするものとはいえない。

また、銀行間の支払準備の過不足の調整は、中央銀行と普通銀行との「分化」[13]の後に、もっぱら中央銀行への再預金と手形再割引とによって垂直的になされるものとして描かれている。これではすでに宇野に即して述べたように、銀行間の水平的な調整との関係が不明確となるだけでなく、単なる銀行間の水平的な調整の集中的媒介を超えた垂直的な信用関係の独自の意義を明らかにすることも困難となろう。

なお、この「分化」は「普通銀行はもはやみずからの銀行券を発行することをやめる」[14]という発券の中央銀行への集中をも含意している。しかし、以下にみるように、銀行券の相互保有には相互の銀行券の流通範囲を拡大する意図が含まれており、銀行間の決済機構の発展は、銀行間組織内で信認された個々の銀行の銀行券の流通範囲を飛躍的に拡大するようにも機能しうる。たとえ銀行間決済手段の集中化が進んだとしても、それは必ずしも発行される銀行券そのものの集中化を意味しない。銀行間の垂直的な組織化とは、特定の銀行の預金や銀行券という債務が他の銀行の支払準備を形成するという関係の構築であって、歴史的には発券に対する規制がこうした垂直的な機構の形成に寄与しているとしても、理論的にはこの両者を同一視することはできないのである。

2　銀行間の組織化の基礎形態

（1）　保管・決済手段としての銀行券

以上の検討を踏まえ、次に銀行間関係の組織化における最も基礎的な端緒形態である、銀行間の銀行券・手形の相互保有関係からみていくことにしたい。ただし、銀行券の存立機制や性格、さらには銀行資本そのものの成立の

理解が、商業信用から銀行信用への市場機構の発展というアプローチを共有するもののなかでも諸説に分かれている。そこで、まずは銀行券の性格から問題にしなければならないであろう。ここでは、前章で詳説したように情報の集積による信用力の確認と、不渡準備による債務不履行への対処という「信用する力」の形成に着目し、信用代位業務のみを専門的に行う機関として銀行の成立を説く方法を前提としている。こうした方法は、いわゆる預金先行説に対する発券先行説に連なるものとされてはいるが、手形の流通性の限界が商業信用の限界であるとして銀行券の発行による信用貨幣の完成に銀行資本成立の意義をみる見解とは異なり、商業信用において手形を保有する与信側のメリットを積極的に認め、そうした信用取引の成立そのものを阻害する信用力の観点から信用代位機関の成立を考察するものであった。そのため端緒における信用代位は手形の引受や銀行手形による割引といった形式でなされ、銀行は商業信用の買い手に対し信用を与えると同時に、売り手から一定期限後の貨幣支払に対する信用を受けることで信用取引を媒介するのであり、銀行の受け取る報酬は保証料と保険料という性格を帯びている。手形割引が、一覧払であることによって額面価値が維持されている銀行券によってなされることになると、期限を持つ銀行手形とは異なり、与信側は準備を手形債権へ固定化することによるリスクは緩和される反面、遊休貨幣の転用というメリットを失うことにもなろう。信用代位機関として成立した端緒的な銀行は、次になぜ銀行券の発行へと進むのであろうか。

　手形から銀行券への展開を橋渡しするものとして守山昭男は、銀行引受手形の保有者が「手形の満期日が到来しても債務の履行を全額求めず」に、手形の一部がそのまま保有されるという事態を論じている[15]。また山口重克も、必ずしも銀行券発行に至る過程として位置づけられてはいないものの、「満期を過ぎた銀行手形」がそのまま流通を続けるという事態に言及している[16]。銀行に対する請求権が手形の満期を過ぎた後も有効であり続けるならば、それは銀行の一覧払債務を意味することになり、結果的に「債権者の現金を預かることと同じになる」[17]といえよう。また、満期後の銀行手形がそ

のまま流通を続けるとすれば、それを受け取る側はもはや、貨幣支払を一定期間猶予することで対価を得るという本来の意味での与信メリットではなく、一覧払性によって額面価値を保ちつつ「現金貨幣にまがう流通力」[18]をもつ購買・決済手段としての利用を意図しているのであり、貨幣を受け取って支払に利用する場合の保管や輸送等の費用を節約しうるものとして、貨幣に代わって貨幣請求権にすぎない満期後の手形が選択されていると考えられよう。

しかし、こうした満期を過ぎた銀行手形の保有や流通は、銀行の意図しないところでいわば自然発生的に生じうるものであろうか。銀行手形が銀行を支払人とする単なる通常の商業手形であるならば、むしろその手形債務は満期後の一定期間をもって免責されるという法や慣行が成立しているとみるべきであろう。為替手形の振出人や裏書人等は手形の不渡り時には遡及を受ける連帯債務を負っており、主たる債務者の銀行が認めたとしても、手形の支払請求が無限に延期されうるならば他の連帯債務者にとっても決済が完了しないことになって、手形流通そのものが阻害されてしまうからである[19]。したがって、満期を過ぎた銀行手形が有効であり続けるためには、銀行がただ支払請求の延期を認めるだけではなく、同時に満期の一定期間後には裏書人等は免責されること、あるいは裏書きそのものを要せずして譲渡されうることを明示するとともに、その銀行の支払能力が信認される範囲内ではそれが認められるという社会的な慣行が成立していなければならない。

満期を過ぎた銀行手形という橋頭堡を設定してもなお、手形から銀行券へと至る過程は自然発生的なものとみることはできず、むしろ、与信機会の拡大を意図して、自らの債務を貨幣保管手段および購買・決済手段として通用させようとする銀行の意識的な努力と、それを支える一定の社会的慣行の成立とを画期とした新たな段階への移行として理解すべきであろう。こうした努力と慣行が、裏書きを要しない持参人払と、一覧払化による額面価値の保証という形で結実したものが銀行券なのである。銀行手形による信用代位が、貨幣支払の猶予による現在の購買力の創出という本来の意味での受与信

の媒介であったのに対し、常に額面価値で通用する銀行券では保有そのものからは対価が得られず、銀行券の保有者は、銀行に対する債権の保有という意味で与信者ではあっても、もはや貨幣支払の一定期間の猶予という性格を失っている。保管・決済等の貨幣取扱サービスの享受としての銀行債務の保有という「与信」を、現在の購買力を求める受信要請と結びつけるという形の媒介活動によって、銀行は単なる信用代位機関から、新たな購買力の創出能力を有する社会的な信用創造機関へと転換を図るのである[20]。

なお、銀行券の保有が貨幣支払の猶予という本来の意味での信用という性格を失っているとしても、大内力のように銀行券を、「期限のない手形」であることによって、将来の支払能力ではなく「まさにそのときどきの、現在の支払能力を基礎」とし、「それが疑われるような事態が現実化しない以上、むしろそれは無期限に信用貨幣として機能する性質を与えられる」もの[21]として理解すべきではない。兌換によって「即日でもその信用を確定しうる性質をもつ」[22]としても、銀行券を受け取った時点では、たとえその直後であっても発行銀行に対する兌換請求が履行される保証はない以上、不確定な将来の支払能力に対する信用という要素は失われておらず、発行銀行の信用力を確認しうる主体にしか受け取られないのである。以下でみるような銀行間関係の構築なしには、個別銀行券が決済手段として流通する範囲は特定の地域や産業に限定されることになり、銀行券の所有者がその流通圏外の相手との購買や決済を行う際には銀行券は兌換され、支払準備金が銀行から流出することになる。銀行券の決済手段としての限界が、銀行の信用創造能力を制約するのである。

（2） 信用代位業務における貨幣取扱サービス機能

このように銀行券による手形割引への移行が、信用代位業務でありながら事実上貨幣取扱サービス的な機能を結合したものであるのに対し、信用代位業務の展開そのものもまた以下のように、貨幣の預託＝預金、小切手等の支払指図を通じた預金の振替による決済、送金や取立の代行といった本来的な

意味で貨幣取扱業務とされている業務を銀行が展開する必然性をもたらすことになる。

　為替手形の取組や手形の裏書譲渡など三者以上の連鎖を形成する手形取引そのものに、諸資本間の商取引の複数の支払関係を二者間の債権債務関係へと組み替え、資本間の支払に係る費用負担を変化させる作用がある。したがって、銀行による手形割引や引受にも諸資本の支払や決済に係る費用を変化させる効果が伴う。いわゆる為替業務は、手形取引のもつこの側面を純化したものであるが、通常の信用代位の場合にも多少とも決済費用の節約の要素は含まれ、割引料や引受料の中には支払や取立の代行に対する対価の意味合いをもつ部分が含まれることになろう[23]。例えば、資本Aが振出した約束手形でBから商品を購入するといった信用取引では、満期の際にBがAに手形を呈示して取立てるのであって、AからBという支払関係は現金取引の場合と変わらない。しかしBが、そのA手形を甲銀行に同期限の甲手形で割引いてもらう場合、Bは甲銀行から貨幣を受け取り、甲銀行はAから取立てるという決済関係に変化することになる。BからCさらにDへと裏書譲渡されるにせよ、また甲による引受手形や甲銀行券の場合であったとしても、銀行による信用代位によって、手形を保有している与信側の貨幣請求先も、また受信側の支払先も銀行となるのである。したがって、銀行の信用代位業務の展開によって信用取引が拡大するにつれて、商取引の当事者間での決済に替わって対銀行へと決済関係は集中していく。そこでAのような信用取引の買い手となる資本が、多数の手形債務を継続的に甲銀行に対して負う場合には、「債務の支払準備金として日々の売上金」[24]をその銀行自身に預託しておくことや、銀行から受け取る貨幣や銀行券についてもそのまま自らの勘定に預け置くことで、手形決済に伴う費用を相殺によって大きく節約しうるであろう。銀行が小切手等の支払指図による振替を認めて預金に決済機能を付与するならば、銀行券の場合と同様にその銀行の信用力が確認される範囲に限られるものの、他の取引相手への支払や決済にも利用できるようになり、預金は諸資本の貨幣出納全般を代行するいわゆる取引決済勘定という性格をもつ

ことになる。

　Ｂなどの甲銀行に対する債権を保有することになる側も、直接Ａに請求するよりも甲銀行に請求する方が費用が低いのであれば、それだけ手形割引の有利さが増すことになる。とりわけ、信用取引の広がりの中で銀行に対する支払の必要も増大させていくＢなどが、甲銀行に自らの取引決済勘定をもち、そこへの入金という形で貨幣を受け取り、それをまた他の支払に利用するのであれば、甲銀行による信用代位は、Ｂの決済費用を低下させることになろう。

　ただし、Ａからの取立や、Ｂへの支払のための送金に要する甲銀行の費用が、Ｂが直接Ａから取り立てる場合を上回るのであれば、その分だけ割引料への転嫁や手数料など何らかの形で、Ｂの費用節約効果も打ち消されてしまうことになりかねない。だが決済手段としての銀行券の提供や、取引決済勘定としての預金の成立は、例えばＡが保有していた甲銀行券や甲銀行にある預金で返済する場合のように、銀行にとっても貨幣の取扱いに要する費用の節約をもたらすであろう。Ａ、Ｂがともに甲銀行に決済性の預金をもっている場合、甲銀行による信用代位は、ＡからＢへの支払を、甲銀行内の預金勘定のＡからＢへの振替によって実現したのと実質的に同じ効果がある。こうした場合には、信用代位業務そのもののうちに決済代行という貨幣取扱業務の側面が含まれていることになり、その節約効果の一部は銀行の収益源となりうるであろう。割引が決済手段として利用しうる銀行券でなされるならば、ＢがＡ手形の取立の代行を第三者に依頼するという純然たる貨幣取扱サービス[25]との類似性はより明確となる。

　このように信用代位業務には貨幣取扱サービスの機能が付随しているとともに、銀行も積極的に取引決済勘定としての預金の機能を高め、自他の決済費用の節約を図ることになる。その結果、諸資本の流動貨幣資本が次第に預金として集中することになる。銀行券がその流通圏を超えた支払に際して絶えず兌換を求められ、直接的・形式的には兌換の準備金が銀行券の信用力を支えることになることからは、この預金による貨幣の集中が発券の条件とな

る関係も生じよう[26]。しかし他方で、こうした検討がむしろ銀行券と預金との同質性[27]を浮き彫りにしている点にこそ注意が必要である。預金も銀行券同様に銀行の一覧払債務であり、自行の銀行券を預金として預かるならば、それだけ預託された貨幣を超えた債務を負うことになる。しかも、諸資本が取引決済のための預金を設け、しかもそれが預金通貨として決済手段の機能を有する限りでは、預金設定という形式での与信も可能となろう。銀行券も預金も、ともに保管と決済の手段として機能するのであり、銀行はこうして信用代位業務と貨幣取扱業務とを結合することで、自らの債務に貨幣に代わりうる機能を付与し、新たな購買力を創出する能力を拡大させるのである[28]。したがって、銀行の支払準備金は、兌換と預金引出しの両形態での債務の履行請求に備えたものであり、この履行請求が銀行券と預金の決済手段としての限界による以上、新たな銀行間関係の構築によって、これらの決済手段の特定の地域や産業に限定された利用範囲を広げることが、銀行の与信能力を高めるために、また決済費用の節約という点でも、求められるのである。

（3） 銀行間の手形交換・準備預託関係の構築

以上の検討から、個々の銀行が相互に銀行券を保有してその交換尻の決済を行うという関係が構築されるのは、次の2つの推進動機によるものであることがわかった。

第1には、自己の銀行券の決済手段としての利用範囲を広げることで、信用創造能力を高めることであり、直接的には銀行券が兌換請求される比率を低下させ支払準備金の流出を抑えることである。その際銀行は、積極的に諸資本の流動貨幣資本の預託を受け、取引決済のための預金勘定を設定する貨幣取扱業務を展開することから、相互保有の対象に小切手も加えることで預金の決済手段としての利便性を高めることになろう。

第2には、互いの貨幣請求権を交換＝相殺して貨幣による支払を交換尻のみに限定することで、信用代位業務によって派生する自らの送金や取立など

の費用を節約することである。この動機からすれば、交換の対象は銀行券や小切手に限られず、銀行の引受手形など銀行を主たる債務者とする手形全般に広がることになろう。費用節約の実現は、受信動機に加えて貨幣取扱費用の節約を動機に含んだ信用代位業務のいっそうの増大をもたらし、諸資本間の取引における決済関係は、対銀行間および銀行間のそれへといっそう集中されることにもなる。その結果として純然たる送金・取立サービスの多くも、いわゆる為替業務としてそれを遂行しうる銀行へと集中することになろう。

　他の銀行の手形や銀行券・小切手を預金や支払の際に受け取ることは、その銀行の債務を手形交換までの間保有することでありいわゆる信用リスクを伴う以上、信用力の確認が前提となる。相互保有そのものが、相手銀行の信認を得ることによって、間接的に互いの取引範囲にまで信用力の確認される範囲を拡大するとともに、実質的に支払請求機会を保証することで、自らの一覧払債務の額面価値での決済手段としての通用力を広げようとするものといえよう。したがって端緒としては、相互にその信用力を確認しうる特定の銀行間の個別的な関係として展開されざるをえない。

　このとき、どちらかの銀行に−もしくは相互に−あらかじめ貨幣を預託し、交換尻の決済に利用するならば、貨幣の輸送に係る費用を節約することができる。この銀行間預金は、発生論的にみれば、兌換等によって支払準備金の流出を伴っていた自行の取引範囲外への支払にまで銀行券等の通用範囲を拡大した結果としての支払準備であって、兌換や引出に対する準備金の一部が、交換による相殺の分だけ節約されながら転化したものである。預託される側にとっては支払準備の補強となり、さらに交換尻の負けがそのまま預託されるならば、いずれ過剰部分は引き出されるとしても、一時的には預金債務によって交換尻を決済しえたことになる。反面、預託する側には負担であって、貨幣取扱費用を節約するとはいえ、多数の銀行の預金へと準備を分散化することは準備の効率性を低下させてしまう。しかし、預金残高が不足した場合に、被預託銀行が手形再割引やあるいは当座貸越等によって預金設

定という形で信用を供与すれば、預託側はそれだけ準備金とその輸送費用を節約しうるであろう。ここでは、ある銀行の創造する預金債務が預金形態のまま他の銀行の支払準備として機能する関係が、最も基礎的な形で成立することになる。そのための要件となるのは銀行間相互の信認のみであり、例えばその銀行券の通用力や、銀行の信用力が認められる範囲といった条件は直接には問題とならない点に注意が必要である。

こうした二者間の関係は、銀行間組織の最も基礎的な形態ではあるが、銀行間の直接の相互信認を前提としている以上、その広がりには限界があり、銀行券や預金の決済手段としての流通範囲の制約も続くことになる。また、個々の相手銀行ごとに手形交換・支払準備の預託関係を構築することは、手形交換による相殺の方法としても、また準備方法としても効率的とはいえず、さらに効率化や節約を求めた組織化が進められることになる。

そのために考えられる第1の方法は、手形交換の多角的一括交換化を図り相殺の効率を上げることである[29]。手形交換所等による多角的一括交換に参加する銀行は、他の参加諸銀行全体に対する債権と債務の総額の差額のみを決済することになり、個別銀行間の手形交換に比して決済手数と決済尻金額そのものが大幅に節約されることになる。相殺とは本来二者間の相互の債権債務にのみ成り立つものであるが、一括化によって自己と他の主体全体との相殺がなされることで、ある主体に対する債権による他の主体への債務の支払が実現するのである。したがってこの節約効果は、準備の預託による貨幣取扱費用の節約とは独立であり、決済が現金貨幣で行われる場合でも準備金の節約はもたらされる。

また第2の方法として、手形交換そのものの多角化がなされなくとも、預託準備の集中化によっても実質的に多角的な相殺が可能となる。例えば、甲銀行が乙銀行に預託した預金によって乙銀行との交換尻決済を行うだけでなく、同じく乙銀行に準備を預託している丙銀行との交換尻の決済も乙銀行内の預金振替によって行うならば、手形交換そのものが相対であっても、甲銀行にとっては実質的に2つの銀行との間の債権債務の相殺－例えば乙銀行と

の交換負けが30億円、丙銀行との交換勝ちが20億円であり、この支払指図が同時に実行されるならば、差額の10億円のみが預金勘定から引かれる－が可能となり、それぞれに準備を預託する場合よりも準備金の節約がなされることになる。

　この論理的に想定される2つの節約方法は、その実現の条件や組織化のあり方、生成される組織の性格を大きく異にする。そこで、以下では銀行間の組織化の2つの類型として、それぞれの組織化の論理的な発生過程から、その性格や特徴を明らかにしていこう。

3　銀行間組織の二類型と中央銀行論の可能性

（1）　垂直的な組織化－垂直的な準備の預託関係と「最後の貸し手」

　上記の第1の方法は、歴史的には大市における商人＝銀行家の〈同胞団〉から現在の手形交換所に至るクラブ的な諸組織の構築によって実現されてきたことはいうまでもない。そこには、銀行資本に至るまでの市場機構の展開とは異質な多数の銀行の意識的協力といった要素が含まれていよう。それに対し、第2の方法は、2つの銀行間で、互いの信認を前提に特定の銀行を単なる貨幣取扱業者としての利用することを合意することで実現される。そして、同様な関係を他の銀行との間にも広げていくことができれば、それだけ準備方法の効率化が実現して、支払準備の節約も可能になるのである。したがって、この組織化は個々の銀行の個別的な努力によって漸進的に実現しうる反面、その関係は依然として直接的な相互信認の範囲内に限定されることになろう。しかし、こうして特定の銀行に多くの銀行間の決済準備が集中することは、その銀行に、単なる「銀行の貨幣取扱業者」を超えた「銀行の銀行」としての新たな与信業務を展開する基盤を与えることになる。

　より多くの銀行の決済準備を集めることは、預金が単に量的に増大するだけでなく、質的にもより安定化することを意味する。多数の銀行間の相互決済がすべてある特定の銀行におけるそれぞれの預金の振替で行われる場合、

各銀行の交換尻の勝ち負けにかかわらず、全体の交換尻の和は常にゼロになるので、個々の銀行の預金残高は変動しても銀行全体の預金総額は変わらないことになる。ただし、個々の銀行の交換尻の勝ちや負けが一方的に累積することは、過剰となった準備預金の引出しをまねく一方、負けの累積する銀行にとってはそれだけ貨幣送金などによる預金の補充が必要となる。さらには、残高不足による決済の不能とその連鎖の可能性も高まることになろう。

もしも、預託銀行の増加によって各銀行の取引諸資本の展開する支払関係が、いわゆる所得流通も含めてすべて包括されるならば、そして兌換や預金引出等によって直接銀行から流出する貨幣が、必ずいずれかの預託銀行に返済や預金として直ちに還流するのであれば、ある資本の支払は必ず他資本の受取となり、銀行間決済分のみならず、兌換や引出された貨幣による他の銀行の取引圏への支払も含めて、地域間・銀行間の支払超過と受取超過は全体として常にゼロ和となる。そして、諸資本の信用を利用した支出拡大による一時的な銀行準備の不足は、それら資本が順調な蓄積活動を継続しえている限り、その資本の費用の回収の実現によって還流してくることになる。したがって、手形市場やコール市場等の金融市場が組織されるならば、銀行の支払準備の過不足は、こうした銀行間の水平的な融通関係によって十全に調整されうることになろう。

しかし、銀行間の組織化が部分的なものに留まり、その範囲内の諸資本の範囲外への支払が超過するならば、また、銀行から流出した貨幣の還流が退蔵や滞留の増加等のために不十分であるならば、銀行全体の支払準備が低下し、銀行間決済のための預金残高の不足の水平的な調整も困難となる。この時、被預託銀行が直接的・形式的には預託銀行の決済準備の集中とその安定性を基盤に、残高不足銀行に対して手形の再割引や当座貸越などの形態で迅速に預金設定による信用を供与するという「銀行の銀行」として与信業務を展開するならば、この被預託銀行による預金の創造は、この決済機構の内部ではこの預金債務が決済の完了性を有し各銀行の決済準備として機能するという実質的な基盤に支えられ、少なくとも銀行間決済部分については、水平

的な調整の限界を補う一種の「最後の貸し手」の機能[30]を果たし、決済機構の円滑な機能を支えることになろう。

　各預託銀行からみれば、被預託銀行が迅速な与信によって各預託銀行の預金残高を補うことは、他の預託銀行に対する債権の履行を被預託銀行が代位することを意味しよう。銀行間の交換尻決済は、被預託銀行における預金が振替えられた時点で完了するのであって、当座貸越等による被預託銀行への債務が不履行となった場合でも、遡及されることにならないからである。例えば預託銀行に一定額までの当座貸越を認めるなど、被預託銀行が迅速な信用供与を保証するならば、その限度内における銀行間の預金振替による決済は保証されることになり、銀行間の手形の相互保有に伴うリスクは被預託銀行に集中することになる。そのため、預託銀行は、もはや相互信認に基づいた合意によらなくとも、同じ銀行に準備を預託している銀行であれば、直接に信認しうる関係にはなくともその手形を受け取りうることになり、銀行間関係は一挙に拡大することになろう。すなわち、各預託銀行は、被預託銀行の信認を得ること、そして決済準備の不足時の迅速な信用供与による決済手段の供給[31]によって決済能力を実際上も保証してもらうことで、他の銀行や諸資本の信認を一挙に獲得し、自らの一覧払債務を決済手段として提供しうるという特有の信用創造能力の基礎を確立するのである。

　垂直的な銀行間与信の究極的な基礎が受信銀行の与信業務の健全性にあり、受信銀行の支払能力の悪化や破綻は、信用リスクを集中する被預託銀行自身の支払能力を悪化させることになる以上、この被預託銀行による信認は、当然その裏づけとして決済機構への参加時の審査のみならず、経常的な各預託銀行に対する監視や情報の収集と、その経営内容に応じた指導や、当座貸越の限度額の変更、決済サービスの停止と他の参加銀行への通知などの処分を必要とすることなる。また、どれだけ情報を集積しても避けえない一部の銀行の破綻に対して、与信の際に積む不渡準備によって対処しうるならば、決済機構における支払不能の連鎖の発生を被預託銀行の負担によって回避するという、一種の保険的な機能[32]を果たすことにもなろう。

こうした組織化の核となる銀行は、確かに「商業中心地」に所在する銀行の中から生じることになろう。諸資本間において中心地と地方の取引はもとより、地方間の取引においても、中心地を支払地とした手形の方が利便性が高いという非対称性が存在する以上、地方の銀行にとっては中心地の銀行への準備の預託が、信用代位業務に含まれる諸資本の決済代行や為替業務の遂行上必要となる。そのため、二者間の準備の預託関係でも、また銀行間の「貨幣取扱業者」としても「商業中心地」に所在する銀行が選択されるからである。しかし、「銀行の銀行」としての信用創造が可能となる基盤は、そうした商取引における中心性そのものにあるのではなく、決済準備を預託し経常的な監査・指導等を受け入れる代わりに、迅速かつ受動的な信用供与を受けるという、「垂直的」な関係性によって創り出されるものなのである。

（2） 水平的な組織化－手形交換所と商人的組織性

　こうした第2の方法を基盤とした「銀行の銀行」の発生・転化に対して、第1の方法は、諸銀行の共同出費によって手形交換所が設立・維持され、交換所加盟諸銀行の持ち出す手形を一括して各銀行の債権総額と債務総額とを計算し、その差額としてそれぞれの交換尻を算出することによって実現されよう。このように諸主体の協力によって得られる利益が明白である場合に、一種の「クラブ」を形成して協力への参加資格を限定した上で、そこから排除される不利益が制裁として機能しうることに依拠して、協力を維持するための義務の遵守や費用負担を求めるという「水平的」な組織化のあり方は，第1部の歴史的考察で明らかにしたような意味で「商人的」と呼ぶことができよう。銀行間組織の基礎に新たな形態の資本の分化発生という資本主義的な組織化のみならず、こうした商人的な組織性を見いだしうるということの含意は，資本主義社会に先立つ社会からすでに商人のリーダーシップで組織され機能していた様々な商業・金融の機構との連続性に目を向けさせるにとどまらない。商業信用の社会的基盤が生産の社会性にあったのに対し、この銀行間組織を支える基盤が、加盟諸銀行の私的利害の共通性という限定され

た意味での「公共性」にすぎないことをも意味している。

　なお、手形交換の多角的一括化の節約効果は明らかであるが、交換尻決済の支払不能に陥る銀行が発生するならば、銀行間決済が滞り再計算等の必要が生じるだけでなく、他の銀行への準備不足の連鎖的な波及といった事態も生じることになろう。そのため手形交換所の設立が、相互に信認しうる銀行間に限定されるばかりでなく、中途加盟の是非や、さらには経営内容の悪化している加盟銀行に対する停止や除名などの処分、その前提となる経常的な監査といった機能も、手形交換の維持のためにある程度必要となろう。こうした協力関係の維持のために要請される権力的な機能を、一部の加盟銀行や外部の権力機関等に委ねるのではなく、独立した非営利の共同機関としての手形交換所そのものに担わせるならば、こうした組織のあり方は商人的な水平的組織化ということができよう。各加盟銀行にとっては、手形交換所というクラブへの加盟それ自体が、直接信認を得られない他の銀行および諸資本に対し、間接的に信認を獲得して自らの一覧払債務を決済手段として創造するための手段となり、経常的な監査の受け入れとその費用の共同負担はこうした間接的な信用力の信認機構に不可欠なものとして位置づけられるのである。

　手形交換所による手形交換そのものは、何らかの決済手段の移動による決済の過程を含まないため、貨幣による決済という形での組織化もありえよう。しかし、この水平的な組織化も資本蓄積の総体に対して部分的である以上、やはり銀行間の水平的な融通には限界があり、一部の銀行の支払能力の喪失に対処しうる保険的な機能も含めた「最後の貸し手」機能を組み込まなければ、決済機構の安定性の維持は困難となろう。そうした機能が特定の銀行に委ねられるならば、結局は垂直的な組織化の変種へと転ずることになる。だが、柔軟かつ迅速な垂直的銀行間信用の維持が諸銀行に対する強力な審査や経常的監査を要請する結果、競争関係にある特定の銀行に諸銀行の情報が集中することが、準備の集中による大きな信用力の付与とともに、諸銀行にとって不利益と意識される場合、手形交換所と同様に－あるいはその新

たな業務として-独立した非営利の共同機関として決済準備を集中する統一的決済機関を設立し[33]、さらにこの機関を加盟銀行に対する信用供与を行なう「銀行の銀行」へと発展させるという商人的な組織化がさらに追求されることになろう。被預託銀行が「銀行の銀行」へと転化しうる根拠が、組織化に外在的な信用力というよりも、決済準備の集中と、被預託銀行の預金債務が銀行間決済において機能し完了性を有するというところにあったことからすれば、この統一的決済機関が非営利の共同組織という形態のまま「銀行の銀行」業務を行ないうる理論的根拠もあることになろう。

この共同機関としての「銀行の銀行」の取引相手は加盟銀行に限られるとともに、過剰な準備を運用しようとする加盟諸銀行の与信動機と抵触しないためにも、手形の再割引や当座貸越などによるその与信活動は、例えば金融市場における水平的融通の利子率よりも高い水準の利子率を維持しつつ、加盟銀行の準備の不足に対して迅速に、あるいは受動的に応じるといった形をとり、決済機構の円滑な機能の保証が図られることになろう。つまりこの共同機関には、集中される諸銀行の情報と準備が諸銀行の業務と競合する形で利用されることを避けるために「非営利」という行動基準が求められるとともに、他方では、経常的な監査や受信時の審査に加えて、収集した情報に基づいて不渡準備を用意し、創造する債務に見合った債権の取得に努めるという「銀行」としての行動基準を貫くことが求められるのである。こうした「銀行」としての業務が健全に遂行されるならば、手形交換所の運営とは違い、その維持費用の負担は問題とならなくなり、むしろ加盟銀行は債務総額に対する一定の比率等の基準に従って預託準備の水準を維持することを協定することで、集中される準備預金の総額や安定性を高め、「最後の貸し手」としての能力を維持・拡大する方式がとられることになろう。

(3) 組織化の二類型の交錯と中央銀行論の可能性

このように銀行間の組織化の二類型を峻別し、「銀行の銀行」の2つの形態を理論的に想定することは、原理的な市場機構論としての中央銀行論の展

開に対しどのような展望を与えることができるであろうか[34]。

　両者は同じ銀行間の組織化の要請を実現するという点では代替的な関係にあり、例えば共同機関の設立やその与信活動によって、それまで特定の銀行が展開していた準備の集中や決済サービスが衰退したり、あるいは逆に、より広汎な基盤を有する被預託銀行の積極的な決済サービスの提供によって、共同機関の加盟銀行が減少したりといった事態もありえよう。しかし、手形交換所は、加盟銀行による手形の持ち込みという日々の手数と費用の点から、実際上近接した地域内における組織化に限られ、また相互信認の必要からその地域内でも部分的な組織化に留まるであろう。したがって相互信認を前提とした共同機関による決済も、諸資本の商取引を部分的にしか包括しえない。それに対し遠隔地間の手形交換と決済では、費用の点のみでなく、特定の被預託銀行と各銀行との個別的な信認関係のみに基づくという点からも、被預託銀行による垂直的な決済機構の方が利便性が高いであろう。また、準備の預託による被預託銀行への情報の集中や信用力の付与の競争上の不利益も、取引圏の競合の少ない遠隔地の銀行間であれば問題となりにくいのに対し、手形交換所を共同で組織しうるような関係にある諸銀行間では避けられることになろう。

　他方、被預託銀行が共同で手形交換所を組織するならば、他の被預託銀行の決済サービスに参加している預託銀行の手形を互いに受け取ることが可能となり、決済範囲は飛躍的に高まることになる。また、同じ地域内の銀行間でも、手形交換所に参加していない銀行が、個別的な信認の下に特定の銀行を被預託銀行として選択することで、広汎な手形交換への参加や、さらには被預託銀行を通じてそれが共同で組織している「銀行の銀行」の「最後の貸し手」機能をも利用しうるようになるといった事態も展開されうるであろう。

　このように、2つの類型は競合する代替的な関係にあるとともに、それぞれの組織化の限界・部分性から互いを必要とする相互補完的な関係にもある。この代替性と相互補完性は、2つの類型がどのように組み合わされるの

かということから、現実に各国の中央銀行や金融システムが示している多様性を、各国の規制や制度の経路依存性等からだけではなく、「銀行の銀行」としての中央銀行の側面から理論的に説明するものとなろう[35]。他方では、特にその相互補完性の面からは、ある程度各国に共通する抽象的な中央銀行の理論像を、原理的に規定する可能性がみえてくる。最後に試論として原理的な「中央銀行」を素描してみよう。

　手形交換所を核とする水平的な組織化が各地域の商取引の中心地で進められる一方で、その中心地の銀行を核とする垂直的な組織化も周辺的な諸銀行との間で繰り広げられる。さらに、中央の商業中心地の大銀行が核となった垂直的な組織化が広汎な地域を包括する決済を実現させることになる。そして、各地域における支払準備の調整がどの程度水平的に行われ、垂直的な調整はいずれの形態を通じたものとなるのかといった点は、様々な条件に依存するとしても、また、中央の商業中心地における銀行間の金融市場がどれだけ発展し、諸地域間の水平的な調整機能を果たしうるようになったとしても、最終的にこうした商業中心地の大銀行を対象とする「銀行の銀行」が、銀行組織全体の準備を集中しつつ、信用創造を通じて銀行総体における支払準備の過不足を調整する「最後の貸し手」機能と、信用機構全体の保険的な機能をも果たす中心性を担うことになる。こうした中央の「銀行の銀行」の突出した信用力と公共的な機能から、その集中した準備と信用力が私的資本の個別的利害に用いられることは、諸銀行との競合の問題も大きくなるのみではなく、その積極的な営利活動が過剰な信用の緩慢を招いたり、さらには債権の不良化等によって支払能力を損なうことで信用機構全体を脅かしたりするなどの危険性を伴う。そこで、この中央の「銀行の銀行」は、大銀行を中心とする銀行間の共同機関としての水平的な組織化が求められることになる。そのため、歴史的には特定の銀行によって中央の組織化が進められた場合であっても、その業務の「公共性」が、準備の預託を通じて実質的にその「最後の貸し手」機能の基盤を共同で維持している諸銀行や、さらにはその銀行自身に意識されるに従い、次第に「非営利」の「共同機関」化していく

のである[36)][37)]。

注
1) 吉田暁［2002］、伊藤誠・ラパヴィツァス［2002］
2) 宇野弘蔵［1952］477頁
3) 同上
4) 同477頁
5) 同上
6) 鈴木鴻一郎［1962］374頁
7) 宇野弘蔵［1952］474頁
8) 同374-375頁
9) 同356頁
10) 同375頁
11) 同375-376頁
12) 同376頁
13) 同上
14) 同上
15) 守山昭男［1994］48頁
16) 山口重克［2000］135-136頁
17) 守山昭男［1994］同48頁
18) 山口重克［2000］136頁
19) ロジャーズは、約束手形や為替手形の合理的な呈示期間をめぐる争点が「18世紀と19世紀初頭の手形法の核心部分だった」（Rogers［1995］p.210 訳218頁）ことを明らかにしている。
20) 岡部洋實は、銀行券保有が「事実上の貨幣の預託関係」であり、現金貨幣の保有と支払の際に必要な貨幣取扱費用を節約しうるために、諸資本はその受領と利用に積極的になり、「銀行券の流通量は、社会的にさらに増大しうる」ことから、銀行は手形割引を拡大しうると論じている（岡部洋實［1990］100-101頁）。
21) 大内力［1978］156頁
22) 同22頁
23) 本書第1部では、歴史的な為替取引のうちに、商品経済的な原理に基づく商人的な組織性を見いだした。それに対し、吉村信之［2005a］では、為替取引を原理的な発生論によって展開するという試みがなされている。
24) 守山昭男［1994］48頁
25) 中野広策は、商業信用の展開が手形の決済に要する費用を生ずることを商業信用の限界の1つとして捉え、一定の手数料のもとに諸資本の手形代金の取立を代行する決済業務を出発点に貨幣保管業務の展開も説き、これらの貨幣取扱業務を前提として信用代位業務も可能となると位置づけている（中野広策［1989］）。しかし、現金での商品売買でも貨幣取扱費用は必要であり、確かに現金売買の場合には独立の項目として「自立化したものとしては現われない」（同572頁）としても、商業信用によって不要となり手形決

済費にいわば転化するのであって、節約の対象ではあっても、商業信用の限界とはいえないであろう。また、預金先行説における貨幣の預託の場合と同様に、取立代行等の業務の前提となる信用力の形成をどう説くのかという難点があることに対し、原理論における資本は「詐欺的資本ではありえない」（同575頁）とするだけでは、個別資本間における信認を可能とする基盤の問題に答えたことにはならず、また詐欺的な意図でなくとも取立代行等の業務そのものによる損失が結果的に約束の不履行をまねく可能性も排除しえない。取立の代行等による節約の問題は、やはり手形による信用代位業務を端緒として銀行資本の成立を説いた上で、この信用代位の一面として、あるいは信用代位という形式を利用するものとして捉えられるべきであろう。

26) 守山昭男［1994］48頁、山口重克［1984］125頁

27) 渡辺裕一は、信用創造としての機能という点から発券と預金設定の「準同型性」（渡辺裕一［1992］219頁）を示し、原理論において預金設定による信用創造を積極的に導入することで、銀行間組織の展開を「より十全なものにすることができる」（同221頁）と論じている。

28) 銀行券による預金、あるいは預金の銀行券による引出というように、銀行の一覧払債務の両形態の比率等は、銀行側の選択だけではなく銀行と取引する諸資本の側の事情や必要性にも応じて相互に転換し決定されることになる。どちらの形態が銀行の与信にとって本来的であるとは一義的にいうことはできないであろう。信用代位による債権債務関係の組み替えにより、資本の出納がある程度対銀行間に集中されていくことからすれば、預金設定の方がシンプルな与信形式であろう。他方で、発行する銀行の信用力さえ広く認められていれば、小切手のように振出人である買い手に対する信認を必要とすることなく、したがってまたその譲渡によって直ちに決済を完了させうる決済手段として機能する銀行券の方が、基礎的であるということもできよう。なお、楊枝嗣朗は預金の振替の時点や預金受領証・小切手での支払の一定時間経過時点で「支払が完了したとみなす社会的慣行」の形成に、「商業貨幣とは異なる信用の貨幣化」をみることで、貨幣取扱業から転化した預金銀行として銀行信用論を展開すべきと主張している（楊枝嗣朗［1988］255-264頁）。だが、合理的な呈示期間の問題は手形でも多数の訴訟・判例と商慣習の参照を経て法的ルールとして確立されている（Rogers［1995］pp.210-222 訳218-231頁）。社会的慣行により譲渡時点での支払完了性を獲得している点では銀行券も同様であろう。いずれにおいても、銀行に対する信認が一定程度共有されていることがこうした慣行の成立を可能とするのであり、歴史的展開はともかくとしても、理論的にはやはりこうした信用力の形成を説き明かすことが銀行資本成立の出発点となろう。

29) 多角的一括交換については、守山昭男［1994］73頁-77頁に詳しい。また、本書第1部で検討した歴史的な決済機構も参照されたい。

30) 深町郁彌は、中央銀行の「銀行の銀行」としての機能規定に、市中商業銀行の準備金の「集中保管」とともに、貨幣恐慌時に支払手段を供給する「最後の貸し手」としての機能を挙げ、そのためには発券の統一と法貨規定の付与による中央銀行券の現金化が前提となるとして、中央銀行は「銀行の銀行」機能から直接に規定することはできず、発券制度の確立として措定されなければならないとしている（深町郁彌［1976］80-85頁）。これは銀行信用からの信用制度の展開が、銀行間の「横に拡がる市場」である金融市場に到達することで、地域間・銀行間の貸付可能な貨幣資本の過不足が調整されうう

るという理解と対応している（同88頁及び同［1971］第五章）。しかし、本文で議論したように、銀行間の水平的調整に限界がある以上、貨幣恐慌時のみならず平常時でも絶えず垂直的な信用供与が求められ、またこの信用は預金形態のまま銀行間決済で機能しうる範囲では現金性を要件としていない。無論、こうした信用が決済準備における貨幣の節約をもたらす限りにおいては支払準備全体の調整機能をもちうるとしても、創造され振替えられた預金の引出によって諸銀行の現金準備の補充が図られるならば、被預託銀行は支払準備の流出によって信用創造能力が脅かされることになり、この垂直的な信用供与は－とりわけ貨幣恐慌時において－制限されることになろう。ここではそうした限定した意味合いにおいて、信用制度の展開上に位置づけられた垂直的な調整を一種の「最後の貸し手」機能と呼ぶことにしたい。

31) 鈴木勝男は、「決済尻支払のための準備金不足」の際に「直ちに信用供与を行なってくれる特定の銀行を必要とする」という「安全性の見地」に、「銀行間の上下関係というタテの関係の形成」を求めている（鈴木勝男［2007］164頁）。

32) こうした保険的機能が、被預託銀行の予想に基づく事前的な準備による以上、資本蓄積そのものの困難等によって、予想を上回る債権の不良化が生じた場合には、被預託銀行の破綻による連鎖的な銀行恐慌等によって、むしろ不安定性を増幅することになろう。

33) 伊藤幸男は、諸銀行が共同負担によって「統一的決済機関」を形成する動機を明らかにしているが、「純粋な振替業務に専念」し、実際には「国立の中央銀行に兼務される」としている（伊藤幸男［1983］77-78頁）。また中野広策は、共同の機関としての「共同金庫」の要請とその銀行への転化を明らかにしているが、それらは「個別的資本によって担われる」としていた（中野広策［1980］15頁）。諸銀行の共同性に着目するならば、やはり商人的な公共性を実現する非営利機関としての組織化とすべきであり、個別銀行がその機能を担うならば垂直的な組織化の一変種にすぎないことになろう。

34) 連邦準備制度の設立に先立つアメリカの金融史は、「銀行の銀行」の自生的な展開の考察にとって興味深い事例を提供している（大森琢磨［2004］、Timberlake［1984］［1993］、Mullineaux［1987］、Gorton and Mullineaux［1987］、Calomiris and Kahn［1996］, Rolnik, Smith and Weber［1998］［2000］）。

35) ただし、現実の中央銀行や金融システムを考察する上では、銀行間の統合と支店制度による、決済や銀行間信用の内部化というもう一つの組織化の類型を考慮しなければならないであろう。

36) グッドハートは、諸銀行の監視者に求められる独立性と非営利性という点から中央銀行への進化を論じているが、銀行間の利害の対立を重視し、私的なクラブ組織による自己規制に対し中央銀行の法的・公的規制としての側面が強調されている（Goodhart［1988］）。他方、フリーバンキングを支持するダウドは、監視者の役割の必要性を認めたとしても、私的なクラブ組織の契約やルールによる自己規制能力で満たされるとしてグッドハートを批判し、中央銀行の内的な必要性を否定している（Dowd［1994］）。いずれの議論でも、中央銀行がまさに「銀行の銀行」としての「銀行」であることが軽視され、そうした銀行業務の必要性や、銀行としての行動基準を遵守すること自体が「公共性」を担保しうることなどが見落とされてしまっている。なおこうした理解の源は、「情報の非対称性」という枠組みから「モラルハザード」の問題を過度に強調し銀行信用の理解を歪めてしまっていること等にあると思われる。

また、吉村信之は、19世紀におけるイングランドの小額面銀行券の発行禁止や、倒産した銀行の銀行券の受取というスコットランド諸銀行の共同行為等の事例を通じて、信用貨幣の流通や信用制度が「人々の目的意識的な共同行為によって支えられる側面」（吉村信之［2004］26頁）を強調し、中央銀行の生成のうちに、労働者の生活過程の安定性等の必要から商品経済的な論理をはみ出る「地域的な裁量性」（同27頁）を見いだそうとしている。ただ、これらの事例にも、注34の諸研究が明らかにしているアメリカのサフォーク・システムや手形交換所の事例と同様に、銀行間の寡占的なクラブ型の組織としての側面も含まれているように思われる。中央銀行の担う「公共性」や「社会性」のうちにも、社会的な再生産を基盤とするものとは峻別される、寡占的、商人的性格が含まれていることに注意が必要であろう。

37）この試論的な中央銀行論は、「銀行の銀行」の側面のみに限定され、しかもその「最後の貸し手」機能も、通常この言葉によって意味される、恐慌時における決済手段の供給、救済融資を通じた信用機構の維持・安定化という機能については論じられていない。その意味ではまだ端緒的なものにすぎないが、その反面こうした範囲で市場機構の原理的な展開上に理論化しうるということ自体が、中央銀行の独立性の基盤としての諸銀行の私的利害における「公共性」、恐慌時の「最後の貸し手」、また中央銀行券の不換化といった論点に対し示唆を与えることになろう。

補章 2
システムとしての銀行と信用創造

　これまで「信用創造」という言葉で意味されてきた内容は多様であり[1]、またその利用への批判も根強い。例えば、小西一雄は、吉田暁らのいわゆる「貸出先行説」としての信用創造論について、預金設定が他行宛債権などの銀行の資産の利用を前提としているとして、これを「創造と呼ぶことは言葉の濫用」であり、「不適切な表現」であるとし、さらに「預金設定という銀行の与信活動は預金の受け入れという受信活動を基礎としてはじめて可能なのだ」として貸出の先行という理解を批判している[2]。だが、支配的な金融論において、情報の非対称性を軸とした金融仲介機関としての銀行論が主流となるなか、インフレターゲット論や貨幣供給の内生性、金融の不安定性といった諸問題を検討する上で、銀行や中央銀行の信用創造機関としての側面を再考することの重要性はむしろ高まっているように思われる。

　そこで本章は、山口重克による「将来の資金形成の先取りによる現在の購買力の創出」[3]とする「信用創造」の理解を基礎としながら、信用創造機関としての銀行について検討していくこととしたい。なお、以下の議論は基本的に原理論的な理論領域でなされており、貨幣とは金貨幣等の商品貨幣を意味し、「強制通用力」や「政府不換紙幣」等の存在は考慮されていない。ただし、銀行券や預金などの「貨幣性」－例えば、決済の「完了」性－について、諸流通主体における一定の慣行や法制度の成立が前提となるとすれば、それらの成立自体が原理的な銀行信用論の対象となろう。

1　山口重克の銀行信用論と流動性リスク

（1）　銀行信用－恒常的・全面的な信用創造の機構

　山口は、信用創造の本質的内容を、「準備を越えている」といった「形式的な点」にではなく、その背後にある「将来の資金形成を先取りして現在の資金を創出」という「実質的な機能」に求めている[4]。この両者の相違は、「このような意味での信用創造関係はすでに商業信用関係にあっても形成されている」[5]とされている商業信用をみれば明瞭である。商業信用の受信資本にとって将来の資金形成の先取りによって調達される購買力の額は、与信資本が与信期間中の生産過程の維持に必要とする貨幣準備の額とは直接対応関係にはなく、商業信用が成立しなければ遊休していたにすぎない貨幣準備額を、商業信用で創出される購買力の大きさから差し引く意味は認められないのである。

　山口は、原理論における諸機構間の関係を、産業資本から派生する市場機構に「機能上の限界がある場合」に、「さらにその限界を打開する別の機構」への要請が生じ、新たな機構が派生するという「分化・発生論的方法」[6]によって展開している。「創造」という概念に値する信用の積極的な作用が、信用機構の「基底的な関係」[7]をなす商業信用にみられる追加的な購買力の創出にあるとすることで、信用論は「信用創造の展開機構」[8]すなわち、信用創造の機構の段階的、階層的な発展を明らかにする場としての側面を持つに至ったのである。

　山口によれば、商業信用は、「将来の支払能力の確実性にたいする予想」に関する「受信力の問題」と、「信用の時機、期間、金額など」の「量的条件の問題」という二つの個別的諸事情による制約から、受与信双方に商業信用を要請する利点があっても成立しえない場合があり、「必ずしも恒常的、全面的には利用できないという意味で、機構上の限界」をもっている[9]。したがって、この「限界を打開する」新たな機構である銀行信用は、恒常的、全面的に利用されうる信用創造の機構たることが求められることになろう。

（2） 銀行資本の成立－銀行信用論の端緒

　銀行信用論の端緒は、この商業信用の限界が、銀行資本の成立を促すことから説き起こされている。すなわち、銀行信用論の端緒では、「いま綿糸の買手Aと売手Bの双方に信用によって綿糸を売買したいという要求があるにもかかわらず、それぞれの個別的諸事情による制約によって商業信用関係が形成できないとしよう」という舞台装置の上で、まずは、受信需要がありながら、受信力や量的条件の問題で自分の手形ではBから商品を購入できないAが、「自分の手形と交換にBが受取るような手形を手に入れようとする行動」から、商業資本のなかにそうしたAの要求に応じて信用代位業務を展開するものが現れることが示される[10]。この業務だけで独立し専門化した資本が銀行資本であり、図1のように「銀行は個別資本的な制約のある買手の手形を自分の手形と交換して」やるという手形割引業務によって「自分の受信力で買手の受信力を代位してやり、売手はこの銀行の支払能力を信用して商品を販売するという二重化した信用関係」の展開によって、商業信用の限界を打開し、信用による商品売買を可能にするというのである[11]。

　こうした図1のような設例は、一見すると商取引に裏付けられた商業手形の割引業務ではなく、いわゆる融通手形の振出による銀行とAとの二者間での貸付関係のようにも受け取られよう。しかし、山口は商業信用を二者間の約束手形による売買だけで－すなわち、手形が裏書譲渡され商業信用の連鎖

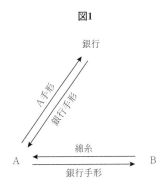

図1

（山口［1985］226頁）

が形成されるという事態を前提しなくても－売手と買手双方に利点をもたらす機構として説いていた[12]。その上で、この二者間の信用による商品売買を可能にするために、銀行資本が介在するのであって、ここでのAの約束手形と銀行の手形との交換は、あくまでもこの銀行手形でBがAに対して商品（綿糸）を販売することが前提となっている。このA、Bと銀行との三者の関係の中で、銀行はBに対する受信力を前提にAの信用を代位しているのであって、融通手形を貨幣で割り引く場合のような単なるAへの与信ではなく、「一方の手で信用を与え、他方の手で信用を受ける」[13]という行為として描かれているのである。現実の商業手形の割引業務からの抽象であれば、為替手形や販売で受け取った手形を銀行が割り引くという形式で論じる方が適当であるとしても、それでは諸資本間の三者以上での信用関係の連鎖を前提として信用代位を説くことになってしまう。二者間でも双方に利点があるものとして成立しうる機構として商業信用を説いた以上、「分化・発生論的方法」に基づく原理的な銀行信用論の端緒も、図1のようにA、Bの二者と銀行との関係として描かざるをえないのである。

（3） 銀行の信用創造と流動性リスク

　端緒の銀行資本において、山口は、「銀行の手形（支払約束）のうち、簡単な整数金額表示の一覧払形式のものがいわゆる銀行券である」[14]と、銀行券と銀行手形との形式上の差異を示した上で、初めからその両者による信用代位を説いている。それに対して宮澤和敏は、「一定の期限をもち、現金による返済を予定して授受される銀行手形と、ただちに支払いを請求しうるにもかかわらずそれをせずに授受される銀行券」との異質性を強調して、山口のそうした連続的な理解を批判している[15]。宮澤はまず、「銀行が商業手形の支払を保証するなり、商業手形を同じ期限の銀行手形で代位するなりした場合」を想定し、その場合には「銀行の債権と債務は価額の点でも期間の点でもバランスしている」ことから、銀行の取得した債権の順調な返済還流が、銀行保証手形や銀行手形の購買力の根拠たりうるとする[16]。ところが、

補章2　システムとしての銀行と信用創造　255

銀行券のような「一覧払債務によって商業手形を代位する場合」となると、価額の点ではバランスしているものの、「銀行は一覧払の債務を負うのに対して一定期間後にしか返済されない債権を取得するわけだから、形式的に考えれば債権と債務の間に期間のアンバランスが生ずる」とするのである[17]。これは、銀行の資産が健全であっても、銀行の債務支払額が、銀行の保有する手形の返済額を上回り、債務支払が困難となる可能性を示したもので、信用リスクとは区別されるいわゆる流動性リスクの存在を指摘したものといえよう。

　しかし、宮澤の想定した単なる支払保証や同じ期限の銀行手形による代位では、商業信用の限界のうち、「受信力の問題」への対応とはなっても、「信用の時機、期間、金額など」の「量的条件の問題」に応えることにはならない。銀行による信用代位を、商業信用の限界を打開する新たな機構の発生と位置づけるうえでは、銀行が例えば、3か月の期間のA手形を、Bの要請する2か月の期間の自分の手形と交換してやることによって、AとBのみでは困難であった信用による商品売買が可能となるといった形で、個別的事情に伴う量的条件の不一致を打開する場合が含まれているとみるべきであろう。

　この場合、銀行手形での代位であっても、取得する手形債権の返済還流よりも、銀行手形債務の支払期日の方が先に来ることになる。銀行の流動性リスクは、宮澤が提起したような一覧払債務での信用代位に固有の問題というよりも、個別性に起因する諸資本の受与信の要請に恒常的、全面的に応えようとする新たな機構としての銀行の信用代位そのものに内在するものなのである。したがって、銀行が商業信用の限界を打開する恒常的、全面的な信用創造の機構たりうることを示すためには、このリスクが処理されうる根拠を明らかにしなければならない。

　山口は、宮澤や宮澤を肯定的に引用する新田滋［1997］の議論に対して、「支払準備の問題には、いわば二次的な問題として、債権の方の満期の期限と債務の方の返済期限とのズレの問題がある」とした上で、「継続的な事業において、一方で多数の債権が累積し、他方で多数の債務が累積していて、そ

の決済関係が相互に交錯している状況を前提にすれば、一対一の対応で考えた場合のズレの問題は本質的な問題にはならない」とリプライしている[18]。

確かに、銀行が多数の債権・債務を集中していることからすれば、債務支払全体と債権回収全体との対応こそが問題であり、個々の信用代位における債権期限と債務期限との一対一の対応関係は必須ではない。また、多数の債権・債務の集中は、一般的には、ズレを伴う諸資本の受与信要請に応えうる可能性を高めることになろう。山口は、銀行資本の成立過程で、「多数の産業資本にたいして信用による商品の販売活動を行なっている商業資本」のうちに、「個々の産業資本の個別的諸事情が集中されて、ならされている」ことから、受信力と、「与信資本の必要としている条件に適応させうる余地」が大きい資本が存在しうることを論じているが[19]、信用代位業務の展開それ自体も、それに伴う債権・債務の集中・集積が個別的諸事情の平準化をもたらす限りでは、大きな信用力の根拠となろう。

しかし、ここで示されているのは、あくまでも信用代位業務への専業化が可能な個別の資本が存在しうるという、銀行信用論の端緒における銀行資本の成立の論拠にすぎない。単なる多数の集中による平準化という論理だけでは、個別的諸事情に制約される産業資本よりも相対的な意味で大きな信用力を示すことはできても、直ちに恒常的・全面的な信用創造の機構たりうる根拠を明らかにしたとはいえないであろう。

山口［1985］でも、「２銀行信用」に続く「３信用機構の重層構造」の節は、「個々の銀行資本としては社会的生産を部分的、特殊的に担当している産業資本や商業資本と部分的、特殊的に取引関係を結ぶにすぎない」ことから、個々の銀行が集中・集積する諸資本における貨幣還流や貨幣の遊休化が、「それぞれの資本の地域的特殊性なり産業部門的特殊性に規定されざるをえない」ことを出発点としている[20]。そして、この個々の銀行における個別的な制約を解決しようとする過程で、銀行間の銀行券・手形の交換と支払準備の預託の機構、および銀行間で支払準備を融通する銀行間信用の機構が重層的に展開されている[21]。つまり、個別の銀行資本は未だ個別性による制

約を抱えており、信用創造の機構としては不完全な機構なのである。

　したがって、銀行が、商業信用の個別性の制約を、流動性リスクを顕在化させることなく打開し、恒常的・全面的な信用創造を行いうる根拠は、銀行間の組織化が展開された後に、いわばシステムとしての銀行の論理段階において明らかにされる必要があろう。その際、「決済関係が相互に交錯している状況」というのも、個別銀行が集中する債権・債務のレベルではなく、社会的再生産過程における決済関係が、銀行システムのうちに包括されるに至った事態を前提とすることで、その意味内容が明確なものとなろう[22]。

　山口は、銀行資本の成立を説いた後、直ちに銀行の支払能力の問題を論じており[23]、そのためにシステムとしての銀行の展開を通じて示されるべき命題が、分化・発生論における端緒の段階、すなわち個別銀行のレベルにおいて、したがってきわめて抽象的な形でのみ論じられてしまっているのである。

　また、山口は、銀行券が一覧払債務である点を「不時の兌換支払請求」[24]がある債務と捉える新田滋を批判して、「一覧払いの点を現金性という点で捉えるならば、むしろ必ずしも常時返済請求があるわけではない点がみえてくる」[25]としている。ここで山口は、「どの程度の確率で返済請求があるかはその銀行券ないし銀行手形を発行している個々の銀行の個別的事情による」としたうえで、「抽象的にいえば、銀行券（ないし満期を過ぎた銀行手形）は、発行銀行の支払能力が信用されている圏内を流通している限りでは、ほとんど現金貨幣にまがう流通力をもって流通しているのであって、滅多に支払請求を受けることはないと考えておいてよいのではないか。その銀行券の所持者が、この圏外との取り引きのために購買手段なり支払手段としての貨幣が必要になった場合に限り、圏外でも通用する貨幣との兌換を請求することがありうる。もちろん、それ以外の場合にも、当該銀行の経営状況が悪化し、支払能力にたいする信用が動揺し始めているような場合には、返済請求率が高くなり、やがて全面的な返済請求が殺到することにもなろうが、このような状況の場合にはそもそも準備ということにほとんど意味がな

くなっているのであり、ここでの問題ではない」と論じている[26]。

　この部分を、斉藤美彦は「銀行券が発行されれば還流することなしに流通界に留まり続けるという不自然な想定」[27] がなされているとして疑問を呈している。この斉藤の批判は、上記引用部分で、「個々の銀行の個別的事情による」とされていた返済請求が、山口によって直ちに「滅多に支払請求を受けることはない」と抽象化されている、すなわち「抽象的にいえば」の範囲が、「滅多に支払請求を受けることはないと考えておいてよいのではないか」までの一文のみであるとする解釈に基づいたものであろう。しかし、その直後には、「圏外との取り引きのため」の兌換還流の存在が指摘され、また山口の斉藤へのリプライにあるように、これまでも山口は「銀行券の還流には返済還流、預金還流、兌換還流の三つがあること」[28] を明らかにしており、この斉藤の解釈自体は誤読に基づくものといえよう。

　だが、やはりこの銀行信用論の端緒における個別銀行の論理段階では、「個々の銀行の個別的事情」による制約が平準化される関係や機構は前提となりえず、「購買手段なり支払手段としての貨幣」を求めた窓口での兌換請求（また、銀行間の銀行券・手形交換が展開されるならば銀行間の交換尻決済）のために必要となる支払準備の水準が、きわめて高いものとなる可能性も排除しえないことになろう。そうであるならば、山口が銀行の個別性に起因する兌換請求の存在を認識しながらも、銀行券の「現金性」を終始強調して、「必ずしも支払請求があるとは限らない自己宛て債務で与信（債権取得）ができるということであれば、回収不能の予想分に相当する支払準備としての自己資本を節約できる」[29] と結論づけている点にはやはり疑問が残ろう[30]。

　ここでも、個別銀行のレベルで銀行券の「現金性」や流通界への滞留の問題が考察されているために、銀行信用の社会性が、銀行間の組織化や、銀行に媒介された信用関係の社会的再生産過程総体への全面化によってどのように支えられ根拠づけられるのかは論じられないままとなっている。そのため結果的に、個々の信用代位における債権と債務の一対一での対応関係から問題を提起した宮澤らと同じ次元で「現金性」が論じられ、あたかも「不自然

な想定」をしているかのように受け取られることにもなっているのである。

2　銀行の信用創造の根拠−システムとしての銀行

（1）　社会的再生産過程における遊休貨幣

そこで、以下では簡単な設例を用いて、個別銀行の機構上の限界を打開するものとして形成される銀行間組織、すなわちシステムとしての銀行の論理段階において、銀行信用の信用創造の根拠について明らかにしていこう。

まず図1における山口の銀行の信用代位の設例を基に、図2のように、A～Cの三者間の円環状の信用売買関係が、銀行による銀行手形での信用代位によって可能となっているという状況を想定しよう。ここでは、Aは自らの約束手形（A手形）を振り出して銀行の手形と交換してもらい、その銀行手形でBからX額の商品を購入し、同様にBやCも自らの約束手形を銀行に銀行手形で割り引いてもらい、それぞれC、AからY額、Z額の商品を購入するという取引が繰り返されている。なお、山口の場合と同様に、形式的には融通手形の振出による手形貸付にも類似した設例となっているが、例えば、Aの約束手形と銀行の手形との交換は、あくまでもこの銀行手形でBがAに対して商品を販売することが前提となったものであり、銀行がBに対する受信力を前提にAの信用を代位してやることによって、信用による商品売買が可能になるという事態が想定されている。これは、商業信用のメリットが必ずしも手形の転々流通を前提とするものではなく、したがって銀行による信用代位の意義も、必ずしも転々流通を促す流通性ないし貨幣性の付与にあるのではなく、商業信用における受信力や量的条件の問題を打開して信用売買を可能にすることそのものにあると考えているからである。もっとも、ここでの考察で銀行手形の転々流通の可能性を排除する必要はなく、例えばAが銀行手形で商品を購入する相手がBではなくDであって、Dはその銀行手形を使用してBから商品を購入するという場合でも、銀行と諸資本間に形成される債権・債務関係は図2と同じになる。つまり図2は、銀行の信用代位の

260　第 2 部　信用機構の理論的展開

図2

```
         C
        ↑↓
      Z    Y
     ↓↑    ↑↓
    → 銀行 ←
   X         
  A ────Y──→ B
    ←──X──
```

商品　→
約束手形　←
銀行手形　⇄

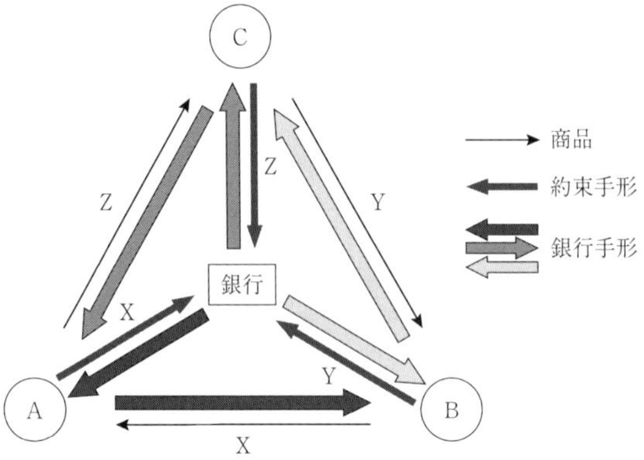

展開によって債権・債務が銀行に集中する事態を抽象化したものなのである。

　例えば、ある期の商品売買額がX=100万円、Y=120万円、Z=90万円というように不均等であった場合、手形の期間が全て同一の3期であるとすると、Aが3期後に請求しうる銀行手形の額が90万円であるのに対し、返済を請求される手形債務は100万円となる。またBも同様に3期後の決済時に債務支払が受け取りを20万円超過することになる。こうした事態は、商品価格や販売量の不確定な変動、生産過程等に規定される商品購入の時機などにより不断に発生するものであり、各資本はそのために一定の貨幣を変動準備として保有しなければならない。しかし、保有準備の状況によっては変動準備貨幣の不足をきたしてしまうために、また、準備すべき水準を低下させて自己資本を節約するために、銀行に対して、例えば一時的により長期の自己手形を割り引いてもらおうとするような受信要請が生じることになろう。

　この要請に銀行が応えることで生じる銀行の債務支払額と債権回収額とのアンバランスが、銀行の信用創造に伴う流動性リスクの問題である。

　Aに対する手形割引で個別的にアンバランスが生じても、むしろBないしはCに対する手形割引でもアンバランスが生じていることによって、かえっ

補章2 システムとしての銀行と信用創造　261

て全体としてのバランスを保ちつつAの要請に応えうることもありえよう。その意味で、多数の債権・債務の集積は確かに諸資本の個別的事情への対応能力を高める基礎とはなりうる。しかし、個別銀行のレベルで多数の集中・集積による平準化を想定するだけでは、恒常的・全面的な対応の能力を示したことにはならない。

　ここで、図2がA～Cの三者と単一の銀行のみで閉じた社会であって、社会的再生産の総体が表現されているという想定を加えると、そうした取引額のアンバランスがもたらす貨幣の増減は、AやBの減少に見合うだけCの手もとでは増大するというように全体としてゼロ和となる。こうしたアンバランスが持続的・累積的に続くのであれば、AやBは費用を補填して手形債務の返済を継続していくことが不可能となるので、そのような諸資本の支払能力が損なわれている状況での銀行信用の問題はここでは考慮しないこととして、長期的・平均的にはX＝Y＝Zであること、すなわちこの三者の補填と社会的再生産過程の円滑な進行という限定を加えるならば、取引価格・量の変動や取引の時機のズレなどから絶えず増減を繰り返す諸資本の手もとの準備貨幣は、長期的・平均的には一定の水準を保つということになる。したがって、Cの貨幣の増大は、準備貨幣の一時的な増大＝一時的な遊休貨幣の形成を意味する。

　そこで、一方でのAやBにおけるより長期の受信の要請に対し、一時的な遊休貨幣を抱えることになるCが、過剰化する準備貨幣の有利な転用を求めて、より長期の銀行手形を受け取るなどの形で銀行への与信を長期化させるならば、銀行の債権と債務の期限のバランスも保たれることになろう。先に引用した山口が「決済関係が相互に交錯している状況を前提にすれば、一対一の対応で考えた場合のズレの問題は本質的な問題にはならない」とした意味も、こうした社会的再生産の総体を想定すれば明瞭となる。

　ただし、資産を貨幣ではなく手形債権として保有することは、それだけ変動や緊急の必要性への対応能力を損なうことになる。来期以降の販売等に確実な見通しがなければ長期の手形を受け取ることは困難であろう。そのため

に銀行が、一方でのより長期の受信要請に対し、他方でそれに見合うだけの与信の長期化を得られないまま応じるならば、一時的に銀行の債務支払額と債権請求額とのバランスが崩れることになる。その場合、銀行はこうした一時的なアンバランスに対応するための支払準備が必要となり、それだけ銀行の与信活動を制約することになる。それでも、各資本が全面的に個別の貨幣準備で対応しなければならない状況と比較すれば、準備の必要が銀行に集中することで社会的な貨幣準備の節約とはなろう。

　しかし、ここで山口が言及しているような「期限付銀行手形も、満期のあとはいわば一覧払いの銀行手形、つまり銀行券のようなものとして現金性を受けとり、そのまま流通を続けるということもあろう」[31]といった事態を想定するとどうなるであろうか。Cが受け取った銀行手形のうち、自らの手形債務を上回る部分は、銀行に支払を請求して貨幣形態に変えても、当面は今後の支払のための準備として遊休化するものであった。そこで、この部分の銀行手形を満期後も保有し続けるならば、Cの銀行への与信は、より長期の銀行手形を受け取った場合と同様に実質的に長期化することになり、銀行の債務支払額と債権請求額とのバランスは保たれることになろう。確かに、銀行に対する請求権が手形の満期を過ぎた後も有効であり続けると仮定しうるならば、「満期のあとはいわば一覧払いの銀行手形」であり、その保有はいわば銀行に貨幣を預託した状態であって、遊休化する部分についてはそのまま保有した方が貨幣の保管等に要する費用を節約することになろう。また、銀行への支払に利用すれば、貨幣の輸送等の取扱費用の節約ともなりうる。銀行への債権・債務の集中化を前提とすれば、その決済や保管に関する利便性から、ここでは捨象されている諸資本間の購買や支払にも利用されるようになろう。こうして、Cにおいて当面過剰化した銀行手形は、満期後も保管・決済手段として、C（ないしCから購買・支払手段として受け取った資本）のもとで、銀行への支払に必要になるまで準備としての機能を貨幣に代わって果たし続けることになる。

　より長期の期間の銀行手形を受け取り満期まで保有する行動が、貨幣支払

の猶予によって信用価格等を通じた対価を得ようとする本来の与信行動であるのに対し、満期後の銀行手形の保有という行動は、銀行に対する債権の保有という意味では与信ではあっても、実質的には、貨幣保有よりも有利な保管・決済手段の提供を受けるというサービスの享受に転じている。銀行の手形割引業務は、銀行手形の保有がこうした二種類の与信としての意味を持つことで、社会的再生産過程における一方の準備貨幣の不足と、他方の遊休貨幣の形成とを結びつけることになるのである。

ただし、ここでの銀行手形が銀行を支払人とする通常の商業手形であるならば、こうした保管・決済手段への転化という仮定には無理がある。裏書人等の商業手形流通の中間者は手形の不渡り時には遡及を受ける連帯債務を負っており、手形の支払請求が無制限に延期されうるならば、彼らにとっても決済が完了しないことになってしまう。そこで、原理的には本書第9章で論じたように、「合理的な呈示期間」をめぐる法ないしは慣行が成立しているとみるべきであろう。銀行の債務が決済手段としての機能を持つに至るのは、決して自然発生的な事態ではなく、債務者たる銀行が支払請求の延期を認めるだけでなく、満期後の裏書人等の免責ないしは裏書きなしの譲渡を明示的に求め、それが社会的に認められるといった制度的な整備や慣行の成立が前提となっているのである。

宮澤らに限らず従来から、手形と銀行券の決定的な違いは、主に期限の有無にあるとみられてきた。例えば大内力［1978］でも、両者の流通性の違いはもっぱら手形の期限の問題に帰着するとされている。しかし、銀行の私的な債務である銀行券が、貨幣と同様に決済手段として流通するということの含意は、小切手のように単に個別の支払の度に発行されて消滅する媒体ということではなく、受け取り手がまた自らの支払や購買に利用するということであり、したがって当面の必要を越える部分については、必要となるまでの間は保有し続けるということであろう。このことは、銀行券が、貨幣の購買や支払手段としての機能を果たすというだけではなく、貨幣の準備手段としての機能、すなわちいわゆる蓄蔵貨幣としての機能のうち、流通の不確定性

に対処するために「流通主体のもとに引上げられて待機する貨幣の機能」[32]をも果たしうることが前提となることを意味している。いうまでもなく、ある時点での銀行券の滞留量の大部分は、個々の流通主体のもとで準備として保有されている銀行券からなる。そうした観点から銀行手形をみると、先にみたように銀行への貨幣請求権であることが、満期後には事実上貨幣の保管手段としての意味をもちうるものの、裏書きを要する手形という形式が障害となるのであった。このことは、銀行券の流通性の由来を、一覧払というその期限の問題のみではなく、裏書きを要しない持参人払といった中間者を免責する仕組み－言い換えれば完了性をもちうる仕組み－にもみる必要を意味しよう。

　したがって、銀行手形から銀行券への移行とは、一覧払化による額面価値の保証に加え、裏書きを要しない持参人払という形式の整備によって、銀行が自らの債務に準備や購買・決済の機能を付与することで、与信機会を飛躍的に拡大した銀行信用の新たな段階とみなければならない。

　そこで、図2において今度は銀行手形に代わって、銀行券による信用代位が一般化した状況を想定することとしよう。取引額のX〜Zが不確定な変動を繰り返すならば、A〜Cが各期に支払請求を受ける手形債務の額と、信用販売で受け取る銀行券の額とのアンバランスが絶えず発生するであろう。順調な再生産過程の下で長期的・平均的なバランスが見通される状況では、先にみたように受け取り超過分はいずれ支払に必要となるものとして一時的に遊休化すると捉えられることになるので、兌換請求するよりも銀行券のまま保有する方が保管等の費用は節約されよう。そこで、AやBやCは、今期に新たに受け取った銀行券と準備として保有していた銀行券とを合わせた銀行券のうち、今期に請求される自己の手形債務の額だけをその決済に利用し、他はそのまま準備として保有し続けるであろう。

　したがって、銀行がA〜Cからの受信要請に常に柔軟に対応して割引に応じたとしても、手形が貨幣で決済されそのために銀行券が兌換される場合であっても、諸資本は銀行が返済請求する手形と同額の銀行券を兌換請求する

ことになるため、銀行への貨幣還流額と兌換請求額とは常にバランスすることになる。しかも、決済が対銀行へと集中する図2の想定の下では、そもそも銀行に対する手形債務はもっぱら銀行券で返済、すなわち同額の銀行券で相殺されることになろう。手形割引によって発行された銀行券は、兌換請求されることなく諸資本のもとで準備としての機能を果たし、手形の返済のために適宜銀行に還流してくる。こうして銀行は、取引額の変動やアンバランスが一方で生じさせる一時的な遊休貨幣を、決済手段としての銀行券の保有という形での銀行への与信に取り込むことで、そうした取引額の変動やアンバランスが他方でもたらす準備貨幣の不足に伴う受信要請に恒常的・全面的に応えうるのである[33]。

（2） 預金の意義

ただし、ここまでの想定では貨幣による商品売買の存在を排除しており、購買手段としての貨幣を求めた銀行券の兌換請求や、販売で得た貨幣による銀行への返済の問題が考慮されていなかった。そこで、図3のように円環状の取引を行っているA、B、C、D[34]と単一の銀行のみからなる社会的再生産過程を想定し、まず①ではそのうちAB間とCD間のみがそれぞれB、Dの約束手形を銀行で割り引いてもらい入手した銀行券で取引され、BC間とDA間は貨幣で売買されているとしよう。CやAは販売で得た銀行券を兌換請求して入手した貨幣でそれぞれB、Dから商品を購入し、BとDはその販売で得た貨幣で自らの約束手形の返済をしている。ここでも四者がみな費用を補填し再生産を維持していくと想定すると、四つの取引額W、X、Y、Zは長期的・平均的には等しいことになる。なお、銀行から返済を請求される手形の総額は、例えば3か月前といった満期となる割引手形が振り出された時点の取引によるので、それぞれW'、Y'と表記する。

CやAが、貨幣に代えて銀行券を準備として利用する、すなわち、保有する銀行券のうち現在の商品購入に必要な額（それぞれXとZ）のみを兌換請求することで貨幣の保管等の費用を節約するならば、銀行への兌換請求額

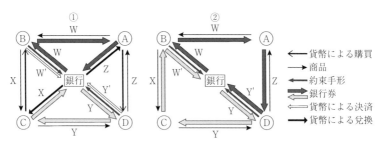

図3

(X＋Z) に対し、銀行が請求する手形債務額は (W'＋Y') となる。したがって、銀行の兌換請求に対する支払準備は (X＋Z) － (W'＋Y') だけ流出（マイナスであれば流入）することになり、この額は、貨幣で商品を販売し手形債務の決済を貨幣で行っているBとDの手もとにおける貨幣準備の増減（それぞれX－W'とZ－Y'）の総額に対応している。

これに対し、②はBC間、DA間でも銀行券が流通する場合である。ここでは、BとDの手もとでも銀行券が準備の機能を果たし、XとW'、ZとY'との不断の不一致を吸収するために、銀行券は兌換請求されることなく、それぞれの手形債務の返済に必要な分だけ銀行に返済還流してくるのである。

両者の比較から、①の場合に銀行の支払準備が流出入するのは、貨幣による商品売買の残存そのものというよりも、貨幣での売買に伴ってBやDが準備の機能を貨幣によって実現しているためであることが明確となろう。

そこで、BとDが銀行にいわゆる取引決済勘定を有し、変動に対応するための準備としての預金とともに、毎期にそれぞれの販売代金X、Zを入金し、その勘定から手形債務の決済代金W'、Y'が引き落とされるとしよう。こうした貨幣の保管と決済に係わる業務の委託動機は一般的にも存在していると思われるが、この設例ではBとDにとって銀行は手形債務の請求者であって、そのための支払準備として日々の販売代金を預託することの費用節約メリットは大きく、こうした想定の根拠は十分にあろう。すると、銀行から兌換請求によって流出した貨幣額XとZは、それぞれBとDを通じて預金と

して還流し、その預金債務は手形債権の決済によって順次消滅していくことになる。ここでは貨幣は準備としての機能を担わず、C→B、A→D間でいわば銀行に対する債権の持ち手を（銀行券から預金へとその形態は変化しつつも）変換するための手段として機能している。そして、BやDのもとでは、預金という銀行の債務が準備の機能を果たしているのである。

そこで、小切手等の移転指図による、預金の持ち手変換という決済方式の導入も進み、預金設定という形での与信も可能となろう。このいわゆる預金通貨の振替という形での流通も、それを受け取り一時的に保有する主体がそれを準備として利用しているという、いわば〈預金が保有者の預託という行為に媒介されている〉という同語反復的な関係に支えられているという点では、上でみた銀行券流通と同様である。以下では、銀行券発行と預金設定とを特に区別することなく、あるいは両者を代替的なものとして取り扱うこととする。

なお、取引額のうち、賃金を含めた流動資本の補塡を実現する部分は、変動やズレによって遊休するとしても一時的なものであり、銀行券のまま、あるいは取引決済勘定として保有することが貨幣取扱費用の節約となりうる。だが、固定資本の補塡部分は償却基金として一定の期間遊休するのであり、長期的にみれば準備ではあるものの、銀行券や預金が購買・決済手段としてそのまま利用しうるという点はさしあたりメリットとはなりえない。さらに利潤部分のうち、資本家により消費されず蓄積資金として貯蓄される部分については、本来的には準備とはいえない遊休資金を形成することになる。拡大再生産の円滑な実現において、利潤からの貯蓄総額に対応する新規投資が必要とされるというマクロ的な観点から、この蓄積資金があたかも準備として機能することが再生産の条件として期待されるというにすぎない。こうした遊休資金が貨幣で保有されるならば、それだけ銀行が創出した銀行券や預金という債務が減少して銀行の支払準備金が流出することになろう。それゆえ、定期性の預金はこれらの遊休資金を銀行の債務の形態にとどめる役割を果たしているのである[35]。

268　第2部　信用機構の理論的展開

　こうした結論は、三者ないし四者の円環状取引という単純な想定に依存したものではない。社会的再生産過程がより多数の資本間の複雑な放射状の交換関係[36]によって成り立っているとしても、やはり各期の取引に伴う貨幣の増減は全体としてはゼロ和であり、一方での一時的な準備貨幣の不足が、他方の一時的な遊休貨幣の形成と対応している。銀行が一方の準備貨幣の不足した資本の受信要請に柔軟に応じたとしても、その際に創出された銀行の債務が、銀行券ないし預金の形態で持ち手を換えつつ準備としての機能を果たしていくことで、他方の遊休貨幣の形成を銀行への与信として取り込むことになるのであって、そのことは債務の流通経路がどんなに複雑に分岐や交差を繰り返すとしても妥当しよう。

（3）　銀行間組織－手形交換と銀行間信用の機構

　最後に、これまでの想定に銀行の複数性を導入し、個々の銀行の個別的制約が、銀行間の手形交換と交換尻決済の機構、およびインターバンク市場や手形の再割引などの銀行間信用の機構とによって打開されうる根拠をみていこう。

　図4では、社会を構成する四者のうち、甲銀行の取引圏がAとBのみであり、CとDは乙銀行と取引していると想定されている。したがって銀行間の取引や組織化がなされなければ、AによるDへの支払は甲銀行券（や甲銀行の預金の振替）によることはできず、①のように兌換（ないし引出し）によって銀行から流出した貨幣でなされることになる。そのため甲銀行の支払準備の動向はこの流出額と、同様にして他の銀行の取引圏から流入してくる貨幣額との差額によることになる。

　ただし、再生産が円滑で個々の資本の費用の補填が順調に進むならば、この両者は長期的・平均的には均衡することになる。ここでは単純な円環状取引によって構成される社会が、甲乙の二つの銀行の取引圏によって包摂されているという設例のため、このことが長期的・平均的には $X = Z$ であるという形で表れているが、一般的な放射状の取引関係であっても、その全体がい

図4

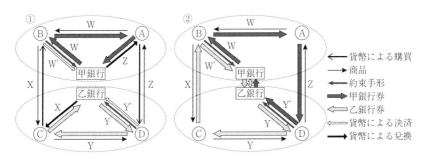

ずれかの銀行の取引圏として包摂されているならば、個々の主体の売りと買いの合計が一致している限り、個々の取引圏相互では不均衡であっても、どの銀行の取引圏も他の全ての銀行の取引圏に対する売りと買いの総計は、長期的・平均的には一致することになる。無論これは長期的な均衡であって、特に固定資本の補填や利潤からの蓄積部分まで考慮するならば、不確定な変動に伴う短期的・一時的な不均衡のみならず、一定の期間不均衡が持続する事態も含まれるであろう。

これに対し、②では銀行間の手形交換の機構を前提に、銀行が相互に他銀行の債務を預金や返済として受け入れている。例えばBは、甲銀行にある取引決済勘定にCから受け取った乙銀行券（ないし小切手）でX額を入金し、その勘定から手形債務期決済代金W'が引き落とされる。そして甲乙銀行間で手形交換による相殺と交換尻の貨幣による決済が行なわれている。こうした銀行間の取引によって－とりわけ多数銀行間で多角的一括交換が行なわれるならば－決済の手数と支払準備の節約が実現する。ここでも取引額の絶えざる不均衡が存在する以上、交換尻に節約されているとはいえ貨幣による決済が必要となるが、これは銀行が単一の場合とは異なって、個別銀行券がその信用力が及ばない取引圏外の諸主体は無論のこと、他の銀行のもとでも準備としての機能を果たさないため、その支払を請求されてしまうことによる。

しかし、社会的再生産を包摂する全ての銀行が決済機構に参加しているのであれば、第1に、銀行間の決済のみならず、銀行から流出した貨幣が銀行の取引圏外に支払われる場合を含めても、それが直ちにいずれかの銀行へ返済や預金として還流するならば、銀行間の支払超過と受取超過は全体として常にゼロ和となる。個別銀行からの支払準備の流出は、こうした条件の下では必ず他のいずれかの銀行の支払準備の増大となる。しかも第2に、各銀行の受信諸資本の再生産が円滑である限り、各銀行の、他の全ての銀行に対する収支の総計は長期的・平均的には均衡を維持するのであった。取引諸資本の活発な投資によって支払準備が流出する銀行でも、それら諸資本が順調に蓄積活動を継続し費用の回収を実現するならば、やがて預金や返済によって貨幣や他行に対する債権が集積してくることになる。したがってこれらの銀行間で、インターバンク市場や手形の再割引などの銀行間信用の機構を組織し、相互に支払準備の過不足を融通しあうことで、貨幣による決済の必要は大きく節約されることになろう。

まず、他の銀行の取引圏へと流出した債務のうち、手形交換によって相殺される部分に着目すると、Bへの手形割引で創出した銀行の債務が、Bの預金によって受け取った乙銀行に対する債権と相殺されると、結果的にBに対する手形債権とBに対する預金債務とが残ることになる。A→D、C→Bという異なった銀行間での銀行券ないし預金の移転が、手形交換によってA→B、C→Dという同じ銀行内のそれへと「置き換え」[37]られているのである。また、Bの手形債務の返済として受け取った乙銀行に対する債権と相殺されるならば、Bへの手形割引によって創出された債権・債務双方が消滅することになる。これは、手形交換による「置き換え」を含めて準備としての機能を果たしつつ持ち手を代えていた銀行の債務が、返済によって還流したものと解することができよう。

そして手形交換で相殺されない交換尻の部分についても、銀行間信用の機構によって、支払準備の不足が他行の過剰準備の調達などで解消されるならば、銀行間の相殺では振り替えられなかった債務が、結果的に他の銀行に対

する債務に置き換えられたことになる。

　こうして、銀行間組織がいわば債務の振替機構としての機能を果たすことで、個別的制約を抱える個々の銀行が、商業信用の限界の打開を求める諸資本の要請に－それが円滑な再生産の一環をなしている限りにおいて－恒常的・全面的に応えることが可能となっているのである。

3　「信用創造論」再考

　はじめにでふれた信用創造論への小西の疑問は、図5のような想定に基づいていた[38]。すなわち、まず甲銀行が手形割引によってAに預金を設定し、Aはこの預金を引当にBに小切手で支払い、Bは取引銀行である乙銀行に小切手を入金し、乙銀行は手形交換をとおして甲銀行にこの小切手の支払を求めるとする。ここから小西は、預金が単なる請求権のままで預金通貨として機能するといえるのは、CとDによる同様の行為によって甲銀行が対乙債権を保有していて対乙債務と相殺しうる場合のみであり、相殺できない場合には現金準備を使って決済されるということから、いずれにしても「預金設定はけっして無から有を生み出すような、あるいは銀行の帳簿係りのペン先から生まれるものではなく、他行宛債権や現金準備などの銀行の資産を使うことを前提として初めて可能なものなのである」としている[39]。さらに、図5のような事態を「客観的な過程としては、甲銀行はDの預金を受け入れてAに貸出」をしていると解釈することによって、銀行による「将来の価値の先取りとしての貸出」が「再生産過程のなかから生み出されるさまざまな預金の源泉」から形成される預金を基礎としているとして、信用創造論はこうした預金の源泉を「見過ごす危険性をもっている」と批判している[40]。

　こうした小西の設例とその解釈が、終始個別銀行の観点にとどまっていることは明らかであろう。甲銀行からみる限りは、図5のDの預金の源泉は「外部」であり、銀行の与信はそうした外部的要因、ないしはそれを取り込むための個別銀行の努力に依存していることになる。しかし、吉田らの信用

図5

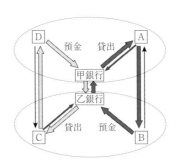

創造論は「銀行システム」という観点に立つものであった[41]。

　この補章で明らかにしてきたように、個別銀行の預金設定－債務による貸出を支える流入「資産」や、他の銀行から融通された支払準備は、社会的再生産過程の全体を包摂する全ての銀行による組織化という閉じたシステムの内部では、貸出を受けた資本の活動が円滑な再生産の一環をなしている限りは、貸出によって銀行が創出した債務そのものが、振り替えられたものということができよう。個別銀行の観点のみに留まることは、こうした「預金の源泉」を「見過ごす」ことにもなろう[42]。

　ただし、銀行システムが閉じたシステムであるというのは、信用機構の発展の一面を抽象化したにすぎないのであって、多くの点で「外部」に開かれていることはいうまでもない。銀行間の組織化の範囲は、地理的・文化的、制度的な条件によって組織化の容易な個別の「社会」に限界づけられ、再生産の取引関係全体には及びえない。また、遊休資金や労働者の日常的な購買などで貨幣利用が続くならば、その「社会」の内部にも支払準備は流出入を繰り返すことになる。こうした組織化の部分性は、一つには吉田も「銀行の銀行」としての中央銀行の問題として論じている[43]が、中央銀行が「あいまいな存在」であるのも、中央銀行を頂点としてもなお残る部分性に起因するものと思われる[44]。

　また、銀行の信用創造の前提となる、資本の補填と再生産の円滑な進行

も、銀行の与信を受けた諸資本の蓄積活動を通じてはじめて実現される。銀行が与信で供給した債務が、新たに銀行が供給する債務の振替による返済で消滅するという信用創造の過程は、諸資本の蓄積活動が円滑な再生産過程を絶えず新たに作り出しうる限りにおいて完結しうるのである。システムとしての銀行の観点に立っても、「将来の資金形成の先取り」はそうした資本蓄積に依存しており、そこには過剰蓄積等の問題が孕まれている[45]。

　個別銀行の観点による「外部」ではなく、こうしたシステムとしての銀行になお残る「外部」の問題に立ち入って、信用機構の制度的な展開や転換、また資本蓄積との動態的な相互関係を含めながら、信用創造の機能や役割をさらに明確にしていくことが、信用創造論の次の課題となろう。

注
1）例えば、新田滋［1997］は信用創造を「四つの相異なる種類と階層」に区分している（20頁）。
2）小西一雄［2004］147-150頁
3）山口重克［1984］46頁
4）同45頁
5）同46頁
6）山口重克［1985］207頁
7）同218頁
8）山口重克［1984］47頁
9）山口重克［1985］222-224頁
10）同224-226頁
11）同226-227頁
12）山口重克［2000］でも、「私は、商業信用は商品の売手と買手との間の信用関係であるから、二資本間の商品の信用売買取引を考察すれば、商業信用の基本的性質はほぼ明らかになると考えている」（44頁）とされている。
13）同227頁
14）同上
15）宮澤和敏［1996］102頁
16）同上
17）同103頁
18）山口重克［2000］135頁
19）同225頁
20）山口重克［1985］231頁
21）同231-233頁

22) なお、宮澤和敏は銀行手形と銀行券の異質性という観点からのみ流動性リスクの問題を捉え、もっぱら「銀行が取り付けの危険にさらされる」(宮澤和敏[1996]103頁)ことに目を向けている。しかし、銀行の流動性リスクのうちでも、一覧払形式に伴う取り付けの危険性に対しては、竹内晴夫による批判や山口重克のリプライにあるように、銀行が信用代位業務を通じて保有する手形債権が健全である場合には、割引手形を「売りに出す、つまり再割引に出せばよい」(山口重克[2000]150頁)のであり、「保有資産を処分したり、他の銀行からの借入を受けられる」(竹内晴夫[1997]99頁)ことで対応が可能であろう。ただし、銀行信用が信用創造の恒常的、全面的な機構であることを示すためには、この潜在的な取り付けの危険性という意味での流動性リスクに対処する銀行間信用についても、銀行間の組織化によって形成される新たな機構としての銀行システムの内部で処理しうる根拠や、その条件を明らかにしておく必要があろう。
23) 山口重克[1985]227頁
24) 新田滋[1997]19頁
25) 山口重克[2000]135頁
26) 同135-136頁
27) 斉藤美彦[2003]328-329頁
28) 山口重克[2004]3頁
29) 山口重克[2000]136-137頁
30) 新田滋は、山口重克[1985]における銀行の準備率が、「貸倒引当金のようなもの」として「経験的」にのみ問題とされているとした上で(新田滋[1997]16頁)、一覧払債務に伴う「不時の兌換支払請求」の問題から、銀行券段階になってはじめて「たんなる貸倒引当金とは異なる性質をもった準備金の量と準備率」とが問題になると論じている(同19頁)。それに対して山口重克は、貸し倒れが生じて債権回収が不能となる場合に生じる不足分のための支払準備を、支払準備の「基本である」とし他方で「二次的な問題」として、「債権の方の満期の期限と債務の方の返済期限とのズレの問題」を論じることで、いわゆる信用リスクに関わる不渡準備と、流動性リスクに対応する支払準備とを区別していることを示したのであった(山口重克[2000]134頁)。ところが、ここで銀行券が「必ずしも支払請求があるとは限らない」ということから「回収不能の予想分に相当する支払準備としての自己資本を節約できる」としている(同136-173頁)のは、二つの支払準備の性格の根本的な相違を看過したものといえよう。一時的な債権回収額と債務請求額とのズレをつなぐための支払準備は、長期的に両者がバランスしている限り、一度流出した準備金も再度流入して維持されるのであり、費消されてしまい割引料から回収されるべき性格のものではない。それに対し、保有している割引手形の不渡の発生それ自体は、債務の支払請求と違って一方的な資産の減少、自己資本の毀損である。したがって銀行が「資産としての債権の貸倒れの予想に対して、その見積額に応じて負債勘定の側に貸倒れ引当金を積」(同158頁)むという行為は、斉藤美彦も指摘しているようにそれ自体が「自己資本の毀損」(斉藤美彦[2003]325頁)であって、その分だけその時点で費消されてしまうのである。現実に不断に発生する不渡に応じて減額されるこの引当金を一定比率に維持していくには、絶えず新たな準備金を費用として投じ続けなければならず、健全な銀行経営のためにはいわゆるリスク・プレミアムを通じて、割引料収入のうちにこの費用を回収していくことが求められよう。

31) 山口重克［2000］135-136頁
32) 山口重克［1985］42頁
33) 商業信用の個別性に対し、銀行信用の社会性・一般性の根拠を、銀行が集中する遊休貨幣の社会性にみる理解は従来も広くみられてきた。ところが、それを遊休貨幣の預金としての集中と安定的な滞留資金の形成という形で実現されると捉えるならば、商業信用から銀行信用への市場機構の発展というアプローチをとりながらも、銀行券の発行に先立って預金の集中が説かれなければならないといういわゆる預金先行説が主張されることになる（例えば、宇野弘蔵［1977］468頁）。しかし、預金集中にしても、やはり個別銀行のレベルで多数の産業資本の遊休貨幣を集中するというだけでは、地域や部門等の個別的事情が平均化されるとは限らないであろう。取引関係にある地域や部門に偏りがある個別銀行では、受信要請の増大と、預金として集める遊休貨幣の減少とが同時に生じることは頻繁に生じうるのであって、そのために支払準備の過不足を銀行間で相互融通するインターバンク市場や、上位銀行ないし中央銀行の手形再割引などの銀行間信用の組織化が進展することにもなる。また、本文でみてきたように、遊休貨幣の銀行への集中は、預金という形態だけではなく、準備および購買・決済の機能を果たしうる銀行券の保有という形でも実現されうる。預金を前提としなくとも、発券によるこの遊休貨幣の銀行への集中を想定することは可能なのである。
34) 社会的再生産の過程では、労働力商品を販売し生活資料を商品として購入する労働者の存在が不可欠であるが、A～Cがみな銀行の受信者である図2は、単純化のために資本からのみなる社会が想定されていた。図3ではCやAのように、銀行の信用を受けない主体が含まれており、それらは直接に労働者をモデル化したものではないものの、労働者を含んだ社会的再生産の過程を抽象化した、より一般的な想定とみることができよう。
35) 吉田暁［2002］では、「商業銀行による利子付きの定期性預金の取扱いは商業銀行を不純化するものとする見方もあるが、預金還流を確実なものとするための競争手段であり、今日では定期性預金での還流によって信用創造過程は完結する」（84頁）と定期性預金の意義が明確にされている。
36) 川合研は、再生産過程の補塡構造＝相殺構造を根拠に預金通貨の創造を示している（川合研［2004］395-399頁）。ここでは川合は、以前の論稿で試みていたマルクスの再生産表式に代えて、再生産の全体を「商品による商品の生産」として表現するスラッファの議論を用い、労働力商品の売買と労働者による生活資料の購入および生活の過程をも他の生産手段と同じく生活資料という商品の投入と捉えることで、再生産可能な自己補塡的な社会であれば、各生産過程間の交換関係はどの生産過程も他の生産過程に対する売りと買いの合計が一致する構造を有していることを示している。
37) 川合研は、手形交換所での銀行間の債権・債務の相殺によって、「異なった銀行間の預金の振替が同じ銀行内の預金の振替に置き換えられている」（川合研［2004］403頁）としている。
38) 小西一雄［2004］146-147頁と、同149頁の設例を、筆者が図にしたものである。
39) 同146-147頁
40) 同148-150頁
41) 例えば、吉田暁［2002］i, 25,83-85頁など。

42) 小西一雄［2004］では「発券銀行が銀行券で貸出をした場合、その一大部分は常に流通の内部にとどまってい」(154-155頁)るため、なんら費用を要しないのに対し、預金設定による貸出では他行宛債権などの資産を利用することになるとして、両者が峻別されている。しかし、銀行券も、発券銀行の流通圏外に流出した場合には銀行間で決済されることになり、他方預金設定も、その銀行内部で振替られている限りはほとんど費用を要しない。いずれも、準備の機能を担う限りで「流通の内部にとどまって」持ち手を代え、返済によって「還流してくる」ことで消滅する点では変わりはない。
43) 吉田曉［2002］83-86, 135-148頁など。
44) なお、中央銀行による垂直的な銀行間信用の機構と、個別銀行間の水平的な調整との区別と連関については、すでに本書第9章で論じており、ここでは銀行間組織の垂直的な構造については問わず、水平的にせよ垂直的にせよ結果的に銀行間の準備の相互融通が実現している面が抽象化されて前提とされている。
45) この意味で、木村二郎が「自己宛債務を設定して貸し出す信用創造は、事後的に形成される資金の先取りとしての意味を持つのであるが、その事後的な資金形成はまさに諸資本の再生産過程の一環として行われることを忘れてはならない」（木村二郎［2001］19頁）とし、銀行の信用創造の金融仲介としての側面を考察している試みは評価できよう。ただし木村が、預金による還流によって信用創造の過程が「完了」(10頁)するとしているのは不適切な表現である。信用創造の過程が完了するのは預金通貨が返済によって消滅することによってであり、将来の資金形成の先取りとは、預金となる遊休資金ではなく、銀行から信用を受けた諸資本が資本蓄積によって形成する返済資金の形成の先取りなのである。

参考文献

Blomquist, T. W. [1979] "The Dawn of Banking in an Italian Commune: Thirteenth Century Lucca." in *Merchant Families, Banking and Money in Medieval Lucca*, 2005

Blomquist, T. W. [1990] "Some Observations on Early Foreign Excange Banking Based upon New Evidence from Thirteenth-century Lucca." *Journal of European Economic History* 19（2）

Boyer-Xambeu, M.-T., G. Deleplace, and L. Gillard [1994] *Private Money & Public Currencies: The 16th Century Challenge* M.E. Sharpe.

Calomiris, Charles W. and Charles M. Kahn [1996] "The Efficiency of Self-Regulated Payments Systems: Learning from the Suffolk System." *Journal of Money, Credit and Banking*, 28.

de Roover, R. [1948] *Money, Banking and Credit in Mediaeval Bruges*. The Mediaeval Academy of America.

de Roover, R. [1954] "New Interpretations of the History of Banking." *Journal of world history* 2

de Roover, R. [1965] "The Organization of Trade." in M. M. Postan, E. E. Rich and E. Miller（eds.）*The Cambridge Economic History of Europe*, vol. III

Dowd, Kevin [1994] "Competitive Banking, Bankers' Clubs, and Bank Regulation." *Journal of Money, Credit and Banking*, 26

Earle, P. [2001] "The economy of London, 1660-1730" in Patrick O'Brien et al.（eds.）*Urban Achievement in Early Modern Europe: Golden Ages in Antwerp, Amsterdam and London*. Cambridge University Press

Face, R. D. [1958] "Techniques of Business in the Trade between the Fairs of Champagne and the South of Europein the Twelfth and Thirteenth Centuries." *The Economic History Review*, New Series, Vol. 10, No. 3

Face, R. D. [1959] "The Vectuarii in the Overland Commerce between Champagne and Southern Europe." *The Economic History Review*, New Series, Vol. 12, No. 2

Goodhart, Charles A. E. [1988] The Evolution of Central Banks MIT Press.

Gorton, Gary and Donald J. Mullineaux [1987] "The Joint Production of Confidence: Endogenous Regulation and Nineteenth Century Commercial-Bank Clearinghouses." *Journal of Money, Credit and Banking*, 19.

Hoover, C. B. [1926] "The Sea Loan in Genoa in the Twelfth Century." *The Quarterly Journal of Economics*, Vol. 40, No. 3

Kerridge, E. [1988] *Trade and Banking in Early Modern England*. Manchester University Press

Kohn, M. [1999] "Early Deposit Banking." *Working Paper 99-03, Department of Economics Dartmouth College*.

Kohn, M. [2003] "Business Organization in Pre-industrial Europe." *Working Paper 03-09, Department of Economics Dartmouth College.*
Lopez, R. S. and I. W. Raymond [1955] *Medieval Trade in the Mediterranean World; Illustrative Documents Translated with Introduction and Notes.* Columbia University Press.
Marx, Karl [1857/58] Grundrisse der Kritik der politischen Okonomie『経済学批判要綱』第3分冊, 大月書店
Marx, Karl [1857/58] Ökonomische Manuskripte 1857/58 in Marx-Engels Gesamtausgabe,II-1 Dietz Verlag, 1976, 1981.
Marx, Karl [1858-61] Ökonomische Manuskripte und Schriften 1858-61 in Marx-Engels Gesamtausgabe,II-2 Dietz Verlag,1980.
Marx, Karl [1867] Das Kapital : Kritik der politischen ¨Ökonomie, I in Marx-Engels Werke, 23 Dietz Verlag, 1962. (マルクス=エンゲルス全集刊行委員会訳『資本論 第1巻』大月書店, 1968)
Marx, Karl [1885] Das Kapital : Kritik der politischen ¨Ökonomie, II in Marx-Engels Werke, 24 Dietz Verlag, 1962. (マルクス=エンゲルス全集刊行委員会訳『資本論 第2巻』大月書店、1968)
Marx, Karl [1894] Das Kapital : Kritik der politischen ¨Ökonomie, III in Marx-Engels Werke,25 Dietz Verlag, 1964. (マルクス=エンゲルス全集刊行委員会訳『資本論 第3巻』大月書店、1968)
Melton, F. T. [1986] *Sir Robert Clayton and the Origins of English Deposit Banking., 1658- 1685.* Cambridge University Press.
Mitchell, D. M. [1994], " 'Mr. Fowle, Pray Pay the Washwoman' : The Trade of a London Goldsmith-Banker, 1660-1692." *Business and Economic History* 22
Mueller, R. C. [1997] *The Venetian Money Market: Banks, Panics, and the Public Debt, 1200-1500.* Johns Hopkins University Press.
Mullineaux, Donald J. [1987] "Competitive Monies and the Suffolk Bank System: A Contractual Perspective" *Southern Economic Journal* 54.
Murray, J. M. [2005] *Bruges, Cradle of Capitalism, 1280-1390.* Cambridge University Press.
Neal, L. and S. Quinn [2001] "Networks of information, markets, and institutions in the rise of London as a financial centre, 1660-1720.", *Financial History Review*, vol. 8
Nieuwkerk, Marius van ed. [2009], *The Bank of Amsterdam - on the origins of central banking.* Sonsbeek Publishers.
Pressnell, L. S. [1956] *Country Banking in the Industrial Revolution.* Oxford University Press.
Quinn, S. [1997] "Goldsmith-Banking: Mutual Acceptance and Interbanker Clearing in Restoration London." *Explorations in Economic History,* vol. 34
Quinn, S. [2007] "The Bank of Amsterdam and the Leap to Central Bank Money." *The American Economic Review,* Vol. 97, No. 2
Quinn, S. and W. Roberds [2005] "The Big Problem of Large Bills, the Bank of Amster-

dam and the Origins of Central Banking." *Federal Reserve Bank of Atlanta Working Paper* 2005-16.

Quinn, S. and W. Roberds [2009] "Coinage, central bank money and the Bank of Amsterdam." in Nieuwkerk ed. [2009]

Reynolds, R. L. [1930] "Merchants of Arras and the Overland Trade with Genoa Twelfth Century." *Revue Belge de Philologie et d'Histoire*. Tome 9 fasc. 2

Reynolds, R. L. [1931] "Genoese Trade in the Late Twelfth Century, Particularly in Cloth from the Fair of Champagne." *Journal of Economic and Business History*, vol. 3

Richards, R. D. [1929] *The Early History of Banking in England*. P. S. King & Son

Rogers, J. S. [1995] *The Early History of the Law of Bills and Notes: A Study of the Origins of Anglo-American Commercial Law*. Cambridge University Press. 川分圭子訳『イギリスにおける商事法の発展―手形が紙幣になるまで―』弘文堂，2011年

Rolnick, A. J., B. D. Smith, and W. Weber. [1998] "Lessons from a laissez-faire payments system : The Suffolk Banking System (1825-58)" *Federal Reserve Bank of St. Louis Review* 80, no. 3

Rolnick, A. J., B. D. Smith, and W. Weber. [2000] "The Suffolk Bank and the Panic of 1837." *Federal Reserve Bank of Minneapolis Quarterly Review*. Vol. 24, No. 2

Smith, Adam [1776] *An Inquiry into the Nature and Causes of the Wealth of Nations* in The Glasgow Edition of The Works and Correspondence of Adam Smith II

Timberlake, Richard H. [1984] "The Central Banking Role of Clearinghouse Associations." *Journal of Money, Credit and Banking*, 16.

Timberlake, Richard H. [1993] *Monetary Policy in the United States: An Intellectual and Institutional History*. The University of Chicago Press.

Usher, A. P. [1934] "The Origins of Banking : The Primitive Bank of Deposit, 1200-1600." *The Economic History Review*, vol.4, No.4

Van der Wee, H. [1977] "Monetary, credit and banking systems." in E. E. Rich and C.H. Wilson (eds.) *The Cambridge Economic History of Europe*, vol.V

Van der Wee, H. [1997] "The Influence of Banking on the Rise of Capitalism in North-West Europe, from the Fourteenth to the Nineteenth Century." in A. Teichova et. al. (eds.) *Banking, Trade and Industry : Europe, America and Asia from the Thirteenth to the Twentieth Century*. Cambridge University Press.

Van der Wee, H. [2012] "The Amsterdam Wisselbank's Innovations in the Monetary Sphere: The Role of 'Bank Money'." in J. H. Munro (ed.) *Money in the Pre-Industrial World: Bullion, Debasements and Coin Substitutes*. Pickering & Chatto.

Van Doosselaere, Q. [2009] *Commercial Agreements and Social Dynamics in Medieval Genoa*. Cambridge University Press.

Verlinden, C. [1965] "Markets and Fairs." in M. M. Postan, E. E. Rich and E. Miller (eds.) *The Cambridge Economic History of Europe*, vol. III

Wadsworth, A. P. and J. de L. Mann [1931] *The Cotton Trade and Industrial I.ancashire*, 1600-1780. Manchester

Wilson, C. [1941] *Anglo-Dutch Commerce and Finance in the Eighteenth Century*. Cambridge University Press

アールツ，E.［2005］『中世末南ネーデルラント経済の軌跡－ワイン・ビールの歴史からアントウェルペン国際市場へ』藤井美男（監訳）九州大学出版会
青才高志［1990］『利潤論の展開』時潮社
石坂昭雄［1971］『オランダ型貿易国家の経済構造』未来社
石橋貞男［1992］『資本と利潤』税務経理協会
伊藤誠［1973］『信用と恐慌』東京大学出版会（引用は『伊藤誠著作集第3巻』社会評論社、2009年による）
伊藤誠［1981］『価値と資本の理論』岩波書店（引用は『伊藤誠著作集第2巻』社会評論社、2011年による）
伊藤誠・C. ラパヴィツァス［2002］『貨幣・金融の政治経済学』岩波書店
伊藤幸男［1983］「銀行信用組織化の限度と中央銀行」名古屋大学『経済科学』第30巻第4号
ウェーバー，M.［1955］『一般社会経済史要論 下巻』黒正厳・青山秀夫訳 岩波書店
宇野弘蔵［1947］『価値論』河出書房（引用は、こぶし書房刊、1996年による）
宇野弘蔵［1952］『経済原論』岩波書店（引用は合本改版、1977年による）
宇野弘蔵［1959］『マルクス経済学原理論の研究』岩波書店（『宇野弘蔵著作集第四巻』、岩波書店、1974年、所収）
宇野弘蔵［1963］『経済学ゼミナール（2）価値論の問題点』法政大学出版局
浦園宜憲［1981-1982］「信用制度の組織的展開（Ⅰ）（Ⅱ）」『拓殖大学論集（社会科学系）』第134号 第135号
大内力［1978］『信用と銀行資本』東京大学出版会
大黒俊二［1979］「シャンパーニュの大市、その成立過程と内部組織―序説的概観」『待兼山論叢』13史学篇
大黒俊二［1980］「中世南北商業とシャンパーニュの大市―主としてジェノヴァの公証人文書よりみたる」『西洋史学』（119）
大黒俊二［2006］『嘘と貪欲―西欧中世の商業・商人観』名古屋大学出版会
大畠重衛［1981］「商業信用について（一）」『金融経済』190号
大森琢磨［2004］『サフォーク・システム－フリーバンキング制か、中央銀行制か』日本評論社
岡部洋實［1990］「銀行信用の展開と預金・発券（2）」北海道大学『経済学研究』第39巻第4号
岡部洋實［1996］「貨幣「制度」生成の論理」河村哲二編著［1996］第9章
沖公祐［2012］『余剰の経済学』日本経済評論社
小倉利丸［1979］「商業資本と信用－商業信用を中心に－」山口ほか［1979］第6章
小幡道昭編著［1999］『貨幣・信用論の新展開』社会評論社
小幡道昭［2009］『経済原論－基礎と演習』東京大学出版会
亀﨑澄夫［1982］「資本循環論について」東北大『経済学』43巻4号
亀﨑澄夫［1996］『資本回転論』昭和堂
川合一郎［1955］『資本と信用』（『川合一郎著作集第2巻』有斐閣、1981年）
川合一郎［1974］『管理通貨と金融資本』（『川合一郎著作集第6巻』有斐閣，1982年）

川合研［2004］「預金通貨の創造と決済システム」『商学論叢』福岡大学第48巻第 4 号
河村哲二編著［1996］『制度と組織の経済学』日本評論社
川分圭子［2002］「ロンドン商人とイギリス海外貿易－事業経営と家族」深沢克己［2002］第 4 章
木村二郎［2001］「信用創造における預金の還流と遊休資金」『桃山学院大学経済経営論集』第42巻第 3 号
クラーク，P.・P. スラック［1989］『変貌するイングランド都市　1500－1700年』酒田利夫訳　三嶺書房
グラパム，J.［1970］『イングランド銀行－その歴史　1』 英国金融史研究会訳　ダイヤモンド社
公文俊平［1962］「前貸資本量と資本の回転構成」『経済評論』1962年 8 月号
コーフィールド，P. J.［1989］『イギリス都市の衝撃　1700－1800年』坂巻清・松塚俊三訳　三嶺書房
小西一雄［2004］「マルクス信用論のひとつの読み方　いわゆる信用創造論の問題点を中心に」『経済』2004年 1 月号
小西一雄［2014］『資本主義の成熟と転換－現代の信用と恐慌』桜井書店
斉藤美彦［2003］「銀行業における信用リスクと流動性リスク」『武蔵大学論集』第50巻第 3 号
斉藤美彦［2006］『金融自由化と金融政策・銀行行動』日本経済評論社
柴崎慎也［2016a］「商業資本のもとにおける債務の集積」『季刊経理理論』53（2）
柴崎慎也［2016b］「競争と商業組織」『季刊経理理論』53（3）
清水真志［1999］「商業資本と市場組織化の原理」小幡［1999］第 5 章
清水真志［2006］『商業資本論の射程―商業資本論の展開と市場機構論』ナカニシヤ出版
菅原陽心［1985］「商業資本の機能についての準備的考察」新潟大学『商学論集』17号
菅原陽心［1997］『商業資本と市場重層化』御茶の水書房
菅原陽心［2012］『経済原論』御茶の水書房
鈴木勝男［1971］「銀行信用の展開について」『東北学院大論集』第59号
鈴木勝男［1978］「中央銀行形成の論理へのひとつの視角（三）」『金融経済』168号
鈴木勝男［2007］『信用論・恐慌論の研究』梓出版社
鈴木鴻一郎編［1962］『経済学原理論』下 東京大学出版会
高須賀義博［1979］『マルクス経済学研究』新評論
竹内晴夫［1996］「信用の不確実性と制度的対応」河村［1996］第 7 章
竹内晴夫［1997］『信用と貨幣－貨幣存立の根拠を問う』御茶の水書房
田中生夫［1966］『イギリス初期銀行史研究』日本評論社
田中英明［1996］「流通過程の不確実性と産業資本－市場機構論の基礎－」『彦根論叢』第300号
田中英明［1997］「市場機構としての商業信用－一時的な信用取引と恒常的な信用取引－」『彦根論叢』第305号
田中英明［2000］「市場機構としての銀行信用」『経済理論学会年報第37集』青木書店
田中英明［2001］「市場機構の社会性と不安定性」伊藤誠編『資本主義経済の機構と変動』
田中英明［2003］「銀行間組織の二類型と中央銀行」SGCIME 編『資本主義原理像の再構

築』
田中英明［2006］「システムとしての銀行と信用創造」『季刊経済理論』42（4）
田中英明［2010］「商品の「資本性」―空所の純粋性から―」『彦根論叢』382
田中英明［2012a］「商人的機構の「原型」－中世ヨーロッパの為替契約と商人銀行家」『彦根論叢』391
田中英明［2012b］「セントラル・バンキング論の再考のために－中世後期以降の決済・信用機構とアムステルダム振替銀行」『彦根論叢』394
玉木俊明［2008］『北方ヨーロッパの商業と経済』知泉書館
玉木俊明［2009］『近代ヨーロッパの誕生－オランダからイギリスへ』講談社
玉木俊明［2012］『近代ヨーロッパの形成－商人と国家の近代世界システム』創元社
ド・フリース＆ファン・デァ・ワウデ［2009］『最初の近代経済－オランダ経済の成功・失敗と持続力1500-1815』大西吉之・杉浦未樹訳、名古屋大学出版会
ド・ローヴァ［1986, 2009a, 2009b, 2011］「為替手形発達史―14から18世紀―（1）（2）（3）（6）」楊枝嗣朗訳『佐賀大学経済論集』19（1）、42（2）、42（3）、43（6）
德永正二郎［1976］『為替と信用』 新評論
德永正二郎［1999］「為替の起源と初期預金銀行：国際通貨システムの歴史と論理（II）」『經濟學研究』66（3）
德永正二郎［2004］「草創期のマーチャント・バンカーと原生的為替決済メカニズム」『エコノミクス』8（3・4）
中野広策［1980］「中央銀行の生成と発券独占の論理」『金融経済』181号
中野広策［1989］「商業信用の限界と貨幣取扱業務」『山形大学紀要（社会科学）』第19巻第2号
中村泰治［1979］「銀行制度の成立」山口ほか［1979］第7章
名城邦夫［2011］「17世紀前半西ヨーロッパにおけるニュルンベルク為替銀行の意義－アムステルダム為替銀行との比較を中心に－」『名古屋学院大学論集　社会科学編』48（1）
新田滋［1997］「信用創造理論の批判的再検討－フィリップス説と山口－小島説の問題点から－」『茨城大学人文学部紀要（社会科学科）』第30号
橋本理博［2015］「18世紀における国際的決済とアムステルダム銀行」『証券経済学会年報（別冊）』49号
馬場克三［1966］「流動資本の回転と運転資本」『経済学研究』（九大）31巻3・4号
浜田康行［1991］『金融の原理』北海道大学図書刊行会
日高普［1966］『商業信用と銀行信用』青木書店
日高普［1968］『銀行資本の理論』東京大学出版会
日高普［1977］『資本の流通過程』東京大学出版会
日高普［1983］『経済原論』有斐閣
ヒックス，J.R.『経済史の理論』新保博・渡辺文夫訳、講談社
ファヴィエ，J.［1997］『金と香辛料－中世における実業家の誕生』内田日出海訳、春秋社
ファン・デァ・ウェー［1991］「アントワープと16・7世紀のファイナンシャル イノベーション」楊枝嗣朗訳『佐賀大学経済論集』23（5）
フェヴァー，A.［1984］『ポンド・スターリング－イギリス貨幣史』（モーガン校訂）　一

ノ瀬ほか訳、新評論
深沢克己 [1994]「ルー商会文書の為替手形－18世紀金融技術の基礎研究」『史淵』131
深沢克巳 [1995, 1996]「十八世紀のフランス＝レヴァント貿易と国際金融－ルー商会文書の為替手形（上）（下）」『史淵』132、133
深沢克己編著 [2002]『国際商業』ミネルヴァ書房
深町郁彌 [1971]『所有と信用』日本評論社．
深町郁彌 [1976]「中央銀行（1）（2）」川合一郎編『金融論を学ぶ』
福田豊 [1979]「流通期間と商業資本の機能」山口・伊藤・佐美編『競争と信用』有斐閣
福田豊 [1986]「流通過程の不確定性と商業資本」『電気通信大学学報』36巻2号
福田豊 [1996]『情報化のトポロジー』御茶の水書房
ブローデル [1986]『交換のはたらき1』山本淳一訳、みすず書房
ポランニー [1980]『人間の経済Ⅰ・Ⅱ』玉野井芳郎ほか訳、岩波書店
松尾秀雄 [1993]「マルクス経済学による産業資本家と商業資本家の競争理論」『名城商学』第43巻2号
松田正彦 [1996]「情報と信用制度」河村 [1996] 第6章
宮澤和敏 [1996a]「信用力と信用取引」『茨城大学人文学部紀要（社会科学）』第29号
宮澤和敏 [1996b]「現代信用論の展開－一覧払い債務の流通根拠をめぐって」『月刊フォーラム』1996年8月号
宮澤和敏 [2005]「銀行券の発生と信用創造」『廣島大學經濟論叢』29巻1号
宮澤和敏 [2006]「社会的再生産と信用貨幣の供給機構」『廣島大學經濟論叢』29巻3号
宮下志朗 [1989]『本の都市リヨン』晶文社
宮田美智也 [1995]『ロンドン手形市場の国際金融構造－アメリカとの関連における研究』文眞堂
守山昭男 [1994]『銀行組織の理論』同文舘
山口重克 [1983]『競争と商業資本』岩波書店
山口重克 [1984]『金融機構の理論』東京大学出版会
山口重克 [1985]『経済原論講義』東京大学出版会
山口重克 [1998]『商業資本論の諸問題』御茶の水書房
山口重克 [2000]『金融機構の理論の諸問題』御茶の水書房
山口重克 [2004]「銀行信用論ノート」『アソシエ21ニューズレター』2004年7月号
山口重克・佐美光彦・伊藤誠編 [1979]『競争と信用』有斐閣
楊枝嗣朗 [1982]『イギリス信用貨幣史研究』九州大学出版会
楊枝嗣朗 [1988]『貨幣・信用・中央銀行－支払決済システムの成立』同文舘
楊枝嗣朗 [1991]「[解題]16・7世紀ヨーロッパ金融革命の含意」『佐賀大学経済論集』23（5）
楊枝嗣朗 [1999]「近代初期イングランドにおける商人の手形取引・金融業務－ロンドン銀行業の起源に関連して」『佐賀大学経済論集』31（6）
楊枝嗣朗 [2004]『近代初期イギリス金融革命－為替手形・多角的決済システム・商人資本－』ミネルヴァ書房
吉田暁 [2002]『決済システムと銀行・中央銀行』日本経済評論社
吉村信之 [2004]「中央銀行の生成と国内金流出の位相—19世紀イギリスの発券集中によ

せて―」『信州大学経済学論集』第51号
吉村信之［2005a］「為替論の回顧と展望」『信州大学経済学論集』第53号
吉村信之［2005b］「貨幣取扱業務の再検討」『季刊経済理論』41（4）
渡辺裕一［1992］「信用創造論の方法」山口重克編『市場システムの理論』御茶の水書房

あとがき

　本書のもととなった論文は以下の通りである。ただし、初出のままではなく、加筆修正が加えられ、大幅に組み換えられている部分もある。

第1部
「商人的機構の「原型」－中世ヨーロッパの為替契約と商人銀行家」『彦根論叢391号』2012年
「セントラル・バンキング論の再考のために－中世後期以降の決済・信用機構とアムステルダム振替銀行」『彦根論叢394号』2012年
「商品の「資本性」－空所の純粋性から」『彦根論叢382号』2010年

第2部
「流通過程の不確定性と産業資本－市場機構論の基礎」『彦根論叢300号』1996年
「市場機構としての商業信用－一時的な信用取引と恒常的な信用取引」『彦根論叢305号』1997年
「市場機構としての銀行信用」『経済理論学会年報第37集』2000年
「市場機構の社会性と不安定性－商業信用・商業資本・銀行信用」伊藤誠編『資本主義経済の機構と変動』御茶の水書房2001年
「銀行間組織の二類型と中央銀行」SGCIME編『資本主義原理像の再構築』御茶の水書房2003年
「システムとしての銀行と信用創造」経済理論学会編『季刊経済理論』42巻4号2006年

　さて、ここに至るまで実に多くの方々に導かれてきた。あまりに遅々とした長年にわたる道のりのため、もはや遺漏なく列挙することが至難な程、謝

辞を申し上げるべき方々のリストは膨大なものとなってしまった。そのため、ここでは公式の先生方のお名前のみ挙げさせていただく。非礼をお許し願いたい。

　経済学研究の出発は学部での伊藤誠先生の演習であった。爾来、伊藤先生のご指導と伊藤ゼミの仲間達との討議や雑談こそが研究の基盤となっている。学ぶということでいえば、教養課程での全学一般教養ゼミが原点であろうか。馬場修一・見田宗介といったいささか畑違いの先生方のお話やゼミの仲間達との語らいは得がたい経験であった。思えば杉浦克己先生の教養ゼミが経済学に触れる最初の機会であった。大学院進学後には、山口重克・侘美光彦・小幡道昭・安保哲夫の各先生の演習・講義にも参加させていただいた。

　また、マルクス理論研究会、関西原論研究会などの研究会での発表や討議の場で生まれた着想は無論のこと、経済理論学会やその『季刊経済理論』編集委員会で受けた刺激も、本書の随所にその足跡を残していることであろう。とりわけ、SGCIME（マルクス経済学の現代的課題研究会）の活動とメンバーには大きなものを負っている。2泊3日の合宿研究会での、創設メンバーの先輩諸氏から大学院生までの、多様な研究分野と幅広い年代にわたる人々による時間超過必至の大激論こそが、研究を一歩でも前へという思いを繋いできたように思われる。教養ゼミの合宿に始まり、この20年に及ぶ年2回の合宿研究会と、八王子の大学セミナーハウスで過ごした昼夜は幾日になろうか。

　本書の出版が、そのSGCIMEでもお世話になっている日本経済評論社にお願いできたことは、望外の喜びである。同社と編集の労をとっていただいた鴇田祐一氏に心より御礼を申し上げたい。

　　　2017年初春　　　　　　　　　　　　　　　　　　　　　田中英明

　なお、本書の刊行に際して、平成27年度「国立大学法人滋賀大学教育研究支援基金による出版助成制度」の助成を受けている。

索　引

人名索引

青才高志	133, 139, 141
アッシャー（Usher, A.P.）	33, 68
石坂昭雄	63-64
伊藤誠	145-146, 219, 224
伊藤幸男	249
ウィルソン（Wilson, C.）	62, 64
ウェーバー（Weber, M.）	106
宇野弘蔵	101-102, 107, 138, 144, 219, 226, 228, 275
浦園宜憲	222
大内力	163, 166-169, 172, 178, 221, 233, 263
大黒俊二	22-24, 49
大畠重衛	182-183
大森琢磨	249
岡部洋實	106, 247
沖公祐	105-107
小倉利丸	220
小幡道昭	138, 156, 159-160, 184
亀崎澄夫	138
川合一郎	178, 220
川合研	275
川分圭子	84-85
木村二郎	276
クイン（Quinn, S.）	63
グッドハート（Goodhart, C.A.E.）	249
公文俊平	139
クラーク（Clark, P.）	84
ケリッジ（Kerridge, E.）	74, 76-78, 80, 85
小西一雄	251, 271, 276
斉藤美彦	258, 274
柴崎慎也	141, 223
清水真志	138, 141, 157-158, 160-161
シュルツ（Schulz, W.F.）	106
菅原陽心	140-141, 152, 155-156, 222
鈴木勝男	183, 220, 223, 249
鈴木鴻一郎	227-229
スミス（Smith, A.）	87
スラック（Slack, P.）	84
セユー（Sayous, A.）	8, 70
ダウド（Dowd, K.）	249
高須賀義博	106-107
竹内晴夫	221, 223, 274
田中生夫	48, 51, 53, 68, 83
玉木俊明	65
トーニー（Tawney, R.H.）	70
ド・フリース（de Vries, J.）	63-65, 81
ド・ローヴァ（de Roover, R.）	8, 10, 17, 23, 40, 44, 69-70
徳永正二郎	9, 12, 21, 83
ドラッカー（Drucker, P.F.）	132
中野広策	247, 249
中村泰治	220-221
新田滋	255, 257, 273-274
橋本理博	64
馬場克三	139
浜田康行	179, 184
日高普	138, 143, 164, 166-167, 169, 172, 178, 182, 219
ファン・デァ・ウェー（Van der Wee, H.）	51-52, 54, 63, 67
フーヴァ（Hoover, C.B.）	11, 22
フェヴャー（Feavearyear, A.E.）	83
深沢克己	64
深町郁彌	248
福田豊	131-133, 140-141, 151, 153-154, 222
プレスコット（Prescott, W.H.）	79
ブレナー（Brenner, R.）	105
ブローデル（Braudel, F.）	6, 22
ブロムクイスト（Blomquist, T.W.）	17
ポスルスワイト（Postlethwayt, M.）	67
ポランニー（Polanyi, K.）	4, 87, 105

松尾秀雄　　　　　　　　　　140
松田正彦　　　　　　　　　　222
マルクス（Marx, K.）
　　　6, 51, 68, 87-91, 93, 95-97, 99, 101,
　　　106-107, 111, 139, 169, 182, 193, 200
マレー（Murray, J.M.）　　　38, 48
ミッチェル（Mitchell, D.M.）　　83
宮澤和敏　　183, 221, 254-255, 258, 263, 274
宮下志朗　　　　　　　　　　　49
宮田美智也　　　　　　　　63-64
守山昭男　　　　220, 223, 231, 247-248

山口重克
　　　116, 131-132, 134, 136-138, 140-141, 143,
　　　145, 151-152, 164, 168, 172, 174, 183,
　　　220, 222-223, 231, 247, 251-252,
　　　254-259, 261-262, 273-274
楊枝嗣朗　　　48, 63-64, 69, 77, 80, 83-85, 248
吉田暁　　　　　247, 251, 271-272, 275-276
吉村信之　　　　　　　223, 247, 250

リチャーズ（Richards, R.D.）　　69
レイノルズ（Reynolds, R.L.）　11-12
ロジャーズ（Rogers, J.S.）　55, 84, 247-248

ワウデ（Woude, Ad van der）　63-65, 81
渡辺裕一　　　　　　　　　　248

事項索引

【ア行】

アクシデント　　　　　195, 203, 220
アムステルダム宛手形　　　　　62
アムステルダム振替銀行
　　　　　　　　　51, 53, 60, 63, 68, 81
安全性の見地　　　　　　　218, 249
委託荷見返り前貸制度　　　　　64
委託販売　　13, 15, 23, 36, 39, 46, 58, 161, 223
一時的・スポット的な取引関係
　　　　　　　　　　　　137, 150, 197
一時的な手形取引　　　　　169, 171
一覧払債務　　　　　213, 236, 241, 274
イングランド銀行　　34, 52, 54, 67, 79
イングランド銀行券　　　　　　79
大市　　　　　　　　7, 20, 43, 56, 146
大市間預託　　　　　　　　　　45

【カ行】

外国銀行業　　　　　　　　　　68
海上貸付　　　　　　　　　　7, 22
外部貨幣　　　　　　　　　　106
回路　　　　　　5, 7 -8, 10, 15, 19-20
可逆性　　　　　　　　　152, 188
隠された利子　　　　　17, 40-42, 44
確率論的な事前的処理　　　　212
過剰な準備　　　　121, 149, 165, 174, 244
過振　　　　　　　　　　　　27, 53
貨幣取扱業務　　　　72, 214, 234-235, 247
為替契約　　　　　7, 9, 12, 16, 23, 39, 42, 55
為替証書　　　　　　　　　8, 15, 19
為替手形の変容　　　　　　55, 57, 76
慣行　　　　　　　　　　232, 248, 263
完全な社会性　　　　　　191, 217, 218
完了性　　232, 240-241, 244, 248, 251, 264
機構の重層化・高次化　　　　190
競争論　　　　　　111, 113, 138, 147
銀行間決済手段　　　　　　　229
銀行間市場　　　　　　　　　227
銀行間組織　　　　　217, 226, 259
銀行間の水平的な融通　　　　240
銀行間預金　　　　　　　　　237
銀行券　　　　　　　　　232, 254
銀行券の相互保有　　　　　　227
銀行の銀行　　　　　239, 244, 248-250
金匠銀行　　　　　　　34, 52, 71, 83
近代的銀行　　　　　　　　34, 68
空所　　　　4, 87, 95, 99, 103-104, 107
偶然的な変動　　　　122, 127, 195, 203
クラブ　　6, 22, 43, 45, 52, 239, 242, 249-250
契約的な関係　　　　　　　　189
結合　　163, 188, 192, 196, 198, 212, 219-220

索引　289

決済大市	44, 49, 52
決済手段	232-233, 235-238, 241, 263, 265
公共性	63, 243, 246, 249-250
口座指図	26, 33, 48
恒常的な信用取引	179, 184, 192, 196, 202, 222
恒常的な手形取引	169, 171
合理的な呈示期間	247-248, 263
国際通貨	60-61, 64
互酬	4, 87
個別的・偶然的な取引関係	157
コルレス関係	18, 46, 55, 74, 77-78
コルレス先	38, 40, 42, 60

【サ行】

最後の貸し手	241, 243-246, 248-250
サフォーク・システム	250
産業連関	128, 196
三者以上への信用の連鎖	172, 201, 207, 254
資源	87, 104, 108
市場機構の第1の意味の限界	190, 199, 202, 205, 208-209
市場機構の第2の意味の限界	190, 199, 201-202
システムとしての銀行	259, 273
私的所有者	87-88, 97, 101-103, 107
社会性	192, 197, 214, 216, 218, 224, 242, 250, 258
社会的物質代謝	3, 90, 96, 98-99, 101
収益性と安全性のジレンマ	168
13世紀末の商業革命	15, 39, 74
受信力	206, 209, 221, 252
準備資本処分力	194, 204
商業資本	112, 136, 144, 147, 149, 156, 188, 198
商業民族	95, 99, 104
商人＝銀行家	10, 18, 36, 40, 42, 45, 54, 79, 191
商人交換の外在性	91, 94
商人資本	88, 107, 112, 129, 144, 184, 187, 198, 213
商人的な機構	53
商人的な共同性	6
商人的な公共性	249
商人的な組織性	63, 82, 147, 197, 242, 247
商品の外来性	87
情報	5, 129, 132, 134, 146, 149, 154, 204, 208, 210, 221-222, 241
情報の集積	209
初期預金銀行	33, 36
信用貨幣	68, 182-183, 191
信用機構の高次化	214
信用する力	209, 211, 221, 231
信用創造	233, 251, 273
信用創造能力	236, 241
信用代位	206, 222-223, 233, 248, 254
信用リスク	237, 255, 274
信用力	195, 200, 203, 205, 209, 211, 221-222, 226, 229, 237, 256
垂直的	242
垂直的な組織化	218, 246
水平的	242
水平的な組織化	246
ズレ	202, 215, 218, 255-256, 261, 267, 274
生産の連続性	114, 125, 133, 148, 203
脆弱性	189, 205, 211, 218
世界の中央貨物集散地	58
ゼロ和	33, 59, 240, 268, 270
相互融通	22, 45, 276
相殺	30, 43, 56, 228, 234, 238, 270, 275
組織的な関係	139, 149, 189

【タ行】

隊商商人	10, 12
多角的一括交換	238, 248, 269
多角的決済	43-45, 55
単線的連続生産方式	115
断続的生産方式	115
中央銀行	226, 246, 248-250, 276
鋳貨	23, 26
中世の為替手形	24, 46
長期的・安定的な取引関係	136, 152, 157, 188, 197, 210
帳簿上の振替	23, 26, 41, 54
徴利禁止	17, 28, 33, 36, 49, 53, 69
手形交換所	72, 238, 242, 245, 250, 275

手形再割引 237, 240
手形の流通性 191
手形の流通性の限界 231
手形の流通性の未成立 33, 36, 53
当座貸越 25, 34, 237
当座預金 77, 215, 223
同胞団 46, 239
取引関係の包摂 29, 32, 35, 39, 44, 46, 54, 63
取引決済勘定 234, 266, 269
取引圏 214, 216, 245, 268

【ナ行】

内国銀行業 52, 54, 67
内部貨幣 106
二者間の信用取引 173, 201, 205, 254

【ハ行】

発券先行説 219, 231
販売量の変動 126, 148, 159, 165
非営利 243-244, 246
引受商会 61, 71
引受信用 55, 57, 64, 69, 84
不安定性 189, 205, 211, 216-218, 220, 249, 251
フリーバンキング 249
振替 25, 30
不渡り 195, 203, 211, 222, 263
不渡準備 203, 208, 217, 241, 274
分化・発生論 141, 147, 219, 223, 252, 257
並列的連続生産方式 118, 126, 131, 139-140, 148, 165, 179, 182, 219

返済の不確実性 193, 195, 204
遍歴商人 5, 7
保険 211-212, 241, 246

【マ行】

満期後の銀行手形 231, 263
メトロポリタン・マーケット・システム 74, 76
戻し為替 18, 23, 42

【ヤ行】

ユーザンス 17, 40, 43, 49
遊離 115
預金準備の集中化 238
預金設定 236, 267, 272, 276
預金先行説 214, 219, 275

【ラ行】

ランニング・キャッシュ・ノート 71
利子付預金 215
リスク 5, 7, 12, 131-132, 152-154, 213, 217, 220, 231, 241
流通過程の委譲 134, 136, 151, 153, 157, 197
流通過程の不確定性 122, 148, 159, 187
流通期間 113, 119, 139, 165, 170, 174, 181
流通圏 276
流通時間なき流通 169, 178, 180, 184
流動性リスク 28, 255, 257, 260, 274
両替商 8, 25, 48, 68, 191
ロンドン宛手形 76, 79, 84

執筆者紹介

田中英明(たなかひであき)

1965年愛知県生まれ。1988年東京大学経済学部卒業。1995年東京大学大学院経済学研究科博士課程単位取得退学。同年滋賀大学経済学部助手。同講師、助教授、准教授を経て、現在、滋賀大学経済学部教授。

主な業績
『マルクス理論研究』(共著、御茶の水書房、2007年)
『資本主義原理像の再構築』(共著、御茶の水書房、2003年)

信用機構の政治経済学——商人的機構の歴史と論理

2017年2月17日　第1刷発行	定価(本体4000円+税)
著　者	田　中　英　明
発行者	柿　﨑　　　均

発行所　株式会社　日本経済評論社
〒101-0051　東京都千代田区神田神保町3-2
電話　03-3230-1661　FAX　03-3265-2993
URL：http://www.nikkeihyo.co.jp

装幀＊渡辺美知子　　印刷＊藤原印刷・製本＊誠製本

乱丁落丁本はお取替えいたします。　　Printed in Japan
Ⓒ H. Tanaka 2017　　ISBN978-4-8188-2455-3

・本書の複製権・翻訳権・上映権・譲渡権・公衆送信権(送信可能化権を含む)は、㈳日本経済評論社が保有します。
・JCOPY〈(社)出版者著作権管理機構　委託出版物〉
本書の無断複写は著作権法上での例外を除き禁じられています。複写される場合は、そのつど事前に、㈳出版者著作権管理機構(電話 03-3513-6969、FAX 03-3513-6979、e-mail: info@jcopy.or.jp)の許諾を得てください。

グローバル資本主義の現局面Ⅰ
グローバル資本主義の変容と中心部経済
SGCIME 編　本体 3500 円

グローバル資本主義の現局面Ⅱ
グローバル資本主義と新興経済
SGCIME 編　本体 3800 円

アメリカ大手銀行グループの業務展開
──OTD モデルの形成過程を中心に──
掛下達郎著　本体 3800 円

国際金融史
──国際金本位制から世界金融危機まで──
上川孝夫著　本体 5200 円

イングランド銀行
──1950年代から1979年まで──
フォレスト・キャピー著／イギリス金融史研究会訳
本体 18000 円

ドイツ中世金融史研究
──身分制社会における「支配権の資金化」過程に関する研究──
海野文雄著　本体 6400 円

15歳からの大学入門
わかる経営学
小樽商科大学高大連携チーム編　本体 1200 円

中国ビジネス
──工場から商場へ──
浦上清著　本体 1800 円

テクノ・インキュベータ成功法
──計画・運営・評価のための実践マニュアル──
R・ラルカカ著／大坪秀人・安保邦彦・宮崎哲也訳
本体 2200 円

アメリカ連結会計生成史論
小栗崇資著　本体 3500 円

日本経済評論社